JN068268

大脇康弘
編著
スクールリーダー研究会＋

◆

教育実践の物語を紡ぐ

◆

実践研究 教師のライフコース

Describing Four Topics of Educational Practices

Practice Research on the Life Course of Teachers

一莖書房

はじめに――――――――――――――――教育実践を紡ぐ

「実践研究 教師のライフコース」は、教師が「教育実践の物語を紡ぐ」作業に取り組みます。スクールリーダーの場合、若年期、中堅期、教頭期、校長期の四つの時期を設定します。各時期の教育実践を「塊り」として取り出し「コンセプトとストーリー」を持つ物語として再構成していきます。各時期で「１実践１事例」に絞ることが肝要です。教育実践の焦点化を図り、その内容と過程、組織と条件について簡潔かつ「リアルに具体的に記述する」のです。そして、四つの時期の教育実践をゆるやかにつないでいきます。「教育実践の山脈（やまなみ）を描く」のです。

この実践者の当事者研究を、研究者が枠づけ助言し支援する「協働実践研究」として取り組みました。これを通して、教師は「教育実践の軌跡と生き方」をロングスパンで把握し、自らのライフコースを「省察・探究・再構成」していきます。書名を『教育実践の物語を紡ぐ：実践研究 教師のライフコース』とした次第です。

私たちスクールリーダー研究会はプロジェクト「実践研究 教師のライフコース」に組織的に取り組んできました。本書はその研究成果を取りまとめたものです。

このプロジェクトに参画した教師６名は、スクールリーダー研究会会員で、長年実践研究に取り組んできた教師です。教育実践者と実践研究者という二面性を持ち、実践的・状況対応的思考と理論的・実証的思考というハイブリッドな思考の中で生き抜いてきた人々です。いわば、「学び続ける教師」「実践研究する教師」の先達者でもあります。本書では、この研究グループを「スクールリーダー研究会コーホート」（SLA Cohort）と呼びます。

教師教育研究者である油布佐和子、石井英真、高井良健一の三氏は、スクールリーダープロジェクト（スクールリーダー研究会、スクールリーダーフォーラムなど）で基調講演いただき、巻頭論文を寄稿いただきました。先生方はこのプロジェクトを支え、実践研究に広がりと深さをもたらしてくれました。

内容は、次の三部構成で各4章の全12章です。

第Ⅰ部 「実践研究 教師のライフコース」を創る

第Ⅱ部 教育実践の山脈を描く

第Ⅲ部 教師研究のアプローチ

第Ⅰ部では、第1章で「実践研究 教師のライフコース」の認識枠組と方法を提示しました。第2章で実践研究論文の典型を提示し、第3章でそれを研究者が読み解きました。第4章では同じ筆者による二つの論稿を掲載しました。X（2020年執筆）はテーマを明確にした自己形成史であり、Y（2023年執筆）は「教育実践の物語を紡ぐ」実践研究論文です。二つの異なる論稿を比較対照して読み解き、本プロジェクトの目的・方法・課題について理解を深めることができます。

第Ⅱ部では、「教育実践の山脈を描く」多様な実践研究論文4本を掲載しました。第5章は小学校教師、第6章は中学校教師、第7章と第8章は高校教師がそれぞれのライフコースを「教育実践の物語を紡ぐ」論稿として執筆しました。

第Ⅲ部では、このプロジェクトを支える教師研究のアプローチに関する研究論文を収めました。第9章では教師教育政策の特徴を批判的に考察し、教師の成長の基本軸を問題提起しています。第10章は、学校における教師が学び合う実践研究の方法について考察し、授業改善を軸とした学校改革のあり方を提言しています。第11章は、教師のライフストーリー研究の理論的基盤を考察し、研究を展望しています。第12章はこのプロジェクトの基盤となり駆動力となったスクールリーダー研究会の役割と活動に関する論稿を掲載し、締めとしました。

さあ、教育実践の物語を紡ぐ旅に出かけましょう。「実践研究 教師のライフコース」の世界に飛び立ちましょう。

編著者　大脇　康弘

目　次

詳細目次

第Ⅰ部

「実践研究 教師のライフコース」を創る

第1章

「実践研究 教師のライフコース」を拓く
——教育実践の山脈を描く——

大脇 康弘
大阪教育大学名誉教授

〈要約〉

「実践研究 教師のライフコース」は、教育実践者自らが教育実践を「リアルに具体的に記述する」ことを基軸に「教育実践の山脈を描く」ことを通して、自らのライフコースを「省察・探究・再構成」することを目的としている。それは教師の仕事と生き方（ライフコース）をロングスパンで把握する独自の研究方法である。

教師生活は40年近くに及ぶが、スクールリーダーの場合は若年期、中堅期、教頭期、校長期の四期を原則として設定する。各時期の教育実践を「塊り」として取り出し「リアルに具体的に記述する」こと、そのためには教育実践を「コンセプトとストーリー」を持つ物語として再構成することが必要不可欠である。

「実践研究 教師のライフコース」の独自性は、当事者である教師自らが教育実践の「物語を紡ぐ」実践研究に取り組むことにある。この教育実践者の当事者研究を教育研究者が枠づけ、助言・支援する協働実践研究として取り組まれるのである。

第1章では、「実践研究 教師のライフコース」の認識枠組と方法を提示し、この実践研究の意義と課題を明らかにする。

1．代表的な教師のライフコース研究

教師のライフコース研究は、教師の生き方の軌跡を辿り、教師として入職・成長・転機・退職の過程、実践スタイルと信念の形成について、教育政策・

教育運動との関係、社会的歴史的背景を視野に入れて、個人として集団として把握することに努めてきた。その研究目的は出発点において、①教師の力量形成、②教職経験と時代経験という二つを内包していた。その後、教師のライフコース研究は、ライフヒストリー、ライフストーリー研究へと研究視角や研究方法を多様化してきた。

CiNii 検索（2019 年 6 月 4 日現在）によれば、「教師　ライフコース」は単行本 9 本、論文数 86 本、紀要論文数 18 本（以下同じ）で、「教師　ライフヒストリー」は 16、153、50、「教師　ライフストーリー」 9 、94、21 である。なお、「教師　力量形成」は 49、470、123 である。この分野の関心の高さを窺わせる。

研究の分水嶺となった単行本を上げるとすると、次の 3 冊になる。

A．稲垣忠彦・寺崎昌男・松平信久編『教師のライフコース—昭和史を教師として生きて』東京大学出版会、1988 年、330 頁。

B．山崎準二『教師と教師教育の変容と展望—結・教師のライフコース研究』創風社、2023 年、617 頁。

C．高井良健一『高校教師のライフストーリー——高校教師の中年期の危機と再生』勁草書房、2015 年、464 頁。

いずれも分厚い著書であるが、各々の研究テーマ、研究対象（人数、属性）、研究方法論（ライフコース、ライフヒストリー、ライフストーリー：質問紙調査、インタビュー調査、実践観察調査）などを簡潔に整理しよう。

A．稲垣忠彦他編著のテーマは「ライフコース・リサーチにもとづく教師の成長と専門的力量形成の研究」と資料集に題されている通り、教師のライフコース研究を切り拓く 8 年間の共同研究成果である。

1931 年（昭和 6 年）長野県師範学校卒業生（男性教師）の教職経験 40 年間（1931 年～ 1970 年）を総合的に分析考察した。生存する教師経験者 71 名（有効回収率 58.7％）のアンケート調査と、36 名のインタビュー調査のデータを分析し、被教育体験、師範学校教育、教師最初の 10 年、力量形成における学校の役割、管理職期の特徴を量的データと事例から多面的に描くものである。それは、戦前、戦時下、戦後の時代経験と教職経験とを交錯させて記述した歴史的社会的研究ともいえる。

特定地域の同一年度卒業生のコーホート（同年齢集団）という焦点化された対象から得られた豊富なデータ・資料は、稲垣グループのネットワークによるものである。この研究は力量形成の契機となる要因、教師の転機などを実証的に明らかにし、教師教育研究の基礎となった。

B．山崎準二著は「ライフコース・アプローチに基づく教師の発達と力量形成に関する研究」と総称する著書３冊（正 2002 年・続 2012 年・結 2023 年）の最終報告書である。A．稲垣忠彦他編の研究テーマと研究方法を継承し拡大深化を図る研究書である。著書が勤務した静岡大学教育学部卒業生（1952 年～ 2014 年卒業）で公立小中学校教師を対象とする 40 年間に及ぶ息の長い研究成果である。

卒業生コーホート（Gradute Cohort：GC）を５年間隔で設定し、第１GC ～第 13GC（1952 年～ 2014 年卒業）を対象に質問紙調査（第１回～第７回）を重ねた。有効回収総数は 7468 名（各回の有効回収率 32.8％～ 63.1％）である。同時に各 GC から１～２名を選定してインタビュー調査を重ねている。各卒業生コーホート（GC）の量的データと事例データを併用して分析考察することによって総合的に把握し、リアルな実態に切り込むことに挑んでいる。

こうした実証的研究をふまえて教師教育政策を検討し、選択的変容型発達観、自己生成型・文脈状況依存型力量観、様々な領域にわたる要因を推量し最適な解を追究する専門性観、教師が育つネットワークの整備観など７つのオルタナティブな改革案を提起している。

C．高井良健一著は高校教師４名を対象にしたライフヒストリー研究からライフストーリー研究へと到達した研究成果である。教師のライフストーリーを聴き取り辿る作業と、教職アイデンティティを支えている物語とそれを支えている枠組自体を問い直す作業にまで挑む長期にわたる取組である。

研究対象が高校の男性教師４名（1950 年代半ば～ 1960 年代前半出生）であり、担当教科は数学、地理、社会、社会と社会科に偏る一方、設置主体は国公私立とばらつき、地域も一様ではない。これは著者が出会い、ライフストーリー研究の「語り手―聴き手」の関係を築き相互作用を重ねることができた教師である。

この研究はライフヒストリー、ライフストーリーの研究方法論を緻密に検討する一方、教師の中堅期からベテラン期への移行を中年期の教職アイデンティティ危機と捉え、事例研究からその危機と再構築の実相を剔出するところを主テーマにしている。前半では教師のライフストーリーを教職経験、時代経験に沿って辿り、後半ではライフストーリーとその枠組自体を問い直すことで新たな見方・意味づけを探究する。

その際、「支配的な物語（学校文化と自己物語の二重性）」を把握しつつ、ライフストーリーの語りの中にもう一つの物語を掬い挙げて、「支えとする物語」を編み直すという相互作用を行うのである。三つの物語概念によって、中年期の教職アイデンティティの危機と再構築を語り直す作業が本書の肝である。

以上、代表的な単行本３冊に絞って紹介したが、これらの研究は、教育研究者が教育実践者の教育実践の軌跡と生き方を、資料分析、質問紙調査、聴き取り、実践観察を通して総合的に認識し再構成するものである。教育研究者が教育実践者と親密な協力関係を作りながら教師のライフコース等を再構成するところに特徴がある。

次に、これと比較する形で私たちが取り組んでいる「実践研究 教師のライフコース」の特徴について述べよう。

２.「実践研究 教師のライフコース」を提起する

「実践研究 教師のライフコース」は教師が自らの教育実践の軌跡と生き方（ライフコース）をロングスパンで振り返り、教職経験を大局的に把握しそれを意味づけ再構成することを第一の目的とする。そのための方法論として、教育実践を「リアルに具体的に記述する」ことを基軸に据えて、各時期において教育実践を「塊り」（コンセプトとストーリー）として取り出し記述すること、そして、それを「つなぐ」形で全体像を描くことを構想したのである。いわば、教師のライフコースを「教育実践の山脈（やまなみ）を描く」実践研究として切り拓くのである。

教育実践を「リアルに具体的に記述する」実践研究では、教師の教育実践スタイルと教育信念の断面が浮き彫りになり、力量形成の重要な要因・出来事の一端が開示される。つまり、教師自らが力量形成の道筋と条件、教育実践スタイルと信念の形成について、直接的に説明することは必要最小限に止めて、教育実践を「塊り」として取り出して「コンセプトとストーリー」で再構成するのである。ここでは、教師の自己形成を外形的に記述することを抑制するため、教師の振り返りが思い出話、回顧談に陥り、説明的に自分語りすることを回避するのである。

当事者である教師が教育実践の「物語を紡ぐ」のである。研究者は、そのための認識枠組を示し、実践研究の作業工程に同行し、助言と支援を行う。研究者は教育実践者に実践研究の地図を示し、羅針盤の役割を担う。目的地に向かって、教育実践者の実践研究に同行して、励まし、助言し、支援する関係を築き、実践研究論文を完成するゴールまで併走するのである。その意味で、「実践研究 教師のライフコース」は教育実践者と教育研究者の「協働実践研究」ということができる。

以下は冒頭の要約と重なるが、改めて記したい。

「実践研究 教師のライフコース」は、教育実践者自らが教育実践を「リアルに具体的に記述する」ことを基軸に「教育実践の山脈を描く」ことを通して、自らのライフコースを「省察・探究・再構成」することを目的としている。

教師生活は40年近くに及ぶが、スクールリーダーの場合は若年期、中堅期、教頭期、校長期の四期を原則として設定する。各時期の教育実践を「塊り」として取り出し「リアルに具体的に記述する」こと、そのためには教育実践を「コンセプトとストーリー」を持つ物語として再構成することが必要不可欠である。

多くのスクールリーダーが教育実践の記録・資料・ノート、論稿などを保存しており、その基礎資料を読み直し記憶を手繰り寄せて、四期の教育実践の「塊り」とその物語を編み直す作業に取り組む。

筆者は教師教育研究者としてこの実践研究の目的・方法・課題について話し合い、実践研究の「同行者」として関わっていく。その意味で「協働実践研究」に取り組んでいるのである。

3．プロジェクト「実践研究 教師のライフコース」

(1) 教師のキャリアステージ：四つの時期区分

教師のライフコースは、①力量形成、②キャリア形成、③教職アイデンティティ形成の三角形として基本的に把握できる。それは、個人としてコーホートとして多種多様であるが、「教育実践の特徴と教師の発達課題」を基準にキャリアステージを描くと次のようになる（目安としての教職経験年数、年齢を付記する）。

新任教師期（１～３年）、若手教師期（３～10年）、中堅教師期（10～20年）／ミドルリーダー期、ベテラン教師期（20～37年）、指導主事期、教頭期（40代後半～50代）、校長期（50代）となる。

この各時期・段階について、「教育実践の特徴と教師の発達課題」を描くとすれば、次の表１[(1)]のようになる（山崎準二　2012、高井良健一　2015参照）。

このプロジェクトは、スクールリーダー経験者を対象としていることから、時期区分は①若年期、②中堅期、③教頭期 or 指導主事期、④校長期の四期

表１　教師のライフコースの時期区分

時　期	経験・年齢、職位・職種	教育実践の特徴と教師の発達課題
a．新任教師期	１～３年	リアリティ・ショックと職場適応
b．若手教師期	３～10年	教育実践スタイルの獲得
c－１．中堅教師期	10～20年	マンネリ化と中年危機
c－２．ミドルリーダー期		リーダーシップの形成 （指導教諭、主幹教諭を含む）
d．ベテラン教師期	20～37年	役割の持続と再定義
＊管理職コースを選択した者		
e．指導主事期	30代後半～40代	行政職と教育職の葛藤
f．教頭期	40代後半～50代	職場のつなぎ役の困難さ
g．校長期	50代	学校の統率者の役割と葛藤

（注）新任教師期と若手教師期を合わせて、若手教師期と呼ぶ。

（出典）『若手教師を育てるマネジメント』ぎょうせい、2019年、p.12

を原則とした。

(2) プロジェクト「実践研究 教師のライフコース」の取り組み

私たちはスクールリーダー研究会（会員30名強、大阪教育大学夜間大学院・連合教職大学院の修了生で小・中・高校、支援学校、大学の教員等から構成）として、「実践研究 教員のライフコース」に組織的に取り組んできた。その成果は、『月刊高校教育』（学事出版）連載、2017年度～2018年度、スクールリーダー研究会紀要『スクールリーダー研究』第8号、第11号、第12号（2016年、2018年、2019年）関係学会での発表などで報告してきた。

『月刊高校教育』誌上では、2017年度は「教育実践者としてのライフコース」（①若年期、②中堅期）について、2018年度は「学校組織者としてのライフコース」（③教頭職期または指導主事職期、④校長職期）について取り扱っている。教師の若年期、中堅期、年長期（管理職期）という各時期において、特徴的な教育実践（学校づくり実践を含む）を取り出してそれを再構成する研究である。いわば、「教育実践の山脈を描く」形で、教師の教育実践と生き方（ライフコース）を塊りとして把握することを試みた（各人が2年間の連載で計4回（1回400字×14枚）を分担執筆している）。

そして、これを集約圧縮して一本化し、全体を再構成した論文集が、『教師のライフコースの実践研究―教育実践の山脈を描く』（スクールリーダー研究会、2019年）[(2)] である。この報告書に掲載した論稿の執筆者は、連載を担当した大脇康弘、太田洋子、田中滿公子、長井勘治、深野康久の5氏の他、西川潔氏が新たに加わった。その後、中山大嘉俊氏が執筆に加わり、書き下ろした。

つまり、「実践研究　教師のライフコース」に取り組んだのは、教育実践者から学校組織者への道を選択した小学校教師2人、中学校教師1人、高校教師3人である。この6人は、企画者の大脇が長年の交流を通して、指導力と組織力が高く、実践を省察できると認知している教師である。略歴は次の通りである。

〈中山大嘉俊氏〉　大阪市立小学校教論として3校11年勤務をはじめ41年勤

務。この間、教育センター所員、首席指導主事を６年、教育委員会指導主事、総括指導主事等を５年、教頭として２校６年、校長として３校 12 年務める。

〈西川潔氏〉 奈良県の小学校教諭として４校 22 年勤務、小規模校、中規模校、大規模校において体育科教育を軸に教育実践を展開する。奈良県教育委員会指導主事として８年勤務、その後、教頭１校４年、校長２校３年を歴任する。

〈太田洋子氏〉 伊丹市立中学校の数学科教諭として４校 21 年勤務、2001 年から伊丹市教育委員会事務局指導主事、教育施策企画担当主幹、学校教育室長、学校教育部長、総合教育センター所長を歴任。この間、中学校校長を２校６年務めた。

〈田中滿公子氏〉 高校英語科教諭として普通科３校、理数科・普通科併設校１校に計 23 年勤務、校長・教頭として普通科校１校、体育科、国際教養科、文理学科を普通科に併設する３校に計 14 年勤務。この間、大阪府教育委員会教育振興室副理事として学校経営支援を担当。

〈長井勘治氏〉 大阪府立の支援学校５年、高校の保健体育科教諭として２校 19.5 年勤務。この間、普通科から普通科総合選択制高校への改編、既設２校の統合再編に携わる。高校２校の教頭を経て校長として１校計 10.5 年務める。

〈深野康久氏〉 大阪府立高校の社会科教諭として普通科高校３校 18 年勤務、大阪府教育委員会指導主事として６年生徒指導を担当、その後、定時制・通信制高校、国際教養科・普通科併設校、文理学科・普通科併設校の３校で 10 年校長を務めた。

これら「実践研究 教師のライフコース」の研究主体であり研究対象者は、「スクールリーダー研究会有志」であり、次のような特徴を有している。

第一に、スクールリーダー経験者であり、校長、教頭、指導主事として学校組織者として学校づくりの経験を持っている。第二に、スクールリーダー研究会などで学校づくりの実践研究に取り組み、研究発表、論文執筆に取り組んでいる。第三に、多くが大阪教育大学夜間大学院・同連合教職大学院をはじめ大学院で２年間学び、実践研究論文（修士論文、実践課題研究報告書）

を執筆している。第四に、教職経験は40年弱で、年齢層は現時点で60代後半～70代前半である。第五に、勤務地は大阪府をはじめとして兵庫県、奈良県、京都府の関西地区で教職経験を積んできている。

このようにコーホートとして共通性は高いが、他方で校種、担当教科、性別、地域は多様である。また、教育実践者として学校組織者としての実践は多様であり、人物はそれぞれ個性的である。

総じて、教育実践者と実践研究者との二重性のなかで葛藤を抱えながら「実践研究する教師」として生きてきた点が共通している。これを「スクールリーダー研究会コーホート」（SLA Cohort）と呼ぶ。

このプロジェクトでは「教育実践者＋実践研究者」として生きた一群の人々のライフコースを描き出したいと考えている。「実践研究 教師のライフコース」と称するのは、このSLA Cohortの教職経験の実像を描く意図を込めてのものである。

このプロジェクト「実践研究 教師のライフコース」に関わる研究者として、油布佐和子、石井英真、高井良健一、山﨑準二の四氏がいる。いずれも教師教育研究をリードする第一線の研究者であり、スクールリーダー研究会の研究大会、研究紀要『スクールリーダー研究』、月刊誌の連載などで参画してくれた。このプロジェクトの広がりと深さをもたらす研究的知見と支援をいただいたことに感謝する。本書に収録したのは、研究紀要『スクールリーダー研究』の巻頭論文を執筆した三氏により執筆・校訂した論文である。

4．「実践研究 教師のライフコース」の方法

(1)「実践研究 教師のライフコース」の認識枠組

教師のライフコースについて、教師自らが「教育実践の山脈を描く」実践研究として「省察・探究・再構成」することを基軸に据える。ここでは教育実践者は自らの教職経験を総合的に振り返りまとめたいという素朴な願望からは距離をおくことになる。教育実践の当時に立ち戻り、教育実践の記録・資料・ノートに改めて目を通した上で、各時期の教育実践を象徴するものを「塊り」として取り出し、「コンセプトとストーリー」を明確にして教育実践

を「省察・探究・再構成」するのである。

各時期の教育実践を「リアルに具体的に記述する」ことは、当時を振り返り、整理することではない。当時の教育実践の内容・方法・形態を再現し読み解くだけでなく、意識しなかったもの、見えなかったものを掬い上げ意味づけて、教育実践を再構成することになる。

ここでいう教育実践は、すぐれた取組み、成果が見えた取組みだけでなく、直面した教育実践課題や困難な状況に向き合い苦しみながら取り組んだことをいう。教師としての教育信念、教職アイデンティティの形成に深く関りをもつ教育実践を取り出し明確にすることは、新たな挑戦を含んでいる。この教育実践を対象化し相対化する作業は、教師の教育実践スタイルを鮮やかに浮かび上がらせ、教育信念の形成の断面を記録することになる。

(2)「実践研究 教師のライフコース」要綱

このプロジェクト「実践研究 教師のライフコース」の認識枠組を整理し「要綱」としてまとめると、表2のようになる[(3)]。

今回のプロジェクト2023では、新たに①教師のライフコースシート、②この実践研究の意義と難しさ、をA4判各1頁追加した。

表2 「実践研究 教師のライフコース」要綱

a．教育実践（学校づくり実践を含む）を「リアルに具体的に」記述する。 教師がライフコースを振り返るために、教育実践を「省察・探究・再構成」することを基軸にする。 それによって教師の教育実践の特徴が浮き彫りになり、教職アイデンティティの断面が開示される。
b．時期区分は、①若年期、②中堅期、③教頭期 or 指導主事期、④校長期の四期を原則とする。
c．各時期「1テーマ」とし、「実践事例1つ」を選んで、コンセプトとストーリーを明確にして内容構成する。
d．以上を受けて、四つの時期を「つなぐ」（重複をなくす。誤読されないよう補足する等）。
e．最初に、教師としてのキャリアを簡潔に記述する。

教師のライフコースシート（A４判横書き）[4]は、次のような構成である（「作成上の留意事項」）。

①教師のライフコースシートは、ライフラインと出来事一覧からなる。教師の人生行路を「見える化」するための基礎となる。

②ライフラインは、横軸は時系列、縦軸は指標。指標は各自工夫して設定する（例：好調、順調、普通、低調、不調など）。

③出来事一覧は、ライフコースを大局的に把握するための基礎資料となる。年限・期間(　年～　年)、学校・職種・職位、学年・分掌校務・部活動・研究活動、子どもとの出会い、キーパースン・教育実践課題、個人・家庭生活を記憶にあること、思い出したことをランダムに記入し、埋めていく。自分用と報告用と２種類作成すると便利である。報告用では、学校、子ども、キーパースンの名前は仮称とする。（例：学校名Ａ～Ｌ、子ども名はM～W、キーパースンはイニシャル：MA など）

④教師のライフステージ、転機をどのように把握できるか。若年期、中堅期、教頭期（指導主事期）、校長期でどの程度把握できるか。

また、この実践研究に取り組んで見えてきた意義と課題について考察したパートは、貴重な記録である。今後考察を深めたい。

この「実践研究 教師のライフコース」要綱をふまえて執筆する「実践研究論文」の基本要件は次の４つである。

①教育実践をテーマ化する（明確な問いを立てる）

②実践の方法と過程を記述する（葛藤や課題も取り出す）

③自己の役割と活動を位置づける（個人と組織を関係づける）

④教育実践の課題解決とその意味を考察する（個別性と一般性に論及する）

この基本要件を満たすためには、次の取り組みが必要であり効果的である。

⑤主要な先行研究（論文・記録）を参照し、テーマを焦点化する（テーマを絞り込む）

⑥関係する実践事例を選定して、自己の実践と比較する（分析の視点・枠組を明確にする）

教育実践は複雑性・多様性・多元性をもち、経験則と実践値に覆われた世界であるため、教育実践を記述・分析・考察することは極めて難しい。このプロジェクトでは、実践研究とするために教育実践のテーマ化と筋立て（コンセプトとストーリー）を必要不可欠としている。また、教育実践を対象化し、その成立条件を記述することが求められる。教育実践（学校づくり実践を含む）の基盤と条件に関する次の項目である。

・執筆者のキャリア：教職経験年数、勤務校数、現任校での勤務年数、職位・役割
・学校の特性：生徒数・クラス数、教員数、教員の年齢構成、教員集団の特徴、地域特性
・教育実践の特徴と過程（児童生徒集団、教職員集団の組織化）
・教育実践の省察（教育実践の改善、児童生徒および自己の変容、その意味）

このように教育実践を記述する必要条件を示しているが、これを網羅的に記述するのではない。教育実践のコンセプトとストーリーをふまえて内容構成し、学校の基礎データ、教育実践の内容・組織の構造と過程、教師の役割と活動、教育実践の成果と課題を意識して記述するのである。

こうした取り組みを行う理由・背景は、実践当事者が教育実践をていねいに整理記述しているつもりでも、説明的で平板な内容、実践項目を並列する、重要な要素・条件の不記載などのため、教育実践の概要、構造と過程が理解しにくいケースが少なくないからである。校種、学校規模、教職員集団、生徒集団、職種・職位、キャリアの違いなど、教育実践を枠づける条件について記述することは必要不可欠である。

以上のように「実践研究 教師のライフコース」は、これまでの教師の自己形成、力量形成のあり様を探究する教師のライフコース研究に対して、独自な視点と枠組を提示するものである。

5．実践研究の認識論的基礎

(1) 実践者による実践研究

学校における実践に関する研究は、研究者、実践者、実践者と研究者の共同によって担われてきた。研究の成果は、学術論文、実践報告・実践記録、そして実践研究論文の形式で発表されてきた(5)。ここでは第三の実践研究論文について実践者によるそれを整理する。

実践者による実践研究について、東京外国語大学多言語・多文化教育研究センターの杉澤経子の問題提起が重要である(6)。多文化共生コーディネーターの育成プログラムを組織運営する中で、杉澤は実践当事者が実践を省察し論文にまとめる意義と必要性を確信している。杉澤は、実践研究を「実践者が自らの実践活動を対象化し、その意味づけや課題解決を行う研究」と定義し、次の５つの要件を明示した。①自己の実践活動を研究対象とする、②自己の実践経験のプロセスを記述する、③課題解決が目的である、④論文執筆のマナーや体裁を習得する、⑤実践に基づいた専門性を導出することである。

そして、実践当事者が自らの実践を対象化し意味づける方法・過程に触れて、実践者が「実践型研究論文」執筆に取り組む段階論（1,000 字→ 4,000 字→ 10,000 字）を実践経験から提示している。学術研究を参照しながらも実践の特質をふまえた実践研究のあり方を論じている。

この先行研究を参照し、スクールリーダーの実践研究の指導経験をふまえて、私は次のように定義する。実践研究は、「実践をテーマ化し、その内容・組織・過程を記述し、実践の課題解決と意味を明らかにすること」である。学校づくりの実践研究は、「学校づくりのコンセプトとストーリーを軸に、その構造と過程、スクールリーダーの役割と活動を記述し、実践の課題解決と意味を明らかにすること」である。

(2)「実践研究 教師のライフコース」の意味

企画者である筆者は、「実践研究 教師のライフコース」の目的と枠組（要綱）を示して、教育実践者に執筆を依頼する。執筆の承諾を得て、執筆の構想案について話し合い、教育実践の塊りの選定とテーマについて大局的観点から助言する。

続いて、作成された原稿（各節）を読んで、「テーマ、事例、内容構成、論述のあり方」について率直に意見を述べる。特に、テーマの焦点化、教育実践を「リアルに具体的に記述する」こと、そして、読み手に適切に理解されるよう必要事項、留意事項などを適切に記述することをアドバイスしている。

原稿は第１稿から第５稿まで改稿、校訂されることもある。特に、第１稿のテーマの絞り込み、実践事例の選定について助言することが大事である。また、当事者の具体的な活動、生徒、関係教員の具体的な姿を記述できるようアドバイスする。

教育実践者が当事者として、教育実践の広がりと深まりをふまえてテーマを絞り込み、事例を一つ選定すること、そして、教育実践をリアルに具体的に記述するには、大きな壁が立ちはだかっている。これまでの教育実践のノート・記録・資料を探し出し、読み込むことになる。教育実践の取組みを当時に帰って振り返り、実践の手ごたえだけでなく歯ぎしりや無力感にも触れることになる。しかし、関係資料をすでに整理し、記憶のみが残されていることも少なくない。

こうして執筆される原稿には、教育実践の内実が刻まれ、当事者の願いや情動が書き込まれる。それは教師の発達にとって重要な取り組み・出来事であるが、成功物語であるより、「課題に挑み手ごたえを得た物語」といえるのかもしれない。この当事者研究、実践研究に取り組んだ教師は、自らの原点や転機を見つめ直し、教育実践を再構成し、自己開示していくことになる。

(3)「理論知・実践知対話論」の構築

スクールリーダーの実践研究を導く認識論として「理論知・実践知対話論」[(7)]を構築し、私たちの足場を固めてきた。この認識論は実践知（practical wisdom）、理論知（theoretical knowledge）、実践研究（practice research）の三次元を設定し、各々４段階のレベルを仮設して論理構成したものである。

まず基礎概念を定義する。実践知は実践的知見・知恵であり、実践者の経験と実践感覚を整理したものである。実践性・具体性を志向するもので、個人や学校の状況を反映するなど特定の社会的文脈に規定されている。これには形式知とともにカンやコツなどの暗黙知が含まれ、多義的である。関連する用語に、経験知、体験がある。

これに対して、理論知とは現象を説明し、予見する理論的命題と研究方法に関する知識技術である。体系性・実証性を志向し、研究者集団の専門性に基づいて成立している。関連する用語に、研究知、学術知、大学院知などがある。

理論知と実践知の関係を整理したものが表3である。

次に、実践知、理論知、実践知と理論知の連関、実践研究の各次元について、各四段階を説明しよう。

第一に、実践知の規準として、a．実践の整理、b．実践の主題化、c．実践の再構成、d．実践の理論化という4段階を仮設する。各段階でキーワードとなるのが、a．実例・エピソード、b．物語知：コンセプトとストーリー、c．意義づけ・見直し、d．持論 or 実践科学である。

第二に、理論知の規準として、a．理論の学習、b．理論の内面化、c．理論の再構成、d．理論の構築という4段階を仮設する。各段階のツールとして、a．概念・認識枠組、b．研究方法論、c．批判的思考、理論形成が上げられる。

第三に、理論知と実践知の連関として、a．つなぐ、b．往復、c．対話、d．

表3　理論知と実践知の関係

概念	実践知	理論知	理論知・実践知の対話
用語	現場特有の言葉 多義性、包括性	一般的・抽象的 専門性・分析性	特殊と一般をつなぐ 両者のジレンマ
知識	個別具体的 実践的知見・知恵 経験の整理 暗黙知を含む	一般的・抽象的 対象の説明、予測 定式化・体系性 形式知	特殊と一般をつなぐ 形式知と暗黙知をつなぐ
特徴	実践・改革志向 属人的、主観的	実証・普遍思考 論理的・客観的	臨床性・実践性重視 論理的／主観的

（出典）大脇康弘「大阪型スクールリーダー教育の構築」『学校教育論集 2012』2013年、6頁

統一（以上を「対話」と総称）という４段階を仮設する。両者は実践知が理論知に支えられ、広がりと深まりをもって次の段階に移行する関係で、実践研究が発展深化する。この４段階は単線的に進行するのではなく、スパイラル的に展開し、停滞・後退・跛行のジグザグがみられる。

第四に、実践研究は、理論知と実践知が連関する中で、ａ．テーマの掘り下げ、ｂ．認識枠組の形成、ｃ．実践の相対化、ｄ．内容・形式・方法論の確立という４段階を仮設できる。実践研究では「理論の意識化と実践の対象化」をスパイラル的に展開深化させることがカギとなる。以上のことを図式化したのが、次の図１、図２である。

次に「実践研究 教師のライフコース」の認識枠組を「理論知・実践知対話論」を用いて説明しよう。教育実践者は、実践知の次元を、ａ．実践の整理、ｂ．実践の主題化、ｃ．実践の再構成という三段階をステップアップする作業に取り組むことになる。

最初に教育実践を塊りとして取り出すことが難しい。さらに、コンセプトを明確にしてストーリーを描くとなるとカベに直面する。ここで当時のノート、便り、報告等の資料があれば、当時の教育実践に立ち返る手がかりがある。さらに、どのように教育実践を描くかという記述形式が問題となる。資料をつなぎ合わせるだけでは、教育実践を「リアルに具体的に描く」ことは難しい。

大学院で学ぶスクールリーダーは、「理論知・実践知対話論」を意識して、学術書・学術研究論文に学び理論知を取り込みつつ、自らの実践知との内的対話に取り組むようになる。その対話は対立・葛藤を含みながら、新たな

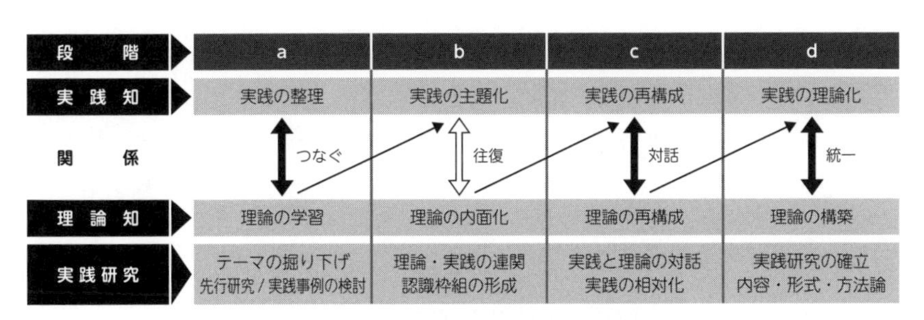

図１　理論知・実践知対話論（簡略版）

（出典）大脇康弘「大阪型スクールリーダー教育の構築」『学校教育論集 2012』2013 年、７頁

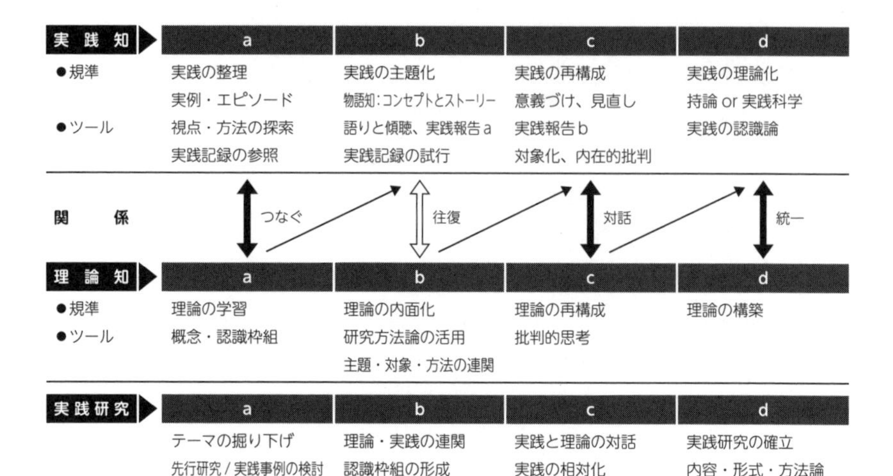

図２　理論知・実践知対話論（総合版）

（出典）大脇康弘「大阪型スクールリーダー教育の構築」『学校教育論集 2012』2013 年、７頁

世界に触れて刺激的である。学校づくりの実践研究に取り組む場合と比べて、「実践研究 教師のライフコース」の場合は自らのライフコースを対象とするため、理論知の取り組みは格段に難しい。

ここで研究作業に同行する研究者が、理論知の次元をふまえて具体的に助言し支援することになる。特に、先行する実践研究論文１～２を提示し、関係する学術書・学術研究論文を絞って紹介することは参考となる。

また、実践の主題化の段階で意見交換して、教育実践者にふさわしいコンセプトとストーリーを明確にすることが重要である。これはいつもながら手探りである。書いた原稿を読みながら教育実践の特質を把握し、ここを重点的に描くとすれば、このようにできないかなどと、意見交換を重ねるのである。こうして、ある段階に来ると、実践研究が開かれ、展開するようになる。「実践研究 教師のライフコース」では、教育研究者が重要な役割を果たすのである。

(4) 教育実践者と教育研究者の協働実践研究

この教師と企画者の取り組みは、相互信頼の上に一定の緊張関係を持ちながら行われ、プロジェクトの趣旨を具体化し深めるものとなる。ここには教師と企画者の助言支援関係、ある種の協働関係が成立している。

さらに、教師教育研究のリーダーである油布佐和子、石井英真、高井良健一、山崎準二の四氏が、このプロジェクトを直接的間接的に支援してくれた。特に、高井良健一氏は教師教育研究者の視点から枠づけ、教師の実践事例を読み解き、意味づけていく。そこでは、研究者の知見から教育実践が読み解かれ意味づけられて、教育実践者が十分言語化できなかった点や新たな課題に気づき再認識することもある。こうして、教育実践者と教育研究者の協働関係が構築され、チームとして連載が取り組まれている。

教師のライフコースは、学校、教師集団、学級集団において、地域、社会、時代を基盤に、個人的・集団的に育まれており、複層的で多様性に満ちている。まさに、人間関係と社会関係の中で織られた織物といえる。それを切り拓くために、「教育実践の山脈を描く」ことを基軸にした「実践研究 教師のライフコース」に取り組んでいる。このチャレンジが、教師のライフコース研究に新たな地平を築くことになることを願っている。

6.「実践研究 教師のライフコース」の方法論的課題

夜間大学院におけるスクールリーダーの実践研究は修士論文（教職大学院では実践課題研究報告）としてまとめられ、その再構成版が『学校教育論集 各年度版』（2005～2018年度）として刊行されている。修士論文が実践研究の起点となって、大学院修了後は、『スクールリーダー研究』第1号～第13号（2008～2020）に査読論文として掲載されている。

学校づくり実践の実践研究に取り組んだ土台の上に、スクールリーダー研究会有志に呼び掛けて「実践研究 教師のライフコース」に挑戦してきた。これは教育実践者自らが各時期の教育実践を「テーマとストーリー」を持つ物語として再構成し「リアルに具体的に記述する」ことを基軸に、「教育実践の山脈を描く」ことを通して、自らのライフコースを「省察・探究・再構成」することを目的としている。

プロジェクト「実践研究 教師のライフコース」要綱には、留意点を次のように記載している[8]。

a．自分のための記録、思い出、振り返りにしない。

b．教育実践の意味づけは、必要最小限に止める。時期ごとには行わないで、文末におく。

c．教育実践のテーマが絞られているか、それを「リアルに具体的に」描けているか、これがプロジェクトの肝である。

ここには教師の教育実践における焦点化・重点化を図る一方で、教育実践の記述・説明について抑制と禁欲を喚起している。

その理由は、教師の自己形成史、教育実践史の試みが個人の経験、物語、説明を並列的・羅列的に記述することに陥り、実践事例の対象化・一般化がきわめて困難であるからである。実践知を深めようとするが、理論知への取り組みが弱く、両者の対話・連関がほとんどないからである。先行論文や先行事例に学んで、１実践１事例とし、テーマとストーリーを明確にして、実践を物語として再構成することが必要不可欠である。

スクールリーダーは実践研究に取り組むことを通して、実践を省察し再構成すると共に、教職アイデンティティを再定義することになる。その意味で、「実践研究 教師のライフコース」は新たな実践世界を拓く扉となりうるのである。

（付記） 本稿は下記論稿を基礎に、大幅に加筆修正を行ったものである。
「教師のライフコース研究を拓く―スクールリーダーの実践研究―」日本教育経営学会第59回大会（名古屋大学）、2019年６月８日、全12頁

注

⑴ 大脇康弘編『若手教師を育てるマネジメント』ぎょうせい、2019年、p.12

⑵ 大脇康弘編『教師のライフコースの実践研究―教育実践の山脈を描く』スクールリーダー研究会、2019年、全62頁（執筆者：大脇康弘、西川潔、太田洋子、田中滿公子、長井勘治、深野康久）

⑶ 大脇康弘編『教師のライフコースの実践研究』p.8、
https://schoolleadersproject.p-kit.com／「教師のライフコース」参照

⑷ 同上

(5) 実践研究について論じた文献は多いが、次の文献を参照。
ドナルド・A．ショーン『省察的実践とは何か』鳳書房、2007年、ユーリア・エンゲストローム『拡張による学習』新曜社、1999年、秋田喜代美・市川伸一「教育・発達における実践研究」市川伸一他編『心理学研究法入門』東京大学出版会、2001年、杉澤経子「実践者が行う『実践研究』」の意義とあり方」『シリーズ多言語・多文化協働実践研究』No.14、2011年
(6) 同上、杉澤経子、2011年
(7) 大脇康弘「教育経営研究における理論知と実践知」、日本教育経営学会編『教育経営における研究と実践』第3章、学文社、2018年
(8) 前掲 (3)

参考文献

・秋田喜代美編『新時代の教職入門』有斐閣、2006年
・稲垣忠彦・寺崎昌男・松平信久編『教師のライフコース』東京大学出版会、1988年
・稲垣忠彦・久富善之編『日本の教師文化』東京大学出版会、1994年
・岩田康之・高野和子編『教職論』学文社、2012年
・今津孝次郎『教師が育つ条件』岩波新書1395、2013年
・大脇康弘・深野康久・米津俊司『スクールリーダー教育の開発―進化する教職大学院』大阪教育大学連合教職大学院学校マネジメントコース、2017年
・大脇康弘「教育経営研究における理論知と実践知」日本教育経営学会編『教育経営における理論と実践』学文社、2018年
・大脇康弘編『教師のライフコースの実践研究―教育実践の山脈を描く』スクールリーダー研究会、2019年
・大脇康弘編『若手教師を育てるマネジメント』ぎょうせい、2019年
・唐沢富太郎『教師の歴史』創文社、1955年
・現代教職研究会編『教師教育の連続性に関する研究』多賀出版、1989年
・現代教職研究会編『教員採用 新時代』協同出版、1986年
・佐藤晴雄『教職概論』学事出版、2015年
・佐藤学『教師というアポリア―反省的実践へ』世織書房、1998年
・佐藤学『専門家として教師を育てる』岩波書店、2015年
・杉澤経子「実践者が行う「実践研究」の意義とあり方」『シリーズ多言語・多文化協働実践研究』14号、2011年
・高井良健一『高校教師のライフストーリー』勁草書房、2015年
・塚田守『教師の「ライフヒストリー」からみえる現代アメリカ』福村出版、2008年

・日本教師教育学会編『教師教育ハンドブック』学文社、2017 年
・東アジア教員養成国際共同研究プロジェクト編『「東アジア的教師」の今』東京学芸大学出版会、2015 年（岩田康之、大脇康弘、下田誠、藤井健志編著）
・藤原顕・遠藤瑛子・松崎正治『国語科教師の実践的知識へのライフヒストリー・アプローチ：遠藤瑛子実践の事例研究』渓水社、2015 年
・元兼正浩監修『教職論エッセンス』花書院、2015 年
・山崎準二『教師のライフコース研究』創風社、2002 年
・山崎準二『教師の発達と力量形成―続・教師のライフコース研究』創風社、2012 年
・山崎準二『教師と教師教育の変容と展望―結・教師のライフコース研究』創風社、2023 年
・山崎準二・辻野けんま・榊原禎宏『「考える教師」―省察、創造、実践する教師』学文社、2012 年
・山田富秋・好井裕明編『語りが開く地平―ライフストーリーの新展開』せりか書房、2013 年
・横須賀薫『教員養成』ジアース教育新社、2006 年
・油布佐和子編『転換期の教師』放送大学振興会、2007 年

(Profile)

大脇 康弘　OWAKI Yasuhiro

1952 年岡山県生。東京教育大学卒、筑波大学大学院博士課程中退、教育学修士。教育経営学・教師教育学専攻。大阪教育大学教授、ペンシルベニア大学客員研究員、関西福祉科学大学教授を歴任し、大阪教育大学名誉教授。日本教育経営学会理事、日本教育制度学会理事、日本高校教育学会理事を歴任。スクールリーダープロジェクト事業で日本教育経営学会実践研究賞２回受賞。

編著書に『学校を変える授業を創る』『学校評価を共に創る』（学事出版）、『若手教師を育てるマネジメント』『学校をエンパワーメントする評価』（ぎょうせい）、『「東アジア的教師」の今』（東京学芸大学出版会）。

https://schoolleadersproject.p-kit.com/

第2章

Go Beyond the Borders
——共に学び共に育つ教育実践——

田中 滿公子
大阪教育大学

1．教師としてのキャリア

1976年に高等学校の英語科教諭となり、三重県立高等学校で4年間、大阪府立高等学校で19年5ヶ月間勤務した。2001年から教頭として1校、校長として3校に勤務した。その間2010年からの2年間は大阪府教育委員会事務局教育振興室副理事として校長・准校長の学校経営支援に関わった。その後、現職に就く。2020年からの2年間は兼務で本学附属中学校、高等学校の管理職をつとめた。多様な学校観、生徒観、学力観をもつ学校で、教諭、教頭、校長としてライフコースを歩んできた。

2．学級新聞を活用した学級づくり：若年期

(1) 大阪府立C高等学校と生徒たち

1976年の春、生まれ育った三重県の海の見える三重県立A高等学校（以下、A高校）に英語科の新任教師として赴任した。

A高校から大阪府立B高等学校を経て大阪府立C高等学校（以下、C高校）に赴任したのは1982年4月であった。大阪市の最南部に位置する創立3年目の普通科の高校であった。同校には20代後半から40代前半まで14年間勤務することになった。当時は生徒急増期で、同校も各学年12クラス、定員45名であった。1年次は留年生も加わると人数が膨れ上がり教室は生徒であふれていた。その後14年の間に生徒数も減少し、8クラス、定員40名へと変遷をとげた。同校の課題は、基礎学力の定着と学力向上の基盤となる

生活規律の徹底、そして退学者の減少であった。小学校、中学校時代に授業やHR活動で注目を浴びる機会は少なかったけれど思いやりのある生徒が少なからず集まってきていた。

(2) 班活動と学級新聞

多様な家庭的背景をもつ思春期の高校生にとり、求心力があり、方向性を共有でき、安心してぶつかり合える場をつくることは、若い教師にとって容易なことではなかった。一方で、学級づくりを模索することは年々愉しくなっていった。先輩教師の実践に触発され、担任になると学級づくりの軸に「班活動」を取り入れた。学級が傷をなめあう関係性の「群れ」から「集団」に成長できるようにと考えた。また学級づくりのもう１つの軸として「学級新聞」を発行するようになっていた。

新設のＣ高校６年目に、２巡目の担任をすることになった。1988年の春であった。その年は学級新聞を週１回のペースで発行した。それを基に、担任として生徒とどのように向き合ったのか、生徒はどのように受け止めたのか、また保護者はどのように見守ったのか、そしてめざす学級づくりは達成されたのかを再考し、自らの教育実践を省察する。筆者が34歳、教職について10年が経過していた。

(3) 学級新聞がスタート

４月の入学式に第１号を発行した。入学当初の生徒の表情からは、不安とともに高校進学を機に自分を変えたいという想いが読み取れた。前向きな気持ちを成長につなげたかった。そこで紙面の一角にむのたけじさんの著書『詞集たいまつ』から、私たちが共に歩む道を照らす言葉を抜き出して記載することにした。第１号の言葉は「10代の後半、その時期は生涯で最初の、そしてたぶん最も深い分水嶺である。その時期になにを学んだか学ばなかったか、なにを経験したかしなかったか、そのちがいは生活が進むにつれて身にしみるだろう」である。

それを受けて「１年８組を、多くを学び、経験する場に！」という見出しで担任の決意を伝えた。次に「こんなクラスをめざします」という見出しの

マッキノ+49

1年8組を
多くを学び、経験する場に！

図　「学級新聞」第１号、1988 年４月

記事で「主体性、協調性、新しい自分づくり」という３つの項目を挙げ、その実現のために班活動を導入することを宣言した。最後の「保護者の皆さまへ」という記事では、担任の自己紹介と連絡先を掲載するとともに、学級新聞を媒介にして親子の会話が生まれることを願っていると伝えた。

１年８組には特に記憶に残る３人トリオがいた。やんちゃで担任を手こずらせた男子生徒たちである。担任としてあるいはクラスメートとして彼らと対峙する中で、彼らの中に映し出される私たちの姿を見せてくれ、人間的な成長の機会を与えてくれた生徒たちでもあった。M君はシティボーイ風で、言動はどこかユーモアがあった。漢字テストで「あくしゅ」を「悪手」と書いたときにはブラックユーモアを感じた。N君は調子が良いときはムードメーカーであったが、悪いときはキレてしまうことがあった。O君には最もエネルギーをかけた。自己の内面を人に見せようとしなかった。その年は生徒指導上の案件が続き、担任も学年も展望がもてない日々が続いていた。保護者懇談会では、この３人の保護者も含め全員に新聞を手渡し、会話の手がかりとした。

そんな３人トリオのうちM君とN君が、ある日の放課後、瀬戸大橋を空き缶でつくる文化祭企画の準備に参加したのだ。O君は現れなかった。次の日の新聞には早速「M君、N君　初登場！」という見出しでスクープした。その後も学級新聞は１年８組の担任と生徒、そして保護者の間をつないでいった。

(4) 最大の危機と再起

学級新聞のタイトルは「マッキー＋49＋①」とつけた。C高校では生徒や同僚から「マッキー」と呼ばれていた。後に転勤し「田中先生」と呼ばれたときに新鮮さを感じるほどだった。担任と生徒と副担任を１つのチームととらえタイトルを考案した。

実は年度途中に新聞のタイトルを変えた。いや変えざるを得なくなった。１学期末に１名が退学し、２学期末に５名が学校を去り１名が転入してきたのだ。当初の「マッキー＋49＋①」は「48」、「44」になった。学年末にこれだけのクラスメートの席が消え、教室に喪失感と無力感が色濃くなることは何としても避けたいと考えた。３学期の最初の号は「５人の旅立ちと１人の仲間入り」と題して経緯と今後を共有する記事を掲載した。九州から転学してきたＰ君は１年８組に射す一条の光のようであった。

３学期は進級という関門が待ち構えている。次号では気持ちを切り替え「３学期の目標　これで２年生になりました！」という見出しでクラス全員の目標を掲載した。たけじさんの言葉は「仕様がないという態度ほど仕様のないものはない。どうにかなるだろうではどうにもならない」を選んだ。目標は「クラスで３番以内に入る！」「古典を20点上げる！」「家庭科の時間できるだけおとなしく勉強する！」等であった。生徒たちは、土俵際で顔を上げ、歯を食いしばり、目標を宣言することで励まし合った。このようにして春夏秋と少しずつ築いてきた仲間のつながりで、最大の危機を何とか受け止めることができた。

(5) 最終号と旅立ち

ついに最終号を発行する日がきた。終業式の日だ。タイトルは「42」になっていた。前日深夜まで鉛筆を握り「贈る言葉」を全員に綴った。１年間を振り返り、頑張ったことと次年度への課題を伝えた。M君には「２年生になったら今とは違う分野で筋を通してほしい」、N君には「相手が何を考えてそう言ったり、考えたりしているのか、一呼吸している間に考えてはどうかな」、O君には「O君が書いた“ちっぽけな人間”で終わりたくないという文章を私は一生忘れません」と伝えた。最終号を配った後、教室の空気感はいつもと少し違っていた。２年生へと一歩踏み出す心の準備をしているかのようだった。

数名の退学者がでた学級づくりが成功だったとは決していうことができない。しかし学級新聞の紙面から浮かび上がってくるのは、担任と多様な背景をもつ生徒たちが織りなす変容と成長の過程であった。それは若い教師が自らの仕事の困難さと素晴らしさを認識する過程でもあった。ここでの教育実践と学びは、その後の中堅期の土台となった。

３．学年づくりへの挑戦：中堅期

(1) 未知への挑戦

大阪府立Ｃ高等学校では、1991年に37歳で学年主任となった。学校のミドルリーダーとしてマネジメントに初めて挑戦することになった。教職に就いて13年が過ぎていた。

20代のとき担任が決まると必ずお祈りをした。「今年は何も起きませんように」と。しかしそんな年は一度もなかった。30代になると「ひょっとして子どもたちは、問題を起こしながら成長していくのではないだろうか」という考えに至った。学年主任になると今度は「学年に大きな事件が起きませんように」と祈っていた。が、数日で祈ったことすら忘れる状況が押し寄せてきた。３人トリオのパワーを数倍も上回る、孤独な高校生が数名入学してきたのだ。Ｃ高校にとって前代未聞の１年間が始まった。

(2) １年次と２年次の軌跡

１）「春さわやかに」我が担任団

年度末の人事で担任団の核となる教師２名が突然異動となった。懸命に気持ちを切り替え、担任団を再構築してスタートした。担任８名は、男性５名、女性３名であった。当時の大阪府立高等学校の教員の平均年齢は30代後半であったが、担任団も20代４名、30代３名、40代が１名で、平均的な構成であった。Ｃ高校で初めて担任をする教員が半数を超えていた。学年主任の脇を固めるように、２名の力量の高い生徒指導担当者がついた。学年主任経験のある理論派の教員と、情熱的で行動派の教員だった。両名とも筆者と同年代であった。

春、さわやかにスタートしたが、入学直後から数名の生徒が想定をこえる問題行動をおこし、教師の指導が後手にまわる状況が続いた。4月に実施した宿泊研修では、実績のある集団づくりのプログラムが全くといっていいほど機能しなかった。しばらくすると遅刻、欠席、授業の一部欠席や対教師暴言等が頻発し、学校が生徒にとって安全で安心な居場所でなくなってしまった。また補導委員会が開催されない日はなく、廊下当番の割り当ても増え、心身の不調を訴える教師もでてきた。全ては学年主任である自分自身の責任であると考え、自分を責める日々が続いた。振り返ると40年を超える教師生活の中で、体力的にも精神的にも最も困難な時期となった。

2）「夏サンサンと」個人の転機

教師になってはじめて学校を辞めたいと考えた。季節は夏になっていた。春から心身ともに余裕がない状況が続いていたが、ついにダウンしてしまった。自分を立て直したかったが空回りしていた。

最後に思い浮かんだのが、米国人の心理学の先生だった。年に1、2回日本で開催される彼の研修会に参加していた。様々な職種の人々と出会え「自分」や「教師」「学校」を客観的にとらえる機会となっていた。

そこである日、日本滞在中の彼を訪ねた。現在の状況を伝えると「マキコは、今まで生徒や先生からどんなところが一番いいところだといわれてきたのかな？」と聞かれた。「話しやすいとよくいわれます」と答えると「その資質を手放しても、前に進みたいかな？」と彼は言った。意味がさっぱりわからなかった。が､思いきって同意した。すると彼は「アカウンタビリティ」「投影」「補償行為」といった心理学用語を使い、人生の出来事は学ぶことがあるから起こるのであり、生徒たちは実は教師の内面を映しだす鏡で、彼らに手を差し伸べることは自分自身に手を差し伸べることでもある。「いい先生」を手放して「ありのままの自分」を表現してはどうかと話してくれた。この日を境に少しずつ思考と心が整理されていった。気がつくと腹が座っていた。

3）「秋輝いて」「冬凛凛と」学年の転機

秋になり2学期が始まった。引き続き、問題行動は後を絶たなかったが、

写真　「あかんで、JON」1992年

何としても体制を立て直したかった。学年団で話し合い、２年進級時に仕切り直しをすることを決めた。後に、ある副担任が当時を振り返って「生徒に土俵際まで追いやられた教員集団が、中央に向けて少しずつ押し返し始めた」と表現した。まず教科書、スリッパや服装等外面から整えた。次に授業規律についても全員で徹底して指導していった。学年主任は合言葉をつくった。「スリッパなしはハートなし！」「机の乱れは心の乱れ！」「あかんで（たのむで）、JON！」だ。「JON」は、授業妨害、大幅遅刻、中抜けからとったが、学年団でこの合言葉入りのＴシャツをつくって着用した。授業規律違反に関しては「保護者呼び出し」から「停学」までの５段階の指導を示して迫った。同時に合言葉を守れば進級が待っていることも示した。決死の取組みは徐々に実を結び、２年次の冬を迎える頃には、学び舎は安全で安心な居場所を取り戻していた。

4）学年の転機を支えた担任の学級づくり

教師が「君たちの言動は許されない」と言葉で説得することは簡単だが、それだけでは生徒たちを変容させることはできない。なぜなら生徒自身も許されないことはわかっているからだ。わかっているのに実行できないジレンマの中で生きていた。このような状況でも、担任は根気強く地道に信頼関係を構築し続けた。特に８クラス中４クラスの担任は学級新聞を発行していた。「ぴよぴよ通信」「CARPE DIEM」「鈴のなる３－４」「一か八か」である。「CARPE DIEM」は初任のＱ先生が発行していた。１年次３学期の２月27

日号は第61号であった。発行号数が半端ではないが、紙面にもびっしりと彼女の文字が並び、初めて担任として子どもたちと向き合った純粋な想いがあふれていた。３年後、学年の生徒と教師全員が綴った写真入りの「卒業文集」は210頁に及んだ。その中で彼女は「Ｃ高校に勤めて初めて、自分の弱さ、もろさを思い知った。自分の無力さ、非力さに涙がにじむこともあった。でもそんなとき、いつもまわりの人が支えてくれた。時には同僚の先生方の励ましであり、時にはみんなの、いろいろあっても、それでも前進しようとする心だった。この支えがあったからこそ、初めての担任を持ち３年間やれてこれた」と書き、一人は弱いけれど人が手を結び合うと思わぬ力を発揮することができると結んだ。あの３年間を新任がやり抜いたことは、奇跡に近い。

学年主任も３年間学年新聞を発行した。「春さわやかに」「夏サンサンと」「秋輝いて」「冬凛凛と」とタイトルを変えながら、学級新聞と息を合わせた。崩れそうになる学級や学年や自分自身を支える枠に新聞がなっているかのようだった。

(3) そして卒業へ

３年生になると、教師が２年間真摯に向き合ってきたことを生徒たちも理解し、関係性が一段と向上した。一人の教師として忘れられない授業風景がある。３年生の３学期、高校生活で最後の英語の授業でのことだ。卒業後就職する生徒が大半を占めるクラスだった。授業の冒頭で「今日で、最後やな」と一言いうと、ある女子生徒が涙を流した。今でもその表情は記憶している。春まだ浅い教室で、私たちは３年間を一瞬にして振り返り、全てをありのまま受け入れた。

また学年主任としても忘れられないことがある。この間、同校のOBである若い講師から実習助手の先生まで、広い層の教職員が骨身を惜しまず学年を支援してくれた。管理職も、未体験の状況に遭遇し教育委員会と連携して学校を立て直そうと懸命であった。利己的ではなく利他的になるとき、組織は好循環に入っていくことを身をもって体験したことだ。教師として最もつらい思い出も、最も魂に触れる思い出も、Ｃ高校の学年主任として生きたこの３年間の日々にあった。

(4) 新たに得た視座

30代のときに「子どもたちは、問題を起こしながら成長していくのではないか」と気づいたことはすでに述べたが、学年主任時代には「子どもだけでなく組織も、困難を乗り越えて成長していく」という考えに至った。組織として成長していくためには、リーダーはまず生徒や生徒を取巻く状況を正確に把握すること、その上で理論的な学びを継続し、実践し、検証すること、その実践を支えるチームを構築すること、そして何よりも人間性を成熟させることが求められていることを学んだ。

同僚に支えられてくぐり抜けたこの経験は、一人の教師として、一人の人間として、大きな転機となり、その後の管理職時代も含め教師としての原点となった。

4．学校の強みをつなぐ：教頭期

(1) 大阪府立E高等学校の特色と課題

学年主任をつとめた大阪府立C高等学校に14年間勤務した後、D高等学校（以下、D高校）に英語科教諭として5年間勤務した。担任として最後の卒業生を見送った1カ月後に、大阪府南東部に位置するE高等学校（以下、E高校）に教頭として赴任した。2001年4月であった。21世紀とともに筆者の管理職としてのライフコースがスタートした。

同校は1983年の創立だが、当初より普通科に体育コースを設けていた。コースは、10年目には体育科として認可された。当時府立高校で唯一の体育科であった。生徒指導では校内に「挨拶道路」と呼ばれる一角があるほど挨拶の励行に力を入れていた。生徒は元気よく挨拶をするので地域の評判も良かった。新入生宿泊研修でベテラン教員が「挨拶は心をまっすぐにする」と静かにしかし熱く語りかけている姿が印象的であった。

E高校の特色は、体育科であることは言うまでもない。各競技の専門家である保健体育科の教員が12名在籍していた。部活動は結果を出すことが求められ成果主義が色濃く、筆者には企業文化を彷彿とさせた。赴任して2年目の2002年に、創立20周年、体育科設置10周年を迎え、第二体育館も完成した。ハードとソフトの両面で拡大期であった。「高校生のアスリートを育てることが第一」というプロセス主義の教員と「結果が全てだ。全国レベルの選手は厳しさの中で育つ」というプロダクト主義の教員に分かれていた。実際この頃から、男子バレーボール部、女子バレーボール部、陸上部、軟式テニス部がまず全国高等学校総合体育大会に出場していった。隣のコートで練習している部が全国大会に出場できるのであれば、自分たちも出場できるのではないかという空気が徐々に濃くなり、教員にも生徒にも全国大会は手の届く所となっていった。

一方、普通科の特色づくりは同校の大きな課題であった。２つの学科が併設され、生徒に威圧感を与えるタイプの教員と寄り添うタイプの教員がバランスよく存在し「安全で安心な環境」「生徒がまっすぐに成長する環境」が整っているという強みはあったが、さらなる特色づくりが求められていた。

(2) 教頭の職務

Ｅ高校で初めての女性教頭という珍しさもあったのかどうか定かではないが、赴任初日から教職員が教頭席に次から次へと質問や確認に押し寄せた。当然同校の全てを熟知しているわけではなく、しばらくは「調べて後で答えるわ」と切り返した。

教頭の職務は、想像を超えていた。特に処理しなければならない書類の種類や量の多さに驚いた。書類は、担当者への振り分け、回答のチェック、起案文書の作成、学校発出文書番号の記入、校長決済等の一連の過程をへて回答した。年度当初と年度末は調査が多く戸惑った。新学期早々２泊３日の新入生宿泊研修から帰ってくると、机上には書類が山のように積まれていた。その横にＤ高校の生徒や保護者から届いた花束が置かれており、目には見えない応援団がいることを感じ心の糧とした。

しかしながら校長に指示を仰ぎ、教職員と相談し学校を運営していくことは日に日に楽しくなっていった。同校は前向きな課題が主であったことに起因するかもしれない。しかし生徒指導上の問題がなかったわけではない。職員室の斜め前に生徒指導部室があった。当時の生徒指導部長は毎朝７時には出勤して、生徒指導上の問題が起きてもすぐに対応できる態勢を整えていた。

この教員は出勤したらまずコーヒーを淹れるので、生徒指導部室は教員が立ち寄っては情報交換をしていく部屋にもなっていた。筆者も時々訪れていた。彼が口癖のように言っていたのは「どんな問題行動でも、校長の手を煩わすようなことになってはあかん。こじれないようにしますから、教頭先生もよろしくお願いします」という言葉だ。校長の手を煩わせないようにするのが教員の腕の見せ所だという。当時の力量の高い教員の意地を感じた。「自分たちで決め、自分たちで実践し、自分たちで責任を取る」から管理職は見守っていてほしい。その関係性の中で教師として成長をしてきたのであろう。トップダウンでは自ら考え、実践する力が身につくわけがないというのだ。

(3) 学校改革と教頭

彼のように昭和時代に教師になり力量と自信をつけてきた教員を中心とする教職員集団と、学校に押し寄せる教育改革の波を取り込む必要性に迫られる校長とのはざまで、当時の教頭は職務を遂行していた。言い換えるなら、学校改革は教頭の調整能力に依拠する色合いが濃いのだ。同校も学校協議会(当時)、学校教育自己診断を試行段階から導入する等改革の波に立ち向かっていた。そんな中、日々調整に校内を動き回る教頭を校長は見守ってくださった。2年後の退職の日に「教頭先生は、大胆なところと繊細なところがあるなあ。学校をよろしくお願いします」と労ってくださった。直属の部下をよく見ておられたのだと感じた。次に赴任された校長とも穏やかな関係性の中で仕事ができた。

教員とはよく相談や打ち合わせをした。どちらかというと聞き役だったかもしれない。話を聞きながら教員の考えや本音や強みを探りつつ、学校の方向性にできるだけ結びつけられたらと考えていた。「教頭先生にこんな相談をするのは変だと思うのですが。実は家庭で……」「教頭にしておくのはもったいない」「気がつくといろんな取組みをさせられている」等と教職員に言われたのは、肯定的評価だと解釈している。

同校の教頭ならではの愉しみもあった。この時期から運動部が全国大会に出場するようになっていったが、全国大会への出場が嬉しかったというよりは、たった一日の試合のために364日血のにじむような練習を重ね、その成果として全国大会に出場することが嬉しかった。メンタリティーや戦略を練る能力等知徳体のバランスが取れて初めて成せる快挙である。２年目に男子バレーボール部が、中国北京での国際親善試合に招かれた。校長から団長として引率するようにと依頼があった。北米、ヨーロッパやアジアの高校を勝ち抜き、決勝戦は開催国中国の高校生と対戦した。身長では負けていたが接戦を制して優勝することができた。世界から集う高校生とスポーツを通して心を通わせた経験は、選手としての力量だけでなく人としての器を大きくした。当時の在校生が、その後の全国大会優勝の基盤をつくったことは明らかだ。全国や世界にも通じる一流のチームづくりから学ぶことは多かった。

(4) 自らを支える

教頭になり、校外での３つの自主勉強会に参加していた。１つは大阪の教育を活性化するために元教育監が発起人となりスタートした研究会だ。メンバーは最盛期で100人を超えていた。有馬朗人元文部大臣から作家の内田樹まで幅広い講師陣から話を伺い、全国レベルの情報や刺激を得ていた。学校経営に直接結びつけるというよりは、管理職として視野を広げエネルギーをチャージする場であった。

もう１つの勉強会は、現職の校長が勤務校で出会ったミドルリーダーを数名集め育成してくださる場であった。寺子屋のような雰囲気で、このメンバーをぜひとも管理職に育てたいという意気込みを感じた。自らの管理職としての実践知を噛み砕き話していただいたので、今後学校で起こるであろう事案を具体的にイメージしながら学ぶことができた。門下生は約10名であったが、その後ほぼ全員が管理職となった。

３つめの勉強会は、元校長で大学に専任教員として勤務されている先生から、教頭20名ほどにご指導いただく場であった。ここで最も力量を磨いた。理論家で物静かだが言動に説得力があった。理論知と実践知を交えてご講義いただいた。とくに毎回宿題としてレポートが課せられ四苦八苦して書き上げては持参した。学校の背景も異なれば意見も多様であったが、教頭仲間で切磋琢磨する場となっていた。校長になり仕事で課題がでてくると連絡を取り合っていたのは、この自主勉強会のメンバーであった。

(5) 教頭を支える

Ｅ高校で教頭として職務を全うできたのは、ミドルリーダーや行政職、スクールリーダーからの支援や指導があったからだ。教員の中では、とりわけ教務、総務、人権教育の領域で状況や課題を的確に把握している、同校に対する想いが強い教員３名が支えてくれた。

事務職員や技師といった行政職の方々も、教頭の職務遂行を多方面から支えてくれた。かつては事務室に相談に行くと「融通が利かない」「理解してもらえない」という感覚にとらわれることもあったが、教頭になり法的根拠により判断せざるをえないのだということが理解できた。

校長が、ときには事務長が、大所高所から教頭を見て、ここぞという場面では必ず指導してくださったことは言うまでもない。特に記憶しているのは赴任３年目の後半のことである。普通科の特色づくりの一環として、講習や補習を充実させる学力向上の取組みを企画し、校長にも報告していた。そのためには月曜日の放課後に生徒全員が講習や補習に参加できる環境を整備する必要があった。鍵となるのは運動部顧問の理解と協力であった。月曜日を自主練習日とする必要があったのだ。しかし賛否両論があった。ようやく全国大会に手が届くようになってきた時期に、一日でも練習を休むことに抵抗感をもつ顧問は少なくなかったのだ。職員会議の場で議論する日が近づくと、校長室に呼ばれた。「今年度は見送りましょう」と話があった。突き進むこともできるが、機が熟すのを待ちましょうという指示であった。３年が平均的な在任期間であることから焦っていた自分自身に気がついた。数年後、後任の教頭と話す機会があったが、月曜日の放課後が講習や補習の日となっていると聞いた。無駄にはならなかったことに安堵しつつ、校長の最終判断が的確であったことを再認識した。

(6) 校長を勝たせる

「教頭の役割とは何か」と問われたら、教員や職員とチームを組んで「校長を勝たせること」と答えるだろう。トップである校長を勝たせることは、実は教職員を勝たせることでもある。教頭は、そのど真ん中で、教職員の強み、ときには校長の強みをいかし仕事ができることを学んだ。

５．危機管理と組織づくり：校長期

(1) 50歳の女性校長が赴任

教頭として３年間大阪府立Ｅ高等学校に勤めた後2004年に、大阪府北東部の市にある大阪府立Ｆ高等学校（以下、Ｆ高校）への異動が決まった。職位は校長であった。Ｆ高校は、1983年に創立された中規模の普通科高校であった。同校はＥ高校と共通点が多かった。創立年度が同じであること、進路指導や生活指導、特に朝の校門指導が確立されていることも似ていた。当時生徒の７割が市内から、３割が周辺の他市から通学していた。際立った特色は、中国ウルムチの学校との交流だ。数年前に姉妹校提携を結び、当時は生徒代表や教員が両国を訪問し合い、書道や絵画等の作品も交流していた。歴代の校長が中心となり交流の灯を大切に守り続けていた。

３月下旬、同校の校長との引継ぎをした。当時、管理職人事は３月25日ころに内示があり、４月１日までに前任者から後任者への引継ぎがあった。後に民間人校長経験者である教育委員から、新転任の管理職が４月に赴任して即学校をマネジメントするには時間的余裕が必要ではないかという指摘があり、人事の日程が繰り上げられたと聞いている。実際年度末は卒業式、入学者選抜、新年度の体制づくりなどが続く。そんな状況下での内示と引継ぎであった。

当時50歳の女性校長は珍しく、しかも「生徒指導中心の学校に女性校長が赴任するケースは稀なのではないか」と同期の女性教頭から指摘された。生徒指導中心の学校への赴任に対する不安はなかった。が、引継ぎの際、同校の教職員の平均年齢が筆者の年齢より上であることに気がついてからは、心が穏やかではなかった。「ベテラン教員はどのような反応を示すのだろうか」と考えたからだ。校長初任の筆者にとって、やや不透明な世界にリーダーとして一歩を踏み出すことになった。

(2) 経営革新プロジェクト

赴任した年に、３年後の2007年に大阪府立高等学校の通学区域が拡大されることが決定された。同校は通学区域の境界線近くに位置していた。そこで３年後の入学者選抜の志願者増を秘かにターゲットと定めた。目標を達成するためには、中学生にとって魅力的な取組みを増やし広報することの必要性を感じた。ちょうど大阪府教育委員会が「経営革新プロジェクト」事業を公募していた。組織マネジメントが「運営」から「経営」へ、予算配分も「均等型」から「提案型」へと舵が切られた時期だ。当事業を梃に学校の特色づくりを前進させたいと考え応募したところ、３年間の指定を得ることができた。

事業の軸を学習指導にした。生徒指導や進路指導の体制は確立され成果をあげていたが、いよいよ学習指導体制を再び確立する時がきたと感じていたからだ。早速「学び再構築検討チーム」を立ち上げ、進路指導部長（国語科40代）を座長にした。彼女はバランス感覚とぶれない軸を持っていた。当初教職員はあまり関心を示さなかったが、検討チームの会議は定期的に開催され、次の５つのことに取組んだ。

１つは「調査・分析」である。「学習状況アンケート」を実施し、学習活動のつまずきについて調査した。２つめは「学習クラブ」である。調査結果から学び直しに着目し、自学自習教室を整備した。PC上の数学（高校・中学校・小学校）、英語のヒアリング、漢字検定の問題を自分のペースで選択し学習できる仕組みをつくった。３つめが「サポート隊」である。校内の学習環境整備のために、運動クラブ部員等が参加し清掃活動をした。４つめが「スキルアップ勉強会」である。新任教員が幹事となり、世代や教科を越えて意見交換やスキル面での交流をおこなった。５つめが、「カリキュラム改定に関する提案」である。生徒の実態にあった選択授業の充実を提案した。

並行して前向きな学年主任（保健体育科50代）と歩調を合わせた。各HR教室に読書コーナーを設置し、HRの時間に一斉に読書活動を実施した。また創立25周年を機に制服も改訂した。生徒指導部長をトップに制服改訂委員会を立ち上げようとしたが、彼を説得するのになぜかエネルギーと時間がかかった。しかし、彼が承諾してからは一気に委員会は動き出した。制服制定の最終段階では、職員会議で新任教員が候補の制服を着て会議室の中央をモデルとなって歩いた。手作りのファッションショーが開催された。

「進学校にしていこうとする取組みを提案するのではなく、いわば近郊の受け皿となっている本校に入学してくる生徒の学力を少しでも良くしていくことを主眼において提案したい」(平成18年度「学び再構築検討チーム総括」)という目的のとおりに、取組みを矢継ぎ早に実施し発信した。取組みに参加した生徒数が多いわけではなかったが、徐々に教職員の協働の輪は大きくなっていった。そして3月の入学者選抜試験を迎えたが、倍率が学区でベスト3に入ることができた。学びの再構築が評価された。汗が成果となり、教職員の間に達成感が広がっていった。

(3) 大きな試練

F高校では大きな試練も待っていた。しかし、当初は試練が学校組織を強固にするとは予想できなかった。試練とはある教職員が私生活で公衆に著しく迷惑をかける不祥事を起こしたのだ。新聞にも報道され、テレビでは校舎が映し出された。当日、教育委員会から連絡が入り、府内の出張先から電車を乗り継ぎ他府県の警察に到着したときには、日が暮れかけていた。現地の警察から事情説明を受けているとき、突然ケータイ電話が鳴りだした。夕方のニュース番組で事件を知った複数の校長が、初任の校長を慮り電話をかけてくれたのだ。その時初めてマスコミが事件を取り上げていることを知った。

本人の状況が判明してくると、次に学校の今後のことが心配になり始めた。F高校の生徒や保護者、地元や中学生のことを考えながら電車を乗り継ぎ学校にたどり着いたのは深夜であった。最寄りの駅には教員が一人待機してくれていた。当人とは関係性が深い同僚だった。学校では教頭と首席が外部との対応にあたっており、合流し情報交換と今後の対応を整理した。連休中であったが臨時の職員会議を開催し、状況を説明し、校長が直接指揮にあたると伝えた。複雑な気持ちであった。対外的には弁護の余地がない問題行動をとったのだが、一方で本人の来し方と行く末を思うと割り切れない想いもあった。校長として体力的にも精神的にも試練のときであった。

このジレンマを払拭してくれたのは、ベテラン教員の一言であった。「彼には生徒がお世話になった。生徒が書いた就職の書類を丁寧に読み込んで訂正してくれた。彼ほど徹底して指導してくれる人は他にはいなかった。感謝している」と校長に伝えてくれた。筆者の割り切れない想いは悟られていたのであろう。ハッとした。気持ちを整理して職員会議に臨んだが、今度は「彼は対外的には弁護できないことをしてしまったが、事件までの彼は生徒の指導に力を尽くしてくれた……」と話したら、声が詰まってしまった。現地の警察に出向いたり、教育委員会に報告相談に行く等、眠る時間もほとんどない日が続いていたからか、涙をこらえることができなかった。

が、ここで教職員の雰囲気が一気に変わった。学校の苦境に力を合わせて乗り切ろうと、校長が指示を細かく出さずとも主体的な態度で対応に臨んだ。保護者会で校長が深々と頭を下げると、会場の壁沿いにバックネットのように立っていた教員全員が同時に頭を下げた。一体感を感じた。連休明けの全校集会で事件の概要や今後の対応について話したが、下を向いてしょんぼりしている担任クラスの生徒の様子が目に入ると痛ましく感じた。配慮したつもりであったが十分ではなかった。そのとき以来、教員の不祥事は、生徒の受け止め方を第一に考えるようになった。

教職員だけでなく教育委員会事務局の担当指導主事も、後方から支援してくださった。過去の事例から、保護者やマスコミとの想定問答集作成等対応の筋道を立てるときに有効な助言をいただいた。保護者会終了後、報告に出向くと、多忙な担当首席指導主事は一瞬で校長の様子を確認した後「一番困った質問は何でしたか？」とだけ尋ねた。渦中の校長を労わりつつ、情報収集し今後に活かすことを忘れていなかった。このように学校内外から支援をうけ、学校の危機を何とか乗り越えることができた。逆境が組織を強くするとは思いもよらなかった。

(4) 学校を丸ごと任せられる人

通学区域再編という天の時、通学区域のボーダーに位置するという地の利、そして学校の試練がつくった人の和に恵まれ、何とか初任校長として職務を終えることができた。Ｆ高校最後の日、歴代の校長の写真に礼をして校長室のドアを閉めた。玄関を出ると春の月が校庭を照らしだしていた。生徒たちの姿はなかったが、校庭に礼をして学校を去った。明日からは新たな学校の日々が始まる。

教頭時代に先輩校長が「田中さん、教育委員会が校長試験で見ているのは１つだけや。この人に１つの学校を丸ごと任せられるかどうかやで」と教えてくださった。事件や事故などの危機を管理するときこそ、丸ごとの責任を校長が最も感じるときだ。新型の感染症や地球温暖化による異常気象等、学校がいつ巻き込まれるかも知れない危機は、今そこにある。それに校長として対応していくことが、学校組織を強める機会になると学んだ。

６．学校経営を支援する：副理事期

(1) 学校現場に押し寄せる変革の波

2010年に、大阪府教育委員会事務局（現大阪府教育庁）教育振興室に副理事として赴任した。それまで公立高校で教育実践者として23年５ヶ月間、教頭として１校３年間、校長として２校６年間、計32年５ヶ月間勤務していたが、初めて教育行政の仕事に従事することになった。晴天の霹靂の人事であった。後にそのことをある指導主事に話すことがあったが「歴代の副理事はみなさん同様のことを言っておられます」という言葉が返ってきた。人事の妙を感じた。

筆者が赴任した2010年大阪の教育は激動の時期を迎えていた。当時の橋下徹大阪府知事は「大阪維新の会」を創設し、翌2011年４月の統一地方選挙で大阪府議会の第１会派となり９月議会では「大阪府教育基本条例案」を提出した。条例に基づく具体的な施策は「首長の権限強化、学校協議会の設置、校長の公募、教員の人事評価、全国学力テストの公開や府立高校の統廃合」等であったが、これに対し教職員団体や法律関係者、府の幹部や教育委員からも異議が唱えられるという前代未聞の状況であった。

府議会での採決を前に10月には維新の会の議員と府立学校長との意見交換会が開かれ、当時の中西正人教育長から校長経験者として参加する機会を与えられた。会場に到着するとすでに緊迫した空気であった。50名の維新の議員と教育長はじめ教育委員会幹部、７名の府立学校長、９名の校長経験のある委員会勤務者との間で意見交換が始まった。府立学校側でまず口火を切ったのは、人権教育に教育実践者時代から一貫して取り組んできた女性校長であった。白熱した議論が続いたが、改革路線を突き進む議員と早急な改革を懸念する現場との乖離は大きかった。その後、2012年3月「大阪府教育基本2条例案（教育行政基本条例案及び府立学校条例案）」が提案され可決された。可決後、常に現場第一主義であった教育長は、記者団の質問に対して「今後は学校現場において運用が円滑に進むように最善を尽くす」という旨のコメントをしていた。教育行政の長としての覚悟が伝わってきた。

(2) 教育委員会事務局と副理事の職務

変革の渦に吸い込まれるような教育振興室への赴任であった。教育振興室は大阪府庁別館にあり、組織は高等学校課、高校再編整備課、支援教育課と保健体育課に分かれていた。

副理事の職務は大きく2つあった。1つは、校長・准校長の相談窓口である。学校訪問などの出張があっても夕刻には帰庁し、学校での勤務を終えてから来庁する校長が相談をしやすい体制を高等学校課学校経営支援グループとともに組んだ。相談の内容によっては、施設課や財務課に橋渡しをした。学校の、いわゆるナベブタ型組織しか経験がない筆者にとって、ピラミッド型組織の中で行政マンと業務を進めることは新鮮であった。例えば、あるとき施設課の主査に相談に行ったが、彼の頭の中にはその学校の校舎の平面図が入っていることがわかり驚いた。現場を熟知し支援したいという想いで仕事をしていた。一方、厳しい視線で学校現場を見つめている主査もいた。限られた人・物・金をもとにマネジメントせざるをえないのは教育委員会も学校現場も同様であった。

もう1つの職務は、学校訪問である。年間110校を超える府立学校を訪問した。全日制の高校だけでなく定時制高校や工科高校や支援学校も訪問した。訪問の観点は多岐にわたっていたが、軸は校長が作成した「学校経営計画及び学校評価」に記載されている「めざす学校像」の実現に向けて進捗状況を校長が自らの言葉で語るのを聞くことだ。校長の語りからは学校経営の哲学も立ち昇ってくる。それらを記録して蓄積した。

訪問の観点に関して加えるとするならば、ある民間人校長の学校を訪問した際に、こんな質問をされたことがあった。「今日は校長を励ますために来てくれたのですか？　それともちゃんと仕事してるか見に来られたのですか？」「そうですね、両方です。」と受けてたったが、民間出身だけに鋭い質問であった。

各校への訪問は1時間の面談と30分の校内視察で構成されていたが、1つとして学校経営が同じ学校はなかった。その中で記憶に残るある学校訪問の様子を他校への訪問の様子も交えて紹介し、教育改革期の校長の学校経営を支援する教育行政の一端を伝えたい。

(3) 学校訪問と教育行政

それぞれの学校へは電車や地下鉄、ときにはバスを乗り継いで訪問した。府内といえども移動に時間がかかるときが多い。しかしこの往復の時間は、随行する指導主事と率直に意見を交わす貴重な時間となった。往路は「元同僚が勤務している学校だ」という切り口から始まり、学校文化や名物教師のこと等話題は尽きなかった。復路は校門を出るやいなや、堰を切ったかのように二人で振り返りをした。子どもたちが長所と短所をもっているように、学校にも強みもあれば課題もある。短所のない子どもに出会ったことがないように、課題のない学校にも出会ったことがない。様々な観点からの振り返りは帰庁するまで続いた。事務局に勤務してしばらくすると、学校現場に比べ季節感は薄れ、子どもたちの声からも遠ざかっている自分に気づくことがある。そんな指導主事が、教育委員会の視点で学校現場の実践を見る数少ない機会となっていたようだ。彼らの何事も学びたいという姿勢が清々しかった。

大阪府南部に位置する大阪府立Ｒ高等学校（以下、Ｒ高校）には、地下鉄と私鉄を乗り継いで到着した。門から玄関までのわずかな間でも学校に関する様々な情報が飛び込んできた。同校は通用門を入りグラウンド沿いに校舎にアプローチするが、清掃が行き届いていた。またグラウンドで体育の授業を受ける生徒たちは体操服を着崩していなかった。学校に環境美化の余裕があること、学力向上の基盤となる生活規律が確立されていることを肌で感じた。

他校への訪問では、校門を入ると雑草が目立ち学校が生徒の指導に追われ余裕がないと感じることもあったが、そこは行政からの人的、物的、経済的支援が求められている点と受け止めた。

Ｒ高校では玄関には教頭が、校長室では校長が待っていた。同校は二人の管理職が対応してくれたが、学校によっては校長だけのときや首席２名も加わりチームで対応してくれることもあった。チームで対応した学校では、チームの結束の度合いが会話から感じられた。実績のある学校ほどチームのメンバーが強みを活かしていきいきと活動していた。そういった学校の校長からは、自らが先頭に立つというよりは転勤後も学校の改革が継続されるように、チームに任せられるところは任す姿勢が感じられた。また教諭時代の家庭訪問同様に、学校現場への訪問は学校文化や校長のマネジメントの姿勢など、学校以外で出会うときとは異なる等身大の校長の感触が伝わってきた。

Ｒ高校の前半では、校長から説明を受けた。成功事例だけでなく、エビデンスに基づいて現状と課題そして対応策を明確に伝えてくれた。説得力があった。行政側は想定を越える学校情報をつかんでいる。学校側が課題を明確にすれば、行政側も支援の方向性が明確になる。PDCA サイクルを確実にまわすことが学校経営の質を高めることを実感した。

Ｒ高校の課題の１つは、教職員の意識改革であった。同校の「学校協議会」（当時）は、２つの学校教育自己診断結果に着目していた。１つは【教職員の学校運営への参画意識】（肯定的評価 70％前半）、２つめは【保護者の学校満足度】（肯定的評価 80％後半）の項目だ。校長はこの２つの項目は関連していると分析していた。同校は問題行動を起こす生徒が少く、学校も安定しており、教員に学校の現状や今後に対する危機感が薄い。そのため自主性という言葉のもとに、生徒のポテンシャルを引き出す教員文化も薄い。そのことが入学時の学力と卒業時の進路実績の差となっている。保護者の満足度が低いのは、そこに原因があるのではないかと校長は考えていた。この教員文化を変えるために奮闘している様子が伝わってきた。同校の「目ざす学校像」の第１番目に教員体制のことが挙げられていることからも読み取れた。そのような場合は、他校の事例を紹介する等教育委員会が蓄積している方法を具体的に伝えるように努めた。

Ｒ高校の後半では、授業や施設設備を見学したが、これも重要であった。

当日は、特色のある専門教室や教育委員会が財政的に支援した設備がどのように活用されているかを案内して説明してくれた。教育委員会としては、教育活動を充実させるために予算が有効に執行されているかを見とどける機会となった。

また110校ほどの府立学校のへの訪問から、トイレや窓の不具合等支援が必要な箇所は少なくないことがわかってきた。反対に、府の予算はひっ迫しており配当できる予算額は減少していた。訪問で把握した施設設備の状況は、高等学校課と施設課が連携し各校の緊急度に合わせて対応をした。どの学校を支援するのか、教育委員会はぎりぎりの判断を迫られていた。

(4) 学校経営を語る

このようにして一人ひとりの校長から聞く、背景や歴史も人的・物的資源も異なる学校がどのように学校の教育目標を具現化するかという語りは、まるで1つの壮大な物語を聞くようであった。学校を丸ごと責任をもって経営していかなければならない校長の視線の先には、生徒や教職員がいて、その先には保護者や地域の人々がいる。この激動の時期だからこそ、直接教育委員会に物申すことははばかられるが、矢継ぎ早に進められる改革と学校現場の状況のジレンマの中で、校長の器からあふれだす想いがある。それをしっかりと受け止め、あるときは解決のために必要な情報を伝え、あるときは委員会に持って帰ることが、校長経験者である副理事の重要なミッションであったのだ。

ここまで特徴的な教育実践に自ら光をあて考察を積み重ねてきた。当時はがむしゃらに立ち向かっていた自らの体験をメタ認知し省察することができたことは、教職大学院で教師教育に携わる者として、視点を増やし枠組みを拡げる貴重な機会となった。もちろん一人の人間としても得難い機会となった。

教師のライフコース（名前　M．T．　／地域　大阪　／校種　高校　／教科　英語　／年齢　70歳　／経験年数　44年　）年月日：2023年9月22日

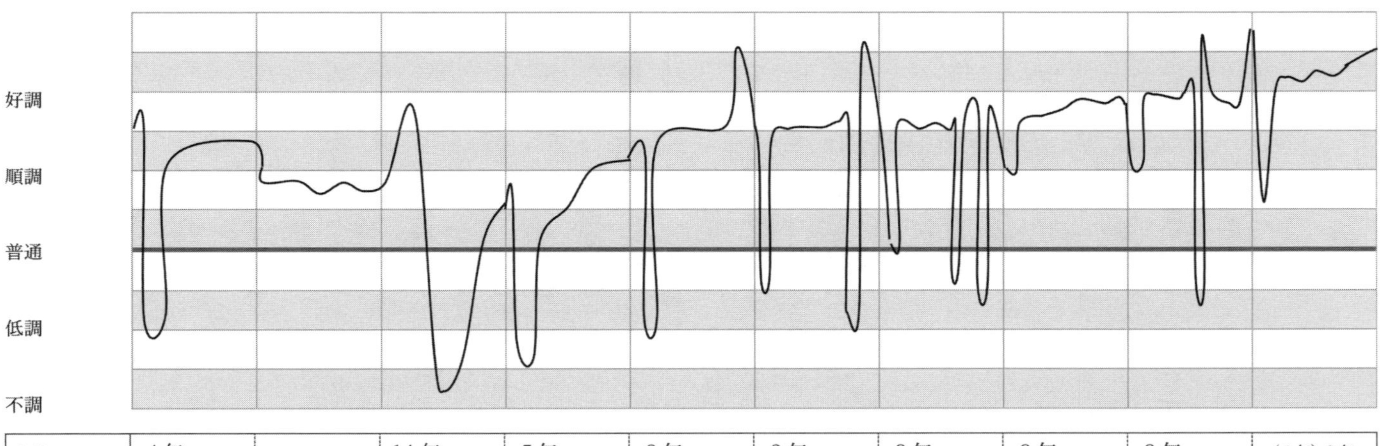

年数 期間	4年 1976年～1979年	（1年7カ月）5カ月 1981年	14年 1982年～1995年	5年 1996年～2000 年	3年 2001年～2003年	3年 2004年～2006年	3年 2007年～2009年	2年 2010年～2011年	2年 2012年～2013年	（1年）9年 2015年～現在
学校 職務上の役割	A高校 教諭	B高校 産休講師	C高校 教諭	D高校 教諭	E高校 教頭	F高校 校長	G高校 校長	教育委員会事務局 副理事	H高校 校長	大阪教育大学/附属 学校 教授・校長
分掌・委員会・部活動・研究活動	男バレ顧問 初めての担任	複数担任制	学年主任・保健部長 コース設置委員会	将来構想委員会 教育相談係	体育科 挨拶指導	学習指導・経営革新 プロジェクト	国際教養科 生徒指導	学校経営支援 学校訪問110校	GLHS SSH・SGH	教師教育 実践的研究
子どもとの出会い	I君・Jさん	差別事象K君	12期生	53期生	体育科生徒	L君母子	Mさん		世界チャンピョンN君	22歳から60歳までの院生
影響を受けた同僚や先輩、取組み・出来事	若手教員勉強会、むのたけじ 志摩地域文化	あらゆる体験 人権教育推進校 複数担任制	教職員組合活動 O校長	中堅教員勉強会 英語科先輩	教頭勉強会 運動部全国大会・国際試合	二人の教諭 二人の新採 首席	活動家 ALT 首席	ハートある行政マン 女性管理職勉強会、	伝統ある学校 授業力の高い教員 同窓会	研究者教員 大学組織文化 裁量労働制
個人・家庭生活	教員住宅	結婚・転居	南河内文化	実父他界				実母遠距離介護		故郷に転居

7．実践研究の意義と難しさ

「実践研究 教師のライフコース」の目的は、教育実践者自らが教育実践を「リアルに具体的に記述する」ことを基軸に「教育実践の山脈を描く」ことを通して、自らのライフコースを「省察・探究・再構成」することである（大脇　2014)。そこで、教育実践者が山脈を描き、省察・探求・再構成するプロセスにそって、筆者が見出した意義と難しさを述べる。

まず、省察的に自らのライフコースと向き合うということは、普段は意識下に埋もれている出来事１つ１つに光を当て、それを紙に書き出すことから始まる。この書き出すという行為そのものが、それをもとに曲線に描く行為そのものが、筆者にとっては頭と心が整理でき自己理解が進んだ。当時は後悔をともなう出来事であっても、年月を経て経験をつみ、違った観点から受け止めると、気づきが生まれる。先行研究や文献をもとに執筆するという行為とは異なる充実感があった。書く意義は大きい。

しかし、このように省察するには「枠組み」が必要である。それは、例えば「赴任した学校を横軸」に、「職務上の役割や、分掌・委員会部活動、影響を受けた子ども・同僚や先輩・出来事や私生活の出来事等を縦軸」にしてライフコースの曲線を描くことが可能になるように、半構造化された「枠組み」があってはじめて、出来事を詳細に思い出し、なぜそれが心に残っているのか自問自答し、思考を深化させることができる。「枠組み」のもつ意義は大きい。

そして、深化させることにより、意識の深い部分に埋もれていた自らの価値観やアイデンティティを掘り起こすことができると学んだ。すでにそれらを摑んでいるとしたら、現在の自分自身を改めて見つめ、再検討、再構築する機会にもなる。

実は、このように価値観やアイデンティティを見出すことは、教師の働き方改革が社会的に大きな課題となっている現代においてとくに意義があると気づいた。なぜなら、現職教員の中には仕事に追われ自分を見失いそうな教員も見受けられる。教師をめざす学生も「ブラックな仕事」という報道に翻弄され志望するか揺れ動いている者も少なくない。自らの働き方の軸となる価値観やアイデンティティを見出すことは状況を切り拓くときの軸になるからである。価値観やアイデンティを見出す意義は深い。

次に、難しさについて述べる。佐藤学が教師の仕事の特徴として「再帰性」「不確実性」「無境界性」を指摘している（1997）ように、教師が日々積み上げてきた教育実践の塊は混沌としており、かつ自分自身も気づいていないことが多く含まれるということはすでに述べた。そこを切り拓いていくときは「手探り感」、言い換えると「居心地の悪さ」がついてまわる。この感覚に慣れることができるかは、本実践研究にとって重要であると気づいた。しかし、この点は個人差が大きいと推察する。自分の考えを明確に述べることが幼いころから尊重される個人主義の欧米に比べると、同調圧力が強い日本では自己を見つめ表現することに対するハードルは高く、プロセスを進めていく上での難しさである。

このことを解決するには、本プロジェクトの大脇氏のように全体を統括しながら理論的に個々のメンバーをファシリテートできる人材が必須であり、またコミュニティ内のリフレクションも必須である。そういった人材の確保やコミュニティづくりの難しさがあると考える。今後も、これらの気づきや学びをふまえ、実践研究を継続する所存である。

注

「Go Beyond the Borders—共に学び共に育つ教育実践—」『教師のライフコースの実践研究』（2019）を基に加除修正した。教頭期は書き下ろし。

参考文献

・三輪健二『わかりやすい省察的実践』医学書院、2023

(Profile)

田中 滿公子　TANAKA Makiko

三重県生。高校英語科教諭として４校23年５ヶ月勤務した後、教頭、校長として４校11年勤務。この間、大阪府教育委員会教育振興室副理事として学校経営支援を２年間担当。2015年より大阪教育大学に勤務。学校経営と21世紀型教育を担当、現在は特任教授。この間、

附属天王寺中学校、高等学校の管理職を２年間兼務。
著書・論文に『はじめて教師になったあなたへ：子どもたちと心の絆を結ぶ７つの原則』南の風社、「教師としての成長と変容」大阪教育大学紀要、教育科学　65（2).「実務家教員のもつ学校実践知の教材化とその活用」大阪教育大学紀要、人文社会科学・自然科学　69（深野康久と分担執筆）

第3章

教師のライフストーリーを読む
——語りと語り直しに注目して——

高井良　健一
東京経済大学

はじめに

教師が自らの辿ってきた足跡、すなわち、一人の人間としての個人的な人生と、一人の教師としての専門的な人生について、語ること、そして語り直すことには、どのような意義があるのだろうか。教師にとって、個人的な人生と専門的な人生の間には、どのようなつながりがあるのだろうか。

教師は、一人残らずすべての子どもたちの学びと成長を保障するという大きな使命を担っている。この使命の実現には、教師自身が子どもたちとの出会いやそこで生じるさまざまな問題との対峙を通して、自らの枠組みを組み替え、新たなパースペクティブをもつ存在へと成長し続けることが求められる。そのため、教師が自らの経験について省察し、自らの人生を語り、語り直すことは、さまざまな偏見や先入観にとらわれた過去の自分自身の枠組みを組み替えるために不可欠な対話的実践となる。

本稿では、教師自身によって振り返られた教師の教育実践の軌跡と、教育実践より広い人生行路から学びながら、新任期と中年期、そしてベテラン期という教職生活の異なるステージにおいて、教師が自らの人生と実践を語り、語り直すことの意義について論じることにしたい。

1．新任期の語りと語り直し

教育学の知見において、教師にとっての新任期は従来から危機的な時期であると考えられてきた。学ぶ側から教える立場への転換は、教室の風景が

180度変わる大きな転換であり、一年目からただ一人で大勢の子どもたちと向き合わなくてはならないという教職の特異な性格のため、新任教師にとまどいや葛藤はつきものであった。この葛藤は「リアリティ・ショック」と呼ばれている。だが、近年、新任期の危機はさらに深刻さを増している。

情報化やグローバル化の急速な進展に伴い、先進諸国では、第二次産業を中心とする産業社会から第三次産業を中心とする知識基盤社会への移行が進展している。これに対応して、国際的に教師に求められる知識や資質は複雑化し、高度化している。日本においても、小学校で英語が教科化され、プログラム教育が導入されるとともに、高校でもアクティブ・ラーニングや探究的な学びが要求されるなど、教師たちに求められる知識や技能の水準が、20世紀のそれよりも格段に上がっている。

そのため、本来ならば、仕事の高度化に見合うかたちで、教師たちの労働条件や学びの環境が準備されなくてはならないのだが、この状況に逆行するかのように、日本の教師たちの労働条件は、給与をはじめ、労働時間、自主研修、余暇においても劣悪化の一途を辿っており、多忙化のなかで、教師は疲弊の度を深めている。また、教師の実践を支える教員養成や現職教育のクオリティは、この状況の変化に十分に追いついておらず、教師を志す学生や教師に対する義務的な課題ばかりが増加している。

その結果、現代の教育現場で生きる教師たちは、教育実践において高い創造性、自律性が要求されているにもかかわらず、高い創造性、自律性を保障するための労働条件や学びの機会は剝奪されているという深刻なパラドックスのなかに置かれている。

こうした教育政策における矛盾は、教師のなかでももっとも弱い立場にある新任教師にしわ寄せがきている。そもそも学ぶ側から教える側への転換自体が大きなハードルであるのに、教職に参入早々いきなり高度な課題を要求されるとしたら、新任教師たちの多くは立ちすくむしかない。現在の日本では、保護者対応一つをとっても以前とは比べものにならないほど難しくなっている。子どもの頃からの憧れだった教職に就くことができたにもかかわらず、失意のなかで離職に追い込まれている新任教師たちの苦しみと悲しみは、想像を絶するものがある。

このように日本の状況は極めて深刻であるが、新任教師の離職の問題は国際的な広がりをもっていることも押さえておきたい。教師や子どもの語りに注目して、ナラティブ的探究という新たな研究方法を展開しているカナダの教育研究者ジーン・クランディニンによると、カナダでも教職経験５年以内の新任教師の離職が社会問題になっており、アメリカ合衆国では新任教師の大量離職によって毎年２億ドル以上の予算が失われているという（2017年10月19日（木）の東京学芸大学での講演より）。

クランディニンは、新任教師の危機は、教師の個人的な人生と教師として求められる専門的な人生の葛藤によって生じていると指摘している。教職は自らの信念や情動が職業生活に深くかかわる全人的な性格をもった職業であるため、個人的な生活と専門的な生活が分かちがたく結びついている。専門的な人生が個人的な人生に支えられているとき、教師は深いやりがいをもって教職に専心することができるが、両者に断絶があると、教師の人生と実践はその根っこを失い、心細く、寄る辺ないものとなる。

そうであるから、教師の個人的な人生と専門的な人生は、学びと出会いを通して、架橋される必要がある。そして、教師に架橋を意識化させるものが、教師のライフストーリーの語りである。葛藤に満ちた新任期において、守られた安心できる環境のなかで自分語りの機会をもつことができるならば、新任教師は、自分がなぜ教職を選んだのかをもう一度振り返ることが可能になる。この振り返りを通して、自分がこれからどこを向いて、どのように進んでいくべきかを熟考することができる。もちろん、これには一人ひとりの教師のライフストーリーを生かす風土が、教育現場のなかに存在することが条件となる。子どもたちの多様性を包摂することが求められる21世紀の学校は、教師たちの多様性が尊重され、多様な語りが響き合う場所でなくてはならない。

さて、困難に満ちた今の時代の教師たちの新任期を支えるために参考となるのが、同じく困難な時代に初任期を迎えながらも、その経験を土台として、教師として充実した人生を送ってきた先達の新任期の経験である。

本書第６章に登場する太田洋子氏は、校内暴力が全国を席巻した1980（昭和55）年に、大阪府に隣接する兵庫県伊丹市の中学校に赴任している。初任校は、同期の女性新任教員３名のうち、２名が２年目で退職するような過酷な学校現場であった。厳しい労働環境のなかにいたにもかかわらず、太田氏は、男性教師が中心になって力で押さえつける生徒指導に疑問をもち、先輩の女性教師たちに直面した悩みを相談するとともに、その教育実践から学び、班ノートの実践などに取り組んでいる。それでもなお、荒れた学級をまとめるのは容易ではなかった。

そのような苦しい日々のなか、学生時代にマネージャーをやっていた経験から、思い切って野球部の顧問を引き受け、野球についても生徒以上に学ぶことで、少しずつ生徒たちに受け入れられるようになった。そして、修学旅行をめぐる学年会議において、生徒たちをどのようにしたら上手に管理できるかという発想ではなく、「生徒たちはどちらが楽しいかなあ」（p.70）という生徒の目線に立った一人の中堅の女性教師が発した一言に頭を殴られるような衝撃を受けている。この出来事がターニングポイントとなり、教師の仕事は何よりも子どもたちの学びと育ちを中心に据えるものだということを心に刻んでいる。

困難な状況に遭遇しながらも、太田氏がバーンアウトすることなく、実り豊かな教職生活を全うすることができたのは、新任期に信頼できる先輩の教師たちと出会い、教師の仕事の軸となるものを学んだことが大きかった。歴史的、社会的に捉えてみても、容易ならざる厳しい時代と地域において、新任期を経験した太田氏であったが、子どもたちを中心とする学校づくりというヴィジョンがその教職生活を支えるものとなっている。

もう一つの例を挙げる。本書第７章に登場する長井勘治氏の振り返りには、新任教師として「意に反して」養護学校に赴任し、１年が過ぎようとした頃、校長から思いの丈を伝える機会を与えられたエピソードが綴られている。そこで長井氏は、「放課後に生徒たちと部活動をしたい」という思いをぶつけている。これは踏み出した教職生活で自分が思い描いていたような教育活動ができていないことからくすぶっていた個人的な人生のストーリーの表出であった。

この新任教師の個人のストーリーは校長によって学校のストーリーとして受け止められて、そこから長井氏には、学校にサッカー部を立ち上げて、養護学校の子どもたちを導いて知的障がい者のスポーツ大会に参加させるという道が開けた。そして、スポーツの活動を通して、子どもたちの学びと成長を支えるという教育実践が展開することになったのである。こうして長井氏は、個人的な人生と専門的な人生をつなげ、「意に反して」始まった養護学校での教職生活を新たな教育活動への挑戦に変えることに成功している。この事例では、学校のなかに、教師たちの多様性を生かし、育むスペースが存在していたことが、新任教師を生かすことにつながっている。

先の太田氏の事例では、学校帰りの喫茶店で先輩の女性教師たちに自らの悩みや困りごとを語ることができたことが、大きな心の支えになっていた。はたして今の時代を生きる若い教師たちに、このような時間的、精神的余裕と協働的な関係性が保障されているだろうか。教師は、自らが直面している課題を語ることで、個人的な課題を同僚と共有し、より広い社会的な文脈のなかで、課題を捉え直すことが可能になる。だからこそ、語り合える時間と空間と仲間、先達が必要なのである。

このほか、新任期に教師が自らの来歴について語ることの意義は大きい。例えば、子ども時代に影響を受けた教師のこと、子ども時代の学校や教師についての思いを振り返り、教師をめざした時、どのような教師になりたいと思ったのかの原点に立ち返ることで、現在の葛藤を、未来のヴィジョンの実現のための一つの過程として、受け入れることが可能になることもある。

厳しい境遇のなかにいる新任教師は、インタビュアーとの対話、あるいはグループ・インタビューのなかで、自分が置かれている環境の厳しさに気づき、自分自身をケアする視点をもつことができるだろう。逆に、恵まれた境遇のなかにいる新任教師にとっては、自分の現時点の能力を過大評価することを戒め、充実した教職生活を続けるために学び続けることの大切さを再認識する機会にもなりうるのである。

2．中年期の語りと語り直し

教師にとっての中年期は危機的な時期であるとともに、生産的な時期でもある。学校におけるミドル・リーダーとして多忙な時期であるが、この時期にライフストーリーを語ることは、専門的な人生を切り拓くために、これまでの教職生活の歩みを見つめて、軌道修正するための貴重な機会となる。

一般的に言って、中年期の教師が自らのライフストーリーを語るとき、教師としての歩み、すなわち、専門的な人生の語りが中心となる。そこにとどまらずに、その語りに、おいたちからの個人的な人生の語りを織り込むことによって、中年期の教師の人生の語りはより統合されたものになりうる。

過去の事実そのものは変わらないものであるから、私たちのなかにある過去の物語も不変であると考えられがちである。しかしながら、私たちの過去の物語は、その後の経験に伴って変容するものである。新任期のおいたちの語りと、中年期のおいたちの語りは、多くの場合、違ったものとなる。

中年期の教師の語りは、語り直しの様相を色濃く帯びてくる。どうして教師になりたいと思ったのかという問いに対しても、幾通りもの回答がありうる。新任期に語られた一つのストーリーに対して、いくつかの違ったストーリーが浮上することで、アイデンティティの亀裂が生じる。ここから中年期の危機が生じるが、再生の手がかりもまたここに準備されている。

本書第２章における田中満公子氏の振り返りには、37歳ではじめて学年主任となった時、生徒たちの問題行動に振り回されて、学校は荒れ、心身の不調を訴える同僚も出て、「全ては学年主任である自分自身の責任であると自分を責める日々が続いた」(p.28) という文章が綴られている。この事態に悩み、離職も考えた田中氏は、米国人の心理学者を訪ねて、当時の自分の思いの丈を語っている。ここで行われたのは、まさに中年期における自らのライフストーリーの語りであり、語り直しであった。

そこでの語りと対話を通して、それまでなろうと努力してきた「いい先生」を手放し「ありのままの自分」を表現するという新しい生き方を示された。これによって、「いい先生」という、その時点では煌めいて見えるものの、その後の拡張性や発展性に乏しいストーリーのプロットから、「ありのままの自分」から生じる多種多様なストーリーが響き合い、いまだ出会ったことのない自己につながるダイナミックなストーリーのプロットへと、自分語りの様式が組み替えられたのである。中年期において、長く抱いていた古いライフストーリーを手放した時点で、田中氏は、中年期の危機を乗り越えて、次のステージに向かうる第一歩を踏み出したといえる。

「C高校に勤めて初めて、自分の弱さ、もろさを思い知った。自分の無力さ、非力さに涙がにじむこともあった。でもそんなとき、いつもまわりの人が支えてくれた。時には同僚の先生方の励ましであり、時にはみんなの、いろいろあっても、それでも前進しようとする心だった。」

(p.30)

本書第2章における田中氏の振り返りに、上記の文章が掲載されている。実は、ここで語られている言葉は、田中氏のものではない。当時の同じ学校で田中氏とともに格闘した新任教師のものであった。だが、この新任教師の語りは、当時の田中氏の心境ともシンクロするものであったといえる。中年期の教師の再生は、自分の人生のみならず、若い教師たちの存在を支えるというジェネラティヴィティ(世代継承性)を伴うことで、より深い次元で実現する。中年期における教師の危機とその再生のストーリーがここに見事に表現されている。この危機を乗り越えたあと、田中氏は、問題のない学校を目指すのではなく、生徒たちが成長する上で問題が起きるのは当たり前だと考え、生起するさまざまな問題を通して、生徒も教師も育っていけるような学校づくりを目指すようになったのである。

この新たなヴィジョンは、「ありのままの自分」から浮上してきた多種多様なストーリーと深くつながっており、多様な子どもたち、多様な同僚と協働しながら、ともに成長するという新たな枠組みが準備されている。そして、この協働を実りあるものにするために、田中氏は自らの「人間性の成熟」を求めて、研究と修養を重ねることを決意しているのである。

中年期における教師のライフストーリーの語りと語り直しは、人間としての修養を伴いつつ、専門的な人生とのより高次の統合を生み出す契機になりうることが、この事例のなかに示されている。

3. ベテラン期の語りと語り直し

ここで、現代の日本の高校教師のライフストーリーが語られている歴史的文脈について言及しておきたい。21世紀に入ってから、日本の教育改革は、加速度を増しながら進行している。この教育改革は、福祉国家モデルが大きな影響力をもっていた時代に形成された学校文化、教師文化に対する批判とラディカルな組み替えの意図を内包しており、日本の学校文化、教師文化は危機に瀕し、再構築を迫られている。そして、2000年代の日本の教育改革の主なターゲットは、高校教育に向けられた。

2000年代に入り、単位制高校や総合学科高校の新設も広がった。また、政府主導の規制緩和に沿って、高校入試の学区域の拡大や撤廃が進められた。さらには、特色のある学校づくりが推進され、多様な学科、コースが設置されるなど、高校の個性化、多様化、差異化が課題となった。これらの施策は、競争原理を導入することによって学校の品質を保証するという新自由主義の発想に基づくものであった。

本書第2章の田中氏の管理職としての経験の振り返りは、この教育改革の時代の渦中を生きた教師の自分語り（autobiography）の記録として読むことができる。そこには、学校という組織が大きな変容を迫られるなかで、学校現場において子どもたちと教師たちの学びと成長を保障するために、学校運営者として全力を尽くしてきた教師の省察と行動の記録が綴られていた。これは、21世紀はじめの日本の教育改革のリアリティを映し出した貴重なドキュメントでもある。

ここからは、田中氏の語りを題材としながら、管理職となった一人の女性教師が21世紀の教育改革、高校改革とどのように向き合い、その文脈のなかでどのように自らの課題を組み替え、実現していったのかを明らかにすることを試みたい。

田中氏の管理職としての歩みは、管理職に就く以前にロール・モデルとなる校長に出会ったところから始まっている。その時「校長で学校は〔よりよい方向に〕変わる」ことを確信した田中氏は、「21世紀の幕開けとともに」

2001年4月から3年間E高校の教頭を務め、2004年4月に校長としてF高校に赴任している。

颯爽たる50歳の女性校長の誕生であった。しかし、その前途は決して楽観できるものではなかった。2004年度の全国の高等学校における女性校長の割合はわずか5.0%（文部科学省・平成16年度学校教員統計調査による）と20人に1人を占めるのみであった。しかも、教員採用の氷河期が高校教師の高年齢化をもたらし、F高校の教職員の平均年齢は50歳を超えていた。このような歴史的、社会的文脈の下、50歳の新任女性校長に対して、「ベテラン教員はどのような反応を示すのであろうか」（p.36）という田中氏の身構えは、至極当然のものだった。

それでも、F高校での3年間の校長生活は「教職員の間に達成感が広がっていった」（p.38）というように、学校における同僚性を育みながら自らの管理職としての成長も実感できた充実した日々となった。この成功の鍵は、どこにあったのだろうか。

田中氏は、F高校に着任すると、「学び再構築検討チーム」を立ち上げた。すでに「生徒指導や進路指導の体制は確立され成果をあげていた」（p.37）と診断した田中先生は、残る課題は、すべての子どもと教師の学びを保障することであると考え、信頼できる女性の進路指導主事を座長に据えて、「学び再構築検討チーム」を立ち上げたのであった。

この「学び再構築検討チーム」の特筆すべき点は、子どもたちの学習のつまずきを明らかにし、一人ひとりの子どもたちへのきめ細やかな指導につなげたことに加えて、教師たち同士の学び合いを組織したところにある。2000年代に入り、大量採用の時代の教師たちの退職に伴い、再び新任教員の採用が増加する時代を迎えていた。このような時代に、新任教員を幹事に据えて、世代や教科を越えて教員同士が学び合える場所を準備したのは、時宜にかなっていた。このような同僚性の構築をサポートする施策が、新任教師たちを支えるとともに、ベテラン教師たちのモチベーションを高めたといえる。

また、「学び再構築検討チーム」は、「カリキュラム改定に関する提案」（p.37）の作成にも取り組んでいる。2000年代の教育改革には二つの側面があり、学校評価システムの導入等によって教育行政による教員統制が強化された一方で、学校ごとのカリキュラムの多様化、自由化が認められるという規制緩和の側面が存在していた。自主カリキュラムの編成が認められるということは、見識ある校長の存在を前提として、専門性に基づく教職員の自由裁量が保障されることを意味している。校長が「学び再構築検討チーム」に「カリキュラム改定に関する提案」の作成を委ねたことは、教師たちの専門性に基づく自由裁量を保障することで、学校における教師文化の質を高める効果をもっていた。

以上のような高校における学びの改革であるが、田中氏自身が「天の時」(p.39) として深く自覚していたように、高校教育改革という教育政策の転換をそのバックグラウンドとしていた。これは東京都から大阪府へと波及した高校の学区再編のうねりであった。すでに東京都では 2003 年春の高校入試から一挙に都立高校の学区域が撤廃されていた。

こうした流れを受けて、1973 年からほぼ 30 年間にわたって 9 学区制をとってきた大阪府でも学区域の見直しが行われた。そして、2007 年度から子どもたちの通学区域が拡大されて、9 学区制が 4 学区制に再編されることが決まった。再編の決定は 2004 年、ちょうど田中先生が F 高校に校長として赴任した年のことであった。ちなみに 4 学区制は 2013 年度まで続き、2014 年度からは東京都と同じく、府立高校の学区域が撤廃されている。

このような教育改革の動向をバックグラウンドとして、通学区域のボーダーに位置するという〔F 高校の〕地の利を生かして、田中氏は、2007 年度における志願者の増加を目標として、学びの改革に着手した。この学びの改革は、「進学校にしていこうとする取組を提案するのではなく、いわば近郊の受け皿となっている本校に入学してくる生徒の学力を少しでも良くしていくことを主眼にお」(p.38) くというものであり、決してなりふり構わず受験生を奪い合うことをめざしたものではなかった。

その結果、新しい学区制の下での 2007 年春の高校入試では、F 高校は「倍率が学区でベスト 3 に入ることができた」(p.38) が、これはすべての子どもたちの学びを保障するための学びの改革、つまり、学校の公共性の再構築をめざした学校の取り組みが一定の評価を受けたことのあらわれであった。

その後、同校教職員の不祥事という「大きな試練」に遭遇したものの、田中氏は、校長は学校全体の、そして教職員の長であるという原点に揺るぎなく立ち、学校のすべての関係者に対して心を配った。このことが、教職員の同僚性の危機を乗り越えて生み出された「人の和」の実現につながったのである。

田中氏のライフストーリーには、「複数の校長が、初任の校長を慮り電話をかけてくれた」「最寄りの駅には教員が一人待機してくれていた」「このジレンマを払拭してくれたのは、ベテラン教員の一言であった」「教職員だけでなく教育委員会事務局の担当指導主事も、後方から支援してくれた」「有効な助言をいただいた」というように自らの教育活動や専門的な判断を支えてくれた周囲の人々への感謝の語りがちりばめられている。このような語りに滲み出る田中氏の人柄や他者に対する構えこそが、周囲の人々のサポートを引き出したともいえよう。

教育という営みは、そもそも人と人との信頼関係に基づく互恵的な関係性の上に成り立つものである。田中氏の事例は、公共的な使命に基づくビジョンをもちつつ、周りの人々から学び、自らも成長しながら、学校という公共空間を育てる、新しい学校組織者像を示しているといえる。

おわりに　新自由主義を乗り越える教師の日々の営みを支える

教師は真空の空間のなかで日々仕事をしているわけではない。一人ひとりの教師が理想を抱いていてもその理想がそのまま実現するものではない。ある特定の時代のなかで、ある特定の地域に位置する、ある特定の学校において、固有名詞をもつ同僚たちと、固有名詞をもつ子どもたちに囲まれて、教師は教育活動を行っているからである。その時代の風は、追い風で順風なときもあれば、向かい風で逆風のときもある。

大阪府では、2008年に当選した橋下徹知事が大阪維新の会を立ち上げて以来、新自由主義的な教育改革の風が吹き続けている。同会は、2011年に大阪府議会の単独過半数を占めて、首長に学校教育の根幹を左右する権限を与えようとする「教育基本条例（案）」を提案した。教育長、教育委員会幹部等の踏ん張りにより、この（案）がそのまま可決されることは避けられたが、2012年に「教育基本２条例（教育行政基本条例と府立学校条例）」は可決された。そして、こののち、大阪府、大阪市では、全国学力・学習状況調査の結果を高校入試に組み込むとともに、教職員の給与に反映させるといった施策を打ち出し、メディアを賑わわせている。

極めて公共性が高く継続性も求められる学校教育がその時々で変わりうる政治権力の直接の支配下に置かれることは、国際基準の教職の専門性と自律性を求めてきた日本の学校文化、教師文化の否定と破壊につながりかねないものである。学校文化と教師文化の質が、教師のライフストーリーの質を規定している以上、前二者の質が保障されないと、今後、語られる教師のライフストーリーもまた平板でありきたりなものとなり、子どもたちのストーリーと響き合って子どもたちの多様なストーリーを支えうる教師のストーリーの多様性や発展性も失われてしまうことになる。

トップダウン型の教育改革が支配的な物語として語られる今、教師たちの語りのなかに畳み込まれている「もう一つの物語」、すなわち、行政主導の新自由主義による教育改革のなかにあっても、教師たちが協働し、自律性をもって教師としての専門性を高め、学校を公共空間として再構築する道を模索するストーリーが希求されている。教育現場のリアリティを熟知し、そこで子どもたちの学びと育ちに尽力してきた教師たちによって生きられた「もう一つの物語」は、支配的な物語の組み替えのための確かな拠点となることだろう。

すべての教師にとって、自らのライフストーリーを語り、語り直す機会をもつことが、個人的な人生における諸経験を専門的な人生と統合する出発点となりうる。ただし、教師が安心して自らのライフストーリーを語るためには、そのタイミングとともに、すべてを受け止めてくれる聴き手の存在が重要である。今後、教師教育に関わる者たちは、教師たちが求めるタイミングでライフストーリーを気軽に語ることができる機会と場を準備することが求められる。同時に、学校という共同体もまた、そこに在籍するすべての教師の語りを受けとめる包摂性を有するとともに、校内研修、授業研究会、カンファレンスのような、教師たちが語ることができる機会と場を準備することが求められる。

このような条件を満たした上で実現する、教師のライフストーリーの語りと語り直しは、一人ひとりの教師が抱える現在の問題解決に寄与するとともに、教職生活のより高次のステージを指し示す働きをもっている。

(Profile)

高井良 健一　TAKAIRA Kenichi

1967年福岡県生まれ。東京大学教育学部学校教育学科卒、東京大学大学院教育学研究科博士課程修了、教育学博士。主な研究分野＝教師のライフヒストリー研究・教育方法学・戦後教育史。現職＝東京経済大学全学共通教育センター教授。

主著＝『教師のライフストーリー――高校教師の中年期の危機と再生』勁草書房、2015年。『「協働の学び」が変えた学校 新座高校 学校改革の10年』（共編著）大月書店、2018年。『子どもと教師のためのカリキュラム論』（共著）成文堂、2019年。ほか

なすことで得られた学びの連鎖
――個の学びが集団の学びへ――

中山　大嘉俊
武庫川女子大学

1．教師としてのキャリア

1979年４月に大阪市立小学校の教諭となり、2020年３月に校長として退職した。41年間の教職の内、担任は８年間、教育センター所員や教務主任などを除く24年間は指導主事も含めて管理職として勤務した。以下に略歴を示す。（　）は勤務年数。

初任校Ａ小（4）、２校目マンモス校Ｂ小（2）、内地留学生（1）、教育センター所員（5）、３校目Ｃ小（5）、教頭としてＤ小（3）とＣ小（3）、指導主事～総括指導主事（5）、校長１校目Ｅ小（2）、教育センター首席指導主事（1）、校長２校目Ｆ小（2）、校長３校目Ｇ小（8、内幼稚園長兼務 7）

ここでは、若手教諭期、教務主任期、教頭期、指導主事期、校園長期に分けて、筆者がそれぞれの職場とその時の立場で何に取り組んだかを実践事例を振り返ることで、自身の歩みを整理したい。

2．遮二無二取り組んだ若手教諭期

(1)　Ａ小の状況

1979年４月、新任で着任したのはＡ小だった。20学級を少し超えた中規模校である。教務主任は、筆者が着任する少し前まで学校があれていたことを「講堂のピアノは、子ども達のタップダンスの練習場になっていた……」と教えてくださった。

筆者は、３年担任から始まって、順に４、５、６年の担任をした。第３学年は４学級であり、そのまま第４学年に持ち上がった。第５学年でクラス替

えし、第６学年で学級減のために３学級編成になった。

はじめて出会った子ども達の印象は、３年生ということもあって、好奇心が旺盛で人懐っこくて純朴だった。個々にみると、生活指導（生徒指導）面では、複雑な家庭状況のａ児や友達の輪に自分から入れないｂ児、学習面では、九九が習得できずにいるｃ児などもいた。皆それぞれに課題を抱えていたのだろうが、それがあまり表に出なかった。学級の雰囲気は明るく、また先生というだけで筆者の言うことを素直に聞いてくれた。毎日毎日がむしゃらに取り組んだ。いいと思ったことは何でもやってみた。

(2) 苦手だった図工科の指導

３年生の授業では、国社算理の４教科、また、体育は何とかこなしていた。「教科書を教える」のではなく「教科書で教える」といわれていたが、その通りできていたかというとあやしい。

いちばんの問題は図工だった。筆者自身は、絵画が好きで、デッサンなどは得意なつもりだった。小中学生の時には賞ももらっている。自作プリントのイラストも学年の先生に「上手だね」といわれていた。だが、授業となると、教科書を見ても、解説書を見ても、どのように指導すればよいのかよくわからなかった。特に空想画などは、子ども達の絵が稚拙で、自分の指導力のなさがもろに出ていた。

Ａ小では、新任教員は、指導主事を招聘して年３回の研究授業をすることになっていた。Ｈ学年主任が、「まずは算数がやりやすいだろう、２学期はあなたの専攻が理科なので理科を、３学期は外で見てもらうのは寒いので図工で」と指示してくださった。

算数、理科とも、指導主事に指導助言を受けた。「学級経営がある程度できているので授業のことが話せるね」と言っていただいたのが嬉しかった。

３学期の図工の研究授業で何をしようかと迷っていた時に、運よく、教育委員会の新任研修会の内容が図工の線描だった。講師からは、次のような指導上の留意点を教えていただいた。

・線は一度きり。消したりなぞったりしない。

・力を入れてゆっくりと同じ速さで描く。

・線の始めと終わりをはっきりさせる。
・一本線でできるだけ続けて描く。

約束事が少ない。「これだ！」と思った。それまで、子ども達に申し訳ない授業しかできなかった筆者にもやれそうな気がしたのである。

授業で、まず、「迷路」をした。導入で黒板に筆者がチョークで描き出すと、子ども達の目は描き続けている線にくぎ付けになった。線を描く時の約束事をして、次は子ども達の番だ。今回は、すぐに投げ出してしまうｄ児をはじめどの子どもも集中して描いている。そして、できあがった作品を互いに見せ合ってにこにこと話している。手ごたえを感じた。

この授業後、「ふしぎなさかな」といった「不思議シリーズ」、また、「手」「自分の顔」や「紐靴」など、次々と実践していった。２Ｂの鉛筆だけでなくフェルトペンや割りばしペンなども使わせた。

新任研修の筆者の班の担当かつ区の担当であったＩ先生は図工の主任指導主事でもあったので、「描く対象と自分の絵を交互に見て、わかっただけ描くように指導する」といったアドバイスもいただけた。

12月の学年会議で、３学期の研究授業の題材は、ザリガニでいこうということになった。店を回ったが、冬場だったのでどこにもない。服部緑地まで土の中に入り込んでいるザリガニを採りにいった。

研究授業には新任研修で同じ班の他校の新任教師も参加した。教室には、これまで子ども達が描いた線描の作品群を掲示した。子ども達は、大勢の教師に見られていても、恥ずかしがらずに堂々と自分の絵を描いていた。自信がついた表れでもあった。Ｉ先生からは、子ども達のがんばりと線描を一連の作品群として取り組んだことを認めていただいた。

(3) Ｊ先生との出会い

翌年、４年生の担任としてＨ学年主任と筆者が持ち上がり、入れ替わった担任の一人がＪ先生だった。先生は、筆者よりも10歳年上で、Ｈ主任と同じ年齢の女性だった。「学級だよりを毎年100号めざしている」といった情熱にあふれた教師であった。

４月の放課後、Ｊ先生の教室に掲示された「緑の風」という主題で子ども達が絵の具で描いた絵を見た時に驚いた。素敵だった。「どうしたらこんな絵を描かすことが出来るのか」と尋ねた筆者に、「図工の時間、見においで」と言ってくださった。授業を見に行くと、机間指導をしながら、指導のポイントなどを具体的に教えてくださった。放課後も絵の具の指導の仕方などを教わった。

Ｊ先生に教えていただいたようにやってみた。Ｊ先生のようにはいかなかったが、指導に行き詰まることはなかった。その後も、度々、Ｊ先生の図工の授業を見せていただき、時には筆者の授業を見に来てくださって、具体的なアドバイスをいただいた。

ある放課後に筆者の学級の子ども達の絵を見て、Ｊ先生から「絵の具に混ぜる水加減で中山さんの子どもの絵は薄い色だし、私のところは濃い色で仕上がっている。先生の好みが出るんやねえ。中山さんは中山さんでいいね。」と言っていただいた時、認めていただいたようで嬉しかった。

こうした授業を続けているうちに、乱暴な筆使いだったり、パレットに出した絵の具をいい加減な気持ちで混ぜこぜにしてしまったりといった子どもは見られなくなった。子ども達に、粘り強さや集中力が増したことが実感できた。

５年生では、学校全体の研究授業として、２学期に図工の授業を行った。テーマは「屋上から見た町」である。その後の図工の時間では描ききれなかった子ども達を放課後に残して続きを描かせた。

その中に５年生で初めて受け持ったｅ児がいた。ｅ児は、学習をはじめ何事にも自信が持てずに笑顔もほとんどなかった。図工でも、形がとれず、筆使いや絵の具の使い方も身についていなかった。苦手意識もあり、ｅ児には辛かったのだろう。不満げだった。ほかの子ども達が順に出来上がって教室からいなくなると、泣き出しそうになったこともある。

励ましたり、時に叱咤したりして、２週間以上かかって何とか出来上がった。いちばん最後だった。描いた絵は、筆の洗い方が不十分だったからか色が混ざって空の色が濁っていたり、建物の立体感や近景、中景、遠景の違いがうまく表現できていなかったりしていたが、ここは頑張ったなと感じる部分も随所にあった。そうした箇所や最後までやりとげたことをほめたのだが、

ｅ児の表情が緩んだものの完成の嬉しさを持てたのか、筆者にはわからなかった。

研究授業からかなり経ったある日、研究授業で指導いただいたＫ指導主事が突然来校された。月刊の教育誌の表紙にする絵が欲しいので見せてほしいということだった。選ばれたのはｅ児の絵だった。意外だった。構図や色がしっかりしている作品や味のある作品が他にあったからである。「努力の跡が分かるこの作品がいい」とのことだった。その言葉を聞いても、筆者には何か釈然としないものが残った。

しかし、自分の絵が載った教育誌をｅ児に手渡した時、パッと表情が明るくなった。ぎこちないが照れくさそうな笑顔だった。その時に初めて、筆者はｅ児が選ばれてよかったと心から思った。

その後、この時の疑問である絵の見方や評価について、新任研修でお世話になったＩ校長にお尋ねする機会を得た。「皆、絵描きになるわけではない。絵の審査会では、いつも芸術家の委員と言い争いになってしまう。芸術家は美的感覚等で選ぶが、私達は、一生懸命さなどの教育的価値を大切にしている。芸術家にはいくら言ってもわかってくれない。……」自分は教師として子どもの何を大切にするのか、評価とは何のためにするのか、このことを改めて問われた思いがした。この問いは、今も続いている。

３．校長の意を体することに努めた教務主任期

(1) Ｃ小で担任として順調だった２年間

1991年の春に着任したのは、社会科の研究学校として有名だったＣ小である。各学年３学級という中規模校だった。

５年、６年と担任をした。クラス替えはなく持ち上がった。34人の子どもたちは素直な子どもが多く、大きな問題行動はなかった。ここでも、Ａ、Ｂ小での実践をセレクトして継続したが、翌年に生活科の市研究指定校として公開授業が予定されていたので、生活科・社会科の授業研究にも力を入れた。

校務分掌では生活指導部長として、案を企画会に提案するようになった。

また、公開発表に向けて研究推進委員として積極的に関わった。理科の研究委員にもなり、他校の理科部員との授業研究をした。人とのつながりが校内外に一気に増えた感じがした。

(2) 疲労の限界まで達した教務主任としての4月

6年生を卒業させた後の職員会議で、次年度の1年学年主任を筆者にしたと校長が発表した。願ったり叶ったりだった。春休みには、ルンルン気分で入学式をはじめ5月中旬までの準備を粗方終えた。

4月1日にL校長が着任、教頭が他校校長に栄転。4月3日にM教務主任が教頭、次の教務主任候補が指導主事として転出。N教頭が着任された。研究部長なども転出し、校内の教師が大きく入れ替わった。

同日、校長室に呼ばれ、新旧の校長から「君は今から教務主任だ」と告げられたのである。これまで学年主任の経験もなく、また、筆者よりもベテランの先生がおられるのにという気持ちだった。

L校長はトップダウン型の強いリーダーシップの持ち主で、逸話・武勇伝も多く、“名物校長”という表現がピッタリだった。L校長は、まず筆者に、職員室の席をN教頭の横、入り口側に移るように指示された。それまで、教務主任の席は、前の入り口に近い、先生方の机の列の角だった。逃げ出したい気持ちで「これまでと同じ席ではだめですか？」とL校長に言うと「C小の教務の席は教頭の隣。教務は準管理職だ」と一蹴された。なお、当時、学校組織はどこも“鍋蓋型”で、つまみの部分である校長、教頭以外の教職員はフラットな関係であったので、この「準管理職」は、L校長独自のお考えである。

入学式は無事に終わったが、教務主任の自覚も引継ぎもない中で、職員会議の資料をはじめ、年度当初の保護者への手紙も用意しないといけなかった。前任のM教務主任が文書をきちんとファイルに閉じておられたので助けになったが、ワープロのフロッピーからそれらしいタイトルを見つけては文書を開け、中身が違えば、また探すという繰り返しだった。ようやく見つけてN教頭に見ていただいた文書をL校長は、「日付だけ変えただろう」と目の前でニヤッと破られた。次に直した文書を持っていくと朱で真っ赤になった。

時にはＬ校長の朱書きの熟語が分からずにＮ教頭と辞書を引いたこともあった。

不明な点を前任の教務に問い合わせても「○○ファイルを見て」が常だったので、結局は自分で考えることが多かった。この時の経験から、後任が困らないように、書類やデータの整理の仕方を工夫するとともに、大学ノートに、その日にした仕事内容や会話も入れた人とのやり取りなどを細かく記録するようになった。この大学ノートは年に20冊ほどになり、退職するまで続いた。

４月半ばに、Ｌ校長に「お前はかまぼこか！」と叱られたことがある。逓送文書の処理や文書作成で机にへばりついていたからである。この頃、毎日深夜まで学校に残って仕事しフラフラになっていた。

「もう辞めたい」とまで思った。思い留まることができたのは、叱責されると覚悟したPTA感謝状の印刷間違いに対して、Ｌ校長の「間違いはしゃあない。次の手を考えなさい」との言葉である。再発注が間に合い、何とか切り抜けることができた。また、５月の連休があったのも大きかった。

(3) 校務分掌組織の改善に取り組む

秋に、校務分掌を一人一役にしてほしいとＯ学年主任から話があった。Ｏ主任は、今年度転入し、筆者が担当するはずだった１年の学年主任をしていた。筆者とは同年齢で、以前に市の“中堅教員研修会”でも同じ班だったので顔なじみだった。そのようなことから、筆者とは日常的に何でもよく話をした。Ｏ主任は、学年主任なのに研究授業もあるし、校務分掌の分担も多いという不満を持っていたのだ。

他の学年主任にも「校務分掌についてこんな意見がある」と尋ねてみると、責任が曖昧、一部の教師の負担が大きいといった意見が返ってきた。

Ｃ小の校務分掌組織は、教務部、研究部、生活指導部、保健部、庶務部という各部に分かれていた。各部の下に、例えば、生活指導部であれば、生活指導、安全、児童会といった係が置かれ、その横に複数名の担当教職員が一覧表の形で示されていた。各係には、責任者は明記されていなかった。

主任でいうと、校務分掌表では、研究部、保健部、庶務部、さらに学年主任、また国語主任だったので、一人で何役もこなしていたのである。Ｌ校長に相談すると「任せる」と言っていただいた。

校務分掌について、これまでにいたＢ小はマンモス校のために係が細分化されていて、例えば、教務部の下に職員名簿係まで設けられていた。学校規模の大小で明記されている、いないはあっても、各校でしている分掌業務はどの学校でも誰かがしているだろうから、まずは、それを把握する必要があると考えた。

そのため、区の教務主任会や理科部で、各校の校務分掌表をいただいて、どんな部や係が置かれているのか、一業務一付箋にして、漏れなく書き出した。

自校の学校規模を考えて、部は現行の５つのままにした。問題は、書き出した業務をどうまとめるかである。年度当初だけで済む業務、日々の学校日誌や給食日誌などの年間を通じた業務、月や学期に１回の業務、全学年に関わる業務、理振台帳や作品募集など教科・領域主任とリンクする業務等々を考えて、係を統合したり分けたり、そのたびに付箋を貼り直す作業を繰り返した。一人一役にできなかったところもあるが、ようやく冬休みに図１の原案ができた。分掌の責任者を明確にするために、３段階（部長、係長、係（担当））にした。

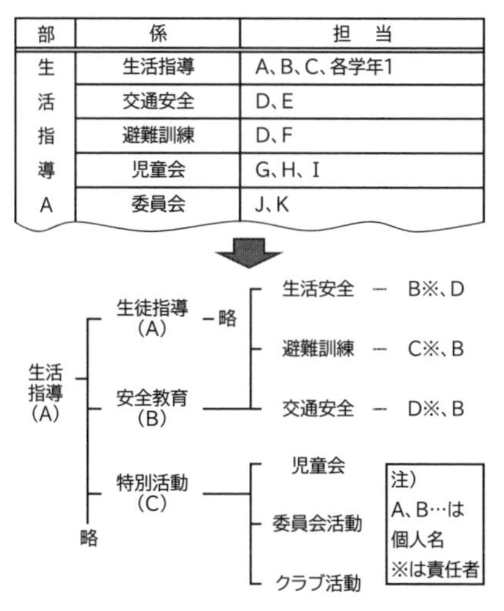

図１　新・旧の校務分掌表（一部）　上が旧で、下が新

併せて各係が、いつ、何をしないといけないか、縦軸に係の業務内容、横軸に各月をとって、業務がある時期に「原案作成」「警察に連絡（電話番号）」などと記入して、１係１枚のスケジュール表も作った。各部各係の業務は引き継ぎ書類を綴じたファイルを見てしていたので、他の教職員には、各係の実際の業務分担は見えにくかったからである。

こうしてできた校務分掌改善案は先生方にも納得していただけた。なお、１係１枚のスケジュール表は、年度当初に全教職員に冊子にして配り、年度末には各担当に変更点を朱書きしてもらって引継ぎが円滑にいくようにした。

自分にも「やった感」があった。次年度の校務分掌の配置ではこの時に考えたことが役立ち、業務量の調整や若手の登用等も実現ができた。

教務主任として２年目には、Ｌ校長に対しても今思えば不遜なことだが、軽口も返せるようになっていた。先生方、特に若手教師との関係も密接になっていったし、竣工式を通してPTAや地域の方ともつながりも深いものになった。

その一方で、転勤してきた職員との間で摩擦が起きて悩んだり、阪神・淡路大震災が起きた日の対応で自分の判断力のなさを自覚させられたりといったこともあった。こういった教務主任時の経験が、管理職になったときに生きたことは確かである。

４．教職員との距離に苦悩した教頭期

(1) 課題が山積していたＤ小の状況

40歳の教頭としてＤ小に着任した。全市でも最も若い教頭の一人だった。

Ｄ小は各学年３学級の中規模校で、“古い“といわれる地域にあった。Ｎ校長とは前任校で教頭―教務主任の関係で気心の知れた間柄だった。着任式ではＤ校のPTAや地域の方の視線を感じて緊張した。

Ｎ校長から、Ｄ小の現状について次のようなレクチャーを受けた。純朴な子どもが多い一方で、学校を抜け出すなど問題行動が絶えない。教職員は対立しているが、研究授業などには一致して反対する。PTAや地域は協力的だが、行事などに顔を出さないと何かと言われる。人間関係は複雑である。

次年度末には講堂の竣工式がある……、等々であった。校長の示した課題は学校の「正常化」であった。

(2) PTAや地域と深まったつながり

着任した翌日から、年度末、年度当初の事務処理などに取り掛かった。こういった仕事の大半は、C小でもやっていたので困るようなことはなかった。

春休みの夕方、職員室に地域の方が来られて「今夜、学校で会合がある。出てくれますか」と言われた。このようなことが3夜続いた。会合には、同じ方もおられた。後日、健全育成会や青少年指導委員会、D小同窓会の3つの団体だったとわかったのだが、その時は全くわからなかった。最後はPTA会長の「日曜日に花見をするので来てほしい」だった。まさに“おらが学校”という雰囲気だった。

夏、“D小子ども祭り”が催された。PTAと地域3団体主催の取組である。金魚すくいや輪投げ、焼きそばやフランクフルト等々、30を超す出店を出す。本番近くにはPTA役員が買い出しなどに走り回っている。地域3団体の役員はPTAのOBでもあり、現PTAが尋常でない気遣いをしているのが伝わってくる。不満も出る。その都度、PTA会長と筆者が聞き役、なだめ役になった。このようなことを通して、PTA、地域の方同士の人間関係も一層わかるようになった。PTAの方々とは、強いきずなのようなものが次第に生まれていった。

秋には、親子ハイキングがあった。地域3団体の方は、現地で豚汁を作るのが恒例になっていた。天候もあまりよくなく、使った道具を片付けるために地域の方と一足早く学校に帰った。その時、少年野球が無断で運動場を使っていたのが目に入った。思わず、監督に「1年に1度のハイキングの時ぐらい、一緒に参加して協力しようという気はないのか」と苦言が口をついて出た。言い過ぎたとも思ったが、言ったことはもうどうにもならない。

翌日、職員室に少年野球の顧問をしている町会長2人が訪ねてこられた。昨日の筆者への苦情だと思った。しかし、「教頭の言うことはもっともだ。行事にも協力させる」との謝罪だった。ほっとしたというよりも、自身の言動には気を付けようと猛反省した。この一件を見ていた青少年指導員会の会長からは、その後度々「キレる教頭やから」と冗談めかして言われることがあったが、教頭としての自分を理解していただいているように思えた。

その後も、子ども110番の家の立ち上げやスポーツ大会、もちつき、さらには、講堂の竣工式の準備等を通して、地域3団体や町会長など地域の方と信頼関係を築けていけたと確信している。

(3) なかなか縮まらなかった教職員との“溝”

PTAや地域との関係は進んだ一方で、教職員との距離はなかなか縮まらなかった。

着任後1週間も経たない間に、突然、春休みのプール塗装は手抜きだとP体育主任に詰め寄られたことがある。D小での教職員との実質的なスタートだったと思う。P教師は、プールの洗眼場が塗装されていないと言う。筆者が洗眼場は塗装してもすぐに剝がれるのでできないだろうと答えたことでP教師の怒りが爆発したのだった。周りにいた教職員が間に入って、何とかその場は収まった。P教師の怒りは体育主任という立場なればこそだったが、もともと教育委員会、ひいては管理職への反感があったことも大きいと思う。

職員室でQ教務主任が「Pさんも悪い人と違うねん。でも思い込んだらすぐカッとなる。私からも話します」と言ってくれた。その後もQ教務主任は、教職員だけでなく、課題のある子どもや、保護者、前任教頭などのことを何かあるたびに話してくれた。いつも穏やかだったが、何人かの同僚には厳しい目を向けており、その教師のことを話すときは苦々しい表情になった。

Q教務主任から、N校長と関係が深い筆者がきたのは社会科の全国大会を受ける積りではと何回か尋ねられたことがある。そういった警戒感は教職員全体にも流れていたと思う。

着任して、各教室を回って担任と子どもとの様子を観察する、校舎の美化に心がける、担任と子どもの話をするといったことを毎日続けた。

このような日々を送る中で、教室から子どもが抜け出す、家は出たのだが登校していないなどの問題行動が度々起こった。職員室をQ教務主任に頼み、筆者は、その都度、探して回った。なかでもf児は問題行動をたびたび起こしており、PTAや地域の方もそのことを知っておられて「心配してる。親とも話をするんだが……」ということだった。

担任とともにｆ児の保護者を訪問して話をすることも、筆者だけで話をすることもあった。保護者は、当初、「迷惑をかけるので休ませたらいいんでしょ」と頑なだった。謝ってほしいのではなく一緒にｆ児のことを考えてほしいということを繰り返し伝えた。問題行動がないときも、保護者に会いに行った。そのうち、低学年の頃から喧嘩やいたずらで謝りに行くことが多かったという話をしてくれるようになった。頑なだった親の思いが少しはわかった気がした。

教頭２年目には、事故発生時に当該の子どもが「大丈夫」と言ったことで病院に連れて行かなかったＲ担任の対応に怒った保護者が、その日以降、Ｒ担任と直接話をするのを拒否するという事案が起きた。

その日の夕方に保護者から苦情の電話があり、帰宅していたＲ担任に来てもらって家庭訪問した時には、会ってもいただけなかった。以後の窓口は筆者になった。Ｎ校長が父親に話をしに行ったり、筆者が母親と話したりと何度も謝罪と説得をしたが、Ｒ担任には心を開かなかった。学期末の成績懇談は、Ｒ担任から詳しく聞いて筆者が行った。Ｒ担任は、かすり傷でも筆者に見せて判断を聞くようになった。その日以降の日々は、相当なストレスだったと思う。

子どもへの生徒指導や保護者対応などを繰り返ししている中で、Ｑ教務主任だけでなく、Ｐ教師からも「教頭さんもたいへんやなあ。」といった言葉を度々かけてくれるようになっていた。ただ、教頭として「こうしてほしい」と話しても、伝わらない教師が複数名いたことも事実である。

当時、筆者は「教師なら～するのが当然」との思いが強く、教師のマイナス面ばかりに目が向いていたからかもしれない。

５．さまざまな立場の方と出会った指導主事期

(1) 予想とは違った指導主事の仕事

教育委員会事務局の指導部初等教育課に指導主事として勤務することになった。筆者はここで５年間、勤務した。辞令は毎年変わったが、後半は学校

でいえば教務主任に当たる在庁の主任指導主事、最後は教頭に当たる総括指導主事として、指導主事に指示を出す立場になった。

筆者のいた指導部では、習熟度別少人数指導や国旗・国歌問題、市会や議員対応、文部科学省や他都市の教育施策・情報の把握、教職員団体はじめ関係の諸団体との交渉、報告書や各種資料作成、保護者・地域・市民からの苦情対応、教科書採択、事故や不祥事への対応、視察の受け入れなど、数え上げればきりがないほど多種多様な業務があった。

さらに、自分の担当区の小学校約 40 数校の状況の把握、教師のトラブル、また、保護者や地域の苦情対応もあり、何度も何度も学校へ足を運んだ。

筆者の在籍時の業務は、施策の実施の調整・周知、苦情等の対応も含めて、学校現場が混乱しないよう役割を果たす、学校や教育委員会を守るということに集約される。

事務局は厳然としたピラミッド組織であった。決裁権を持ちその決定には重みがある「課長」級以上を最初から前に出さずに、トラブル対応や交渉などは係長以下が前裁きをするのが通例であった。

(2) 達成感もなく虚しさが残った苦情対応

いざ指導主事になってみると、指導部での仕事は、新任時代にイメージし憧れた指導主事の仕事とは全くかけ離れていた。「着任後２週間は電話をとるな」から始まり、「最初に電話を受けた者が最後まで対応する」「事実関係と背景をつかめ」など、事あるごとに心構えを叩き込まれたように思う。

もつれにもつれた事案が最後にくるのが委員会だ……。当時の課長の言葉通り、寄せられる苦情の多くは解決の見通しが立たず、電話もしくは窓口に来られるほとんどの方が、不信感を露わにされ感情的になっておられた。

とにかく聞き役に徹して相手が何を望んでおられるのか、背景も含めて思いや状況を把握する。そのうえで、できること、できないこと、対応の方針や具体を丁寧に説明する。課長に１次報告をし指示を受ける。当該校長から聞き取り、事実関係を明らかにして解決の道筋を具体化する。場合によっては、保護者、管理職同席のもとで、話し合いをもつ……。

こうした経験を繰り返す中で、苦情対応の仕方はある程度身についたが、現場にいた時のように、苦情主から却って信頼を得るといったことはほとんどなかった。

(3) 問題対応する中で自分の中の何かが変わった

指導主事2年目の初夏の夕方のことである。担当区のＳ校長から「今すぐ来てほしい。」とのSOSがあった。３人の保護者が子どものことで対立していてどうにもならない、教育委員会を呼べと言われているといった内容だった。

これまでの学校訪問で、そのＳ校長には、子どものことを第一に考える誠実で教育愛のある方だという印象をもっていた。職場の同僚からは、もう少し、現場にまかせて明日にしたらと言われたが、とにかく校長が支援を求めているのだから行こうと決めた。事情がまったくつかめないまま現場に急いだ。

校長室では、３人の保護者から事情を聞くことから始めた。子ども同士のいさかいをもとに各保護者が口々に相手を批判する中で、なぜそうなったのか未だに釈然としないのだが、話の内容が昨年の運動会での不審者対応の拙さに変わっていった。

「不審者がいたことを教育委員会としてどうするんだ」と対立していた３人の矛先が学校や教育委員会への批判へと変わり、筆者が説明をしても「それでは足りない」の一点張りになった。理不尽な要求がエスカレートし、明け方まで続いた。Ｓ校長は自分の考えを説明するものの、保護者から言われると黙ってしまうという繰り返しになった。筆者も保護者の無理な要望には「申し訳ないができない。ご理解いただきたい」としか言えなかった。

翌朝、保護者の一人が校長室から出て教職員の朝の打合せの場にまで口出ししようとしたその時、筆者の中の何かが変わったように思う。Ｓ校長との間に割って入って「これ以上、過度の要求はお聞きできません。」と強い調子で宣言した。３人の保護者には、今後の方針を説明し、お引き取り願った。もっと早くに毅然とした対応ができなかったのか……、慚愧の至りである。

不審者対応の強化については、その日の内に、警察署に事情を説明して依頼し、PTA役員にも経緯を説明した。その後も、学校に足を運び、過度な要求を続ける一人の保護者には、同じ態度で臨んだ。そのようにして、学校は表面的にはすぐに落ち着きを取り戻したのだが、今でも、もっとよい方法はなかったのかと自問している。

(4) さまざまな立場の方と出会って得たもの

在庁の主任指導主事、総括指導主事と立場が変わるにつれ、対応はさらに多岐に渡った。辛かったのは、全国学力・学習状況調査の次年度実施にあたって、複数ある教職員団体との交渉の窓口になったことである。争点は、学力調査の実施の可否であり、実施されればやがて各校の結果公表につながり、序列化が起きるというものである。

丁寧に説明をして理解を得る、これが筆者の役目だった。ある職員団体の幹部は、連日、筆者のところに押しかけ、日曜日まで携帯電話に着信があった。あまりの執拗さに、“仕事をやめたい” とまで思い詰めたこともあった。これまで自宅で弱音を吐いたことはあまりなかったのだが、この時ばかりは、妻の支えで何とか持ち堪えることができたのだと思う。

このように気持ちが萎えることも多々あったが、さまざまな対応を通して、行政のキャリア、ノンキャリアを問わず、思いや考え、判断等を肌で感じ、つながりができたことは財産になった。結果はともかく “汗をかく” ことの大切さを実感した。

また、指導主事の先輩でもある校長の見識に圧倒されたこともある。トラブル時の対応だけでなく「何もない時にも現場に足を運ぶ」ことで、多くの校長の学校経営の一端を知ることができたことも大きい。

さらに、市議会対応は学びの場だった。とりわけ、教育長はじめ、次長、部長がおられる局議で、作成した答弁書についての議論を聞けたことは、自身の見方、考え方を広げる貴重な機会になった。

6．人材育成に取り組んだ校園長期

(1) 学校組織の活性化をメインに据えた組織改革

2012 年にＧ幼・Ｇ小に着任した。校長として３校目、最終校である。子どもたちは、Ｇ幼は年小１、年中２、年長２の５クラスで園児数は年度であまり変化はなく140名前後であった。

一方、G小は、着任時の児童数723人から毎年100名程度増え続けた。それに伴い、教員も教職経験10年以下の教員が全体の３分の２を超えるようになった。学校は落ち着いていたが、いわゆる教育熱心な保護者が多いということだった。

筆者は、学校組織の活性化とその過程での人材育成を目指して、着任１年目に市のICTモデル校に応募（結果は選定）、３年目にはパナソニックの特別研究校に応募、選定された。以後、企画提案型のプロジェクト型チーム（以下、pj）の新増設、校務分掌組織の見直しなどを継続的に行い、５年後には図２に示す校内組織（教科・領域部会は除く）にした。

各pjには、提案・創造をコンセプトとして取組の改善の提案と検証を行うことと、例えば、ICTpjでは研究モデル校としての発表、SPSpj（Safety Promotion School project）では認証校をめざす取組というように各実践を「外」に問うミッションを課した。各pjは各学年、特別支援・担任外の各１名から構成し、各リーダーには若手教員を含めて基礎力と可能性をもつ教員を登用し、権限と責任とをセットにして任せ、原則、学年や分掌の主任を兼ねないようにした。

筆者は出発点では前線に立ったが、その後はミドルリーダーに期待し、pjの運営を各リーダーに任せて、自らは、①経済的・物的な支援及び人的な支

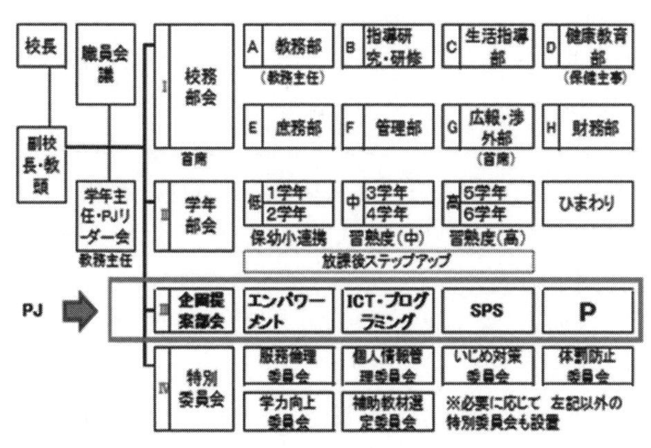

図２　G小の校内組織（概要）

援の獲得、②情報の提供、③ pj 組織が円滑に機能するためのアクションの３点を役割としサポート役に徹した（大脇：「ミドル中軸のチーム形成型組織」）。

(2) 個人の学びが組織の学びにもつながる

以下はICTpj の例である。

pj 創設当初は、公開授業に向けて不安と緊張に包まれた校内で、pj リーダーのT教師は pj メンバーとの打合せを重ねるとともに、個別に各学年の進捗状況を確かめたり、つまずきの相談にのったりと精力的に動いた。さらに、外部には大学教員や指導主事などとのネットワークを、初めは筆者を通して、次には自ら広げていった。

メンバーが指導案づくりやプレ授業などに積極的に関わり、教員相互のコミュニケーションが活発になる中で、ベテラン教師が授業のデザイン、若手がICT に関する知識やアイデアを述べて指導案を作るという相補的な関係が生まれた。こうして pj リーダーが中心になって自律的な授業研究が進む過程で、どの教師も個人や学年でなく「G小の指導案」を創ったという意識に変化していった。そして、公開授業での児童の積極的な学びの様子から得た実感と手ごたえ、参観者の肯定的意見を得て「やってよかった」をTリーダーをはじめ全教員が共有し、次へのエネルギーとなった。この時のT教師の感想には、達成感とG小の同僚への信頼が表れていた。因みにT教師は転勤先でも研究推進の中心となり、その学校はICT 情報教育先進校に認定されている。

このように校内にプラスの好循環が生まれたのだが、すべてが順調だったわけではない。例えば、pj のリーダーを受け継いだU教師は、「創造的な実践を全国に発信したい」との思いから、当初、事前検討会の増設やルーブリックなどの方針を出したことで、立場や役割の違いから学年主任の一部との間に“溝”ができ始め、やらされているという声も出てきた。“足らない”に目が行き過ぎた結果でもあった。

しかし、U教師は研究討議会を重ねていくうちに「自分が強く解決策を示しても全体としての成果は上がらない」ことに気付き、リーダーシップ重視の考えをファシリテーター重視へと変更する。それは、研究討議会において具体的な言動となって表れ、それぞれの層の教師や組織が変容していく姿から「こうしたことを続けていくと、研究に対して教師が外野から内野に近付いてきた」と実感する。メンバーの意見を吸い上げ、公開授業の前に見どころ説明会、全体会の前にポスターセッション方式の分科会も設けられた。そして同僚が授業での子どもの様子を本当に嬉しそうに語る姿を見て涙したのである。

このようにpjリーダーは校内研究組織を活性化していく過程で、各教師・集団との様々な関係性の中で、成功、摩擦や葛藤を経験し、組織の質的・構造的な変化を実感しながら、組織マネジメントを肌で学んだのである。また、組織としても、過去の成功や失敗から教師個々が学んだことが「組織としての経験」として生かされ、成長したといえる。

(3) G小の成功体験をもとに幼小連携をpjで進める

G幼でも、園長として3年目以降、G小と同様に新設された市の競争型資金である「がんばる先生」事業を継続して獲得し研究に取り組んだ。

ところで、G幼とG小は同一敷地内にある利点を生かして、園児と小学1～6年生20名ほどで構成した“縦割り班”で1年間活動する“なかよし班活動”を実施してきた。この取組には一定の成果があり、ノウハウも定着し運営も安定していた。

その一方で、1年生担任が子どもに「こんなこともできないなら幼稚園に戻りなさい」と言っている場面に出くわした幼稚園教師が、その言葉にショックを受けたといったことがあった。G幼でしている自分達の教育が否定されたような気持ちになったのである。また、幼・小の「学びの連続性」の必要性がいわれていたのに、幼小連携の具体が「交流」に留まっていたことも課題であった。

筆者は、G小でpjが成果をあげていたことや低学年の学級増をふまえて、上述の課題の解決に向けて、低学年の教師各2名とG幼全教師からなる幼小連携のpjを設けた。pjリーダーは、幼稚園主任とした。

筆者の関わり方は、先に述べたG小と同様である。

pjでは、幼児と児童とが互いに学ぶことができる活動を考え、ねらいや指導者の関わり方などを指導計画にまとめていった。その過程で、G幼の教師からは、園児を何もできない“小さなお客”として扱わないでほしいという意見も出された。

pjの話し合いをもとに、1年生と5歳児が一緒に大きな1枚の絵（「むしランド」）を描く。6年生と5歳児が花苗を一緒に植え水やりなどの世話を継続してする。2年生と4歳児がピョンピョンウサギを一緒に作る……など、G小の全学年が各学年単位で園児と交流する活動が実施された。各活動の終了後には、園児や児童の変化などの教師自身の気付きを短冊に書き伝え合うようになった。

また、5歳児の授業体験では、これまでは1年担任が授業者、G幼の担任は看護という役割だったのだが、国語授業をティーム・ティーチングで行うようになった。G幼の担任からは、「基本的な授業態度の育成、文への興味づけ、人の話を聞いたり自分の思いを自分の言葉で伝えたりする力などの大切さを改めて実感した」などの感想があった。

さらに、保育・授業の自主参観も盛んになり、1か月あたりの参加の平均はG幼教師が2回、G小教師が1回になった。事前には、どこをみてほしいかを必ず告げ、事後には子どもの発達、活動や学びについての気付きや感想等を伝えることがルールとして定着した。

このような幼児・児童の交流や教師同士の協働による実践を重ねていく過程で、それぞれの教師は、幼小の教育の違いに対する認識の甘さや考えに違

写真１　幼小合同の教材づくりや安全研修会

いがあったこと、幼小の教材や指導・支援の共通点や違う点などに気付いていった。そして互いの“学び合い”がカリキュラムや指導法の改善だけでなく、より良好な職場環境にもつながった。G小のV教務主任とG幼主任の「これまで幼稚園のことをろくに知りもしないで好き勝手なこと言ってすみません」「ほんまにそうやねんから」……といったやりとりがそのことを物語っている。

ただただ残念なのは、G幼がG小の児童数増もあって127年の幕を閉じざるを得なかったことである。

教師のライフコースシート（名前　T.N　／地域　大阪　／校種　小学校　／　年齢　68歳　／経験年数　41年　）　年月日：230930

<指標>　ライフライン

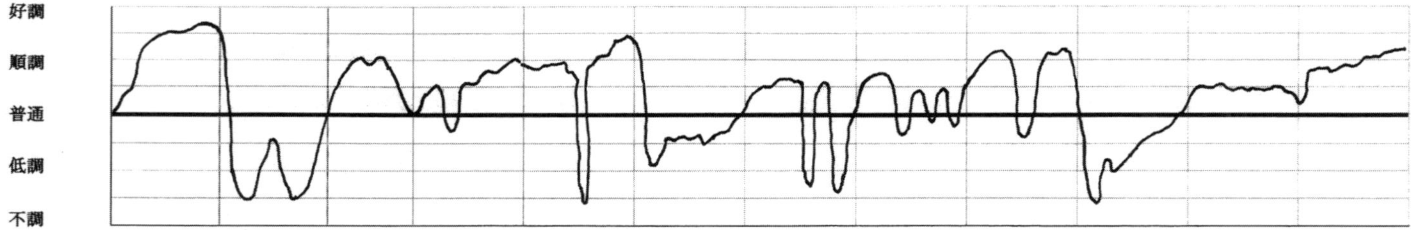

好調

順調

普通

低調

不調

<時系列>

<出来事一覧>

年限 期間(年〜　年)	4年 1979.4〜 1983.3	2年 1983.4〜 1985.3	1年 1985.4〜 1986.3	5年 1986.4〜 1991.3	5年 1991.4〜 1996,3	3年 1996.4〜 1999.3	3年 1999.4〜 2002/3	5年 2002.4〜 2007.3	2年 2007.4〜 2009.3	1年 2009.4〜 〜2010,3	2年 2010.4〜 2012.3	8年 2012.4〜 2020.3
学校 職種・職位	A小 教諭	B小 教諭	内地留学 教諭	教育センター 所員	C小 教諭	D小 教頭	C小 教頭	教育委員会 総括指導主事等	E小 校長	教育センター 首席指導主事	F小 校長	G小G幼 校園長
学年、文章公務、部活動・研究活動	3〜6年 生活指導	5, 6年 CAI（授業へのコンピュータ活用）理科	CAI	調査研究部門 CAI 理科学習指導 生活指導	5, 6年 教務主任 理科	理科 生活科	理科 社会科	学校経営支援 市議会対応 各種団体対応 問題対応	理科	指導研究 学力向上	校長会役員 全小理副会長 理科	校長会役員 理科 学校経営
子どもとの出会い	受け持ったのは計 101 人…今も会う ki 等	5, 6 年持上り…今も会う kk 等			5, 6 年持上り…今も会う ta も	問題行動のある ft 児　日本語が話せない来日児童	障害のある nt 児		障害のある ua 児と母		問題行動のある wa 児	障害のある a0 児や小1プリ部レム ft 児
キーパースン 教育実践課題	教務主任 授業力	校長・教頭 授業力 生活科	担当指導主事 実践研究	先輩所員 課長 子どもの意識（調査研究）	L校長 校務運営 校舎竣工式	PTA 学校運営	地域の重鎮	行政マン 学校の諸課題	地域の団体長 人権教育	学力向上	連合町会長 外国人児童の教育	連合町会長 学校改革 廃園・分校問題
個人、家庭生活	将棋	結婚		大学編入 長女・次女誕生	男児胎盤剥離 長男誕生					母他界		教職大学院

7．実践研究の意義と難しさ

(1) 教師不信から信頼へ

この実践研究の意義を検討するにあたって、まず、筆者の根っこにあった教師に対する意識がどう変容したのかを軸に整理しておきたい。

筆者には中学時代、教師とのいい思い出はない。父のカラーシャツで登校した事情を認めてもらえず教師に何回も小突かれたといった経験をよくした。高校時代には尊敬する教師と出会えたが、教師全般には相変わらずステレオタイプ的な見方しかできず不信感があった。

そのような思いがあるのに教職に就いたのは、教育大在籍だったこと、教育実習が転機になったこと、生活のためである。各期とも与えられた役割に全力であたったが、それは崇高な使命感などからではなく、「仕事だから」だ。「あんな教師にはなりたくない」という屈折した感情がエネルギー源だったと思う。

初任のA小では、尊敬できる先輩教師との出会い……教師の矜持が伝わってくる教務主任、情熱的なJ先生など……によって、不信感をもつどころか、温かな目で見られていると感じていた。

ところがB小は、陰口が横行するような職場だった。そのような場にいたくない等の思いも手伝って、学年の教師とは表面的な付き合いになった。個業型の学校だったことが筆者には好都合だった。

D小教頭時には、人間の弱さ等に目を向けることなく「教師なら〜は当然なのに」という他罰的な考えが強くなった。これが一部の教師との溝が埋まらない一因にある。

最終校であるG小では、ICTのモデル校に応募しpjを設けた後は皆に任せた。ある教育財団の方に「校長ではなく商売人」と言われたように後方支援に徹した。実践の過程で、葛藤を乗り越えながら「子どものために」と何のてらいもなく語り合う教師の姿があった。筆者はようやく教師をオンオフでなく、多様な姿を認めたり、教師の自ら変わろうとする意志と力などを信じたりできるようになったのである。

(2) 実践から自己を見つめ直す意義と難しさ

筆者の実践の軌跡は順風満帆ではない。長期スパンでみると、自身の教師への見方が、立場によって教師をみる枠組みが変わっても、(1) で示したように＋と－の間を振り子のように揺れている。それは、その都度、筆者が課題に直面し対峙した結果であり、教師等との相互作用の結果であったが、大きかったのは、Ａ小やＧ小のようにその学校に根付いている文化だと思われる。このように自身を問い直すことができたのがこの実践研究の意義である。

筆者の教育実践の軌跡が、教師のライフコース研究の一事例として、各キャリアステージにいる教師の参考になることを願っている。

この実践研究の難しさは、自らが主体となって実践を文字にする作業を繰り返す中で自らを客体化し、あるがままの自分を明らかにしていくところにある。それは同時に、筆者と関わった他者をも冷静に認知していく行為でもある。しかし、これらのことには、その時の感情が大きく影響するだろうし、実践を過大評価したり自身を無意識下で守ったりといったことも付きまとう。さらに、時代の影響も大きいだろう。一呼吸置いた後で内省する。今後もこの作業を繰り返すことで自身がどのような「教師」であったのかを掘り下げていきたい。

(Profile)

中山 大嘉俊　NAKAYAMA Takatoshi

大阪教育大学卒、大阪教育大学連合教職大学院修了。大阪市立小学校に 41 年勤務。この間、教育センター所員、首席指導主事、教育委員会指導主事、総括指導主事等を 11 年、校長を３校 12 年歴任。元全国小学校理科教育研究協議会副会長。現在、武庫川女子大学特任教授、専門は学校経営、理科教育。

著書・論文に「校内授業研究の組織化に関する実践研究」『学校教育論集 2016』、「連載：トラブルの芽を摘む管理職の直覚」『リーダーズ・ライブラリ』Vol.1-12, 2018 年度、「コロナ禍だからこそ、担任も保護者も独りにしない」『教職研修』2021 年 12 月号、『１年間の園だより巻頭言実例 72』教育開発研究所。

第4章 X

教師が育つ環境 教師を育てる環境
――させてもらえて育ち、させてみて育てる――

中山 大嘉俊
武庫川女子大学

1．教師としてのキャリア

1979年4月に大阪市立小学校の教諭となり、2020年3月に校長として退職した。最終校で8年間在籍したが、それまでは5年以内に転勤してきた。41年間の教職の内、担任はわずか8年間、教育センター所員や教務主任などを除くと残り24年間は指導主事も含めて管理職として勤務した。以下に略歴を示す（（　）は勤務年数)。

初任校（4)、2校目のマンモス校（2)、内地留学生（1)、教育センター所員（5)、3校目の小学校（5、内教務主任3)、教頭として2校（3×2)、指導主事～総括指導主事（5)、校長1校目（2)、教育センター首席指導主事（1)、校長2校目（2)、校長3校目（8、内幼稚園長兼務7)

私にとり上述の職歴はすべて節目だが、教諭期、教頭・指導主事期、校長期に分けて、それぞれの職場とその時の立場で、何を感じ、何をしたか、印象に残っている一端を取り出し整理・検討する。

2．各職場の異なった雰囲気の中で：教諭期

(1) 私の教員としての原点

新任で着任したのは、“同和教育推進校（以下、同推校)” のA小だった。20学級を少し超えた中規模校である。私は、3年担任から始まって、順に4、5、6年の担任をした。

A小での4年間は、「子どもはやればできる」との思いから、放課後は子

どもを残して教える、毎日、自由勉強をさせる、１週間の計画表に予定と結果を記入させて保護者欄でやりとりする、版画集を作る、自作プリントを満点になるまで何回もさせる、朝７時から器械体操を教える……これはいいなと思いついたことは何でもした。そして、それをさせてもらえる先輩方に囲まれていた。毎日毎日が精一杯であった。評価テストも自作であったが、教材への理解が進んだことは確かである。

保護者とは、定例の家庭訪問やトラブル等の対応だけでなく、“頑張ってますよ”と帰り道に立ち寄ることも日常的にしていた。学習参観でちぎり絵をした時に、子ども達があまりにも折り紙を細かくちぎりすぎるので業を煮やした保護者が「手伝ってもいい？」と一緒にしていただいたこともあった。ざっくばらんで本音で言っていただける方が多かった。

見えていなかったことがいっぱいあった。生活指導部に配置されていた筆者は、よく商店街のゲームセンターなどにも見回りに行った。ある時「○○は行かなくていいよ」と生活指導部長から言われたことがある。その時は真意を測りかねたのだが、何年も経ってから、きっとゲームセンターから苦情が来ていたのだと思い当たった。かばってもいただいていたのだと思う。

当時はほぼ全員が教職員組合員で、筆者は２年目に分会の青年部長、３年目に分会代表者に投票で選ばれた。周りの先輩教員がそういった動きをされていたのだと思う。当時、分会代表者会議に出席すると社会党系と共産党系との激しい内部対立も目の当たりにした。ストライキもあった。「今度ストに参加して処分を受けると管理職の道が閉ざされてしまうので参加できない……」といったベテラン教師の苦悩も直接聞いた。

教育委員会主催の新任研修には２泊３日の高野山研修を除き参加できなかったことも多い。「研修は行かなくともそれ以上をウチではしている」という同和教育主担（以下、同担）の言葉を覚えている。

実際、新任は指導主事を招聘して年３回の研究授業をすることになっていた。討議会後には指導主事と管理職、学年主任等も交えての宴席で本音の指導があった。新任教師に指導主事とつながりをもたせようとの意図もあったのだろう。そのおかげもあって、その後も複数の指導主事から声をかけていただくことが度々あった。

また、校内実技研修会も各学期に１回あり、その講師役も割り当てられた。運動会のラジオ体操の指導なども任された。朝礼台で全体指導するのだが、前に並んだ先輩方ははるかにうまい。ビデオもなくNHKのラジオ体操を毎朝見た。「なぜ自分なのか」と思った。だが、運動会後に「ラジオ体操覚えたやろ」との体育主任の一言で、自分がその役割を与えられた意味が分かったのである。

Ａ小には「あんなふうになりたい」と思う先輩教師がたくさんいた。当時、各教科・領域の研究委員はそれぞれ区で２名と決まっていたのだが、国算社理音体等の研究委員、その前身である専門委員経験者がおられた。

例えば、４年担任時の10歳年上の女性の学年主任は、転勤してきた同年代の女性教師が「私は学級だよりを毎年100号をめざしている。出してよいか」と学年会議で恐る恐る言い出された時に「貴女には貴女の持ち味がある。気にすることはない」と言われた。カッコいいと思った。また、その転入教師の教室に掲示されている子ども達の絵はステキだった。どうしたらこんな絵を描かすことが出来るのかと授業を見せていただいたり授業に来ていただいたりして教えていただいた。

臨海学習のキャンプファイヤーでは、普段やんちゃな６年生の真剣な姿に感動した。ある時に、プールの中で危険な悪ふざけをした６年の子どもに思わず、声を荒げたことがある。６年の主任が飛んでこられて「有難う」と言ってくださったのである。

教務主任のＹ先生は､厳しいけれど温かく､物知りだった。職員会議で「Ａ案とＢ案がある」とそれぞれのメリットとデメリットをあげて意見を求める。全校朝会で朝礼台に立たれた時は、絶妙なゲームで子どもたちの笑顔を誘う。叱るしかできない自分の非力さを痛感させられた。筆者が最終校の校長になってからは、Ｙ先生にお願いし、毎年、若手が多くなった教職員に戦争体験を語っていただいた。

こいつを育てよう……、さまざまな先輩教師が思いや考え、時には失敗したことや悩みも話してくださった。具体的にこうしたらいいというアドバイスもいただけた。振り返っても恵まれていたと思う。

(2) もはや新任ではない！ 周りの目とのズレ

校長や周りの先輩教師の再三の引き留めにも関わらず転任した。A小が嫌だった訳ではない。6年を卒業させたので同じ学校で別な子どもを教えたくなかったというわがままである。いろんな学校を経験したいという思いもあった。転任先のB小は、1学年8学級のマンモス校で校区は高級住宅街として名が通っていたが、家庭の経済力の差は大きかった。

着任の際に「今から中堅である。前の学校のようにはいかない。授業はネクタイをして……」という校長の話があった。

5、6年を持ち上がって担任をし、学年のメンバーも変わらなかった。B小には発言力のあるベテランの女性教師が複数名いて、グループに分かれているように感じた。それらの方は、職員会議や研究討議会でも、「教えていただきたいのですが……」という独特の言い回しで自分の意見を述べることがよくあった。同学年にもその一人がおられ、学年会議では、ドラマの“万年係長”という役どころがぴったりな男性の主任に、含み笑いとともにチクチクものを言うといった感じだった。

また、着任間もないときに、掃除時間にほうきを投げて遊んでいる子どもを見かけて注意したところ、同世代の担任に「自分の学級にはかまわないでほしい」と告げられたことがある。分会代表者にも2年目に投票でなったが、誰かがすればいいという感じだった。過大規模校でもあり、教職員がまとまっているという雰囲気は感じられなかった。

職場の人間関係がよそよそしい、「先生方はB小に勤務というだけでプライドを持っている」と当初に感じたせいもあって孤立感があった。新任でないと周りから見られていたのに新任の積りでいたズレからかもしれない。学年の仕事は何でも引き受けたし、周りとの会話も欠かさなかったが、自分の学級、理科主任としての仕事などに傾注していった。

理科主任は初めてだった。1年生の金魚購入の起案で校長から「なぜ60匹か。8（クラス）で割れない」という指導を受けた。そのこともあって、一夏かけて理科室を整備し、どの学年でどんな実験があり、使う備品や器具、薬品はどれだけ必要か等を一覧表にして管理もした。安全指導の手引きを作り実技研修会もした。2年目の夏休みに1階の理科室に侵入者があった時に、校長から「ガラスが割られていてよかったな」と言われ、その意味が分からなかった。「施錠していた証拠」との教頭の言を聞いて校長の見方・考え方に驚いた。盗られた物がないことの確認には毎月点検していた管理簿が役に立った。

B小では指導主事を招聘した研究授業は、年に2回しかなかった。1年目、学年会議で指名されて作文の授業を筆者がすることになった。自分は新しい流れである練習作文に取り組みたかったが、学年ではベテランの女性教師を中心に綴り方がよいという意見が強く、悩んだ挙句に折衷案のような指導案になった。授業自体は子ども達がよく活動したのだが、やらされ感があり悔いが残った。翌年も教頭から「誰も手をあげてくれへん。してくれるか」ということで図工の研究授業を引き受けた。この時は学年の意見はほとんどなく自分の考え通りにし、結果はともかく、満足感はあった。この2年間で、教育委員会の依頼も含めて、合計5回の研究授業をした。

さらに校長は地元の企業から借りてきたパソコン7台でパソコンクラブを始め、その指導を筆者ともう1人の教師に命じた。パソコンといっても、プログラム言語をカセットで読み込んでプログラミングするのである。テニスゲームのようなプログラムを含めて、やっとのことで子ども用の手引き書を作った。子どもたちの習得の速さには驚かされた。

このようなこともあって、筆者は、学年の女性教師からは「管理職のお気に入り」だと思われていたと思う。それは、例えば、社会見学で関西サイクルスポーツセンターへ行く許可が校長から出ない時に「話してきて」と頼まれたことにも表れている。

確かに校長、教頭からは、よく声をかけていただいた。校長の「そのうち手書きが大事になる」「ルス電のシステムで林間指導の様子を知らせる」といった先見性に目を開かされたことも多い。教頭が筆者を理科部にと理科部長に頼んでくださっていたこともありがたかった。筆者は職場の周りからどのように見られても、自分の思う通りにしようという多少意固地な気持ちになっていたのは確かである。

B小にいた間、保護者の自殺という辛い出来事もあった。この記憶は消えない。子ども達とは授業や休み時間も精一杯つき合った。教科書にない、例えば、ガラス細工や気球の製作などを学期に一度はして自分も楽しんだが、最後までB小の職場の雰囲気にはなじめなかった。

(3) 共同研究での得難い体験

市の研修制度に、研修員、内地留学生への派遣があった。通例30代は教育センターの研修員、40代は大学へ選考を経て派遣された。筆者は、大学への派遣が魅力的だったので内地留学に応募し、出身の研究室で理科の学習指導にパソコンを活用する実践研究をした。研究室の先生から論文を書くように言われ、以後、大学紀要論文の執筆は指導主事になるまで年2回、約15年間続いた。また、筆者の指導担当の指導主事はじめ、同じ内地留学生や他教科の指導主事など人脈が広がった。

翌年、教育センターの所員になった。教育研究所からセンターになって2年目ということだった。時代は教員研修に力点が移っていたが、まだ教育研究が色濃く残っており、各部門の研究発表では厳しい“たたき合い”があった。研究に関して、ベテラン所員は指導主事よりも力をもっており、いずれ学校現場へ戻るというよりは大学へという方も多かった。ここでは、時間の流れが違った。

「現場に役に立つ実践研究」がことある毎に強調された。筆者は、子どもの生活意識に関する調査研究、生徒指導、コンピュータの教育利用、理科の学習指導法などを担当した。実践報告や論文、文献などを手に入れて一生懸命に読んだ。

ここでよかったのは、政令指定都市の共同研究の担当になったことである。質問紙調査をし3年間のスパンで本を作るため、年に3回、持ち回りの都市で2泊3日缶詰めになって各都市の指導主事と議論する。当初、気後れして発言しない筆者に、一緒に行った先輩所員から「自分の考えをはっきりと言うこと」と注意を受けた。意見を言い議論に加わることで考えが深まった。このことは、その後の自分のあり方にも大きく影響した。

(4) ミドルリーダーへの試練

筆者を教育委員会の行政の課長に紹介してくださるなど何かと気にかけて

いだいていたセンターの課長から「ここにいつまでもいたらだめだよ」という話があった。５年間いたこともあって転勤を決意した。

着任したのは、社会科を伝統的に研究している学校として有名だったＣ小である。校長はＢ小にいた時の教頭で社会科畑ではなかったが、翌年に生活科の市研究指定校として公開授業が予定されていた。

５年、６年と担任をした。学年は３学級。ここでも、理科の実験をはじめ、子どもとの成績懇談、夏休みの宿題も一人ひとりに違った宿題を出すなど、自分がいいなあと思うことをやっていた。

分掌業務では、生活指導部長として、生活指導に関する体制や活動について案を作成したり、係が作成した案を点検したりして企画会に提案するようになった。また、公開発表に向けて研究推進委員として積極的に関わった。同じ目標に向かって仕事をすることで、チームの一員として認められている自分を感じた。理科の研究委員にもなり、他校の理科部員との授業研究・共同作業をした。“なかま”としての親密感があった。

２年経ち、このままでは１年生を担任しないままになると思い、これまで一任だった学年希望の用紙に「１年」と書いた。３月の職員会議で１年主任と発表された。相方は他校だったので、春休みには毎日出勤して一人で入学式の準備をはじめ５月中旬までの準備を粗方終えた。

ところが、校長が定年退職で交代、教頭が他校校長に、さらに教務主任が教頭で転出、次の教務主任候補が指導主事になった。４月３日に校長室に呼ばれ、新旧の校長から「君は今から教務だ」と告げられた。自覚も引継ぎもない中で、職員会議で入学式や当面の行事関係の文書作成と提案、また、保護者への手紙も用意しないといけなくなった。前任の教務主任が文書をきちんと閉じていたので助かったが、ワープロのフロッピーから当該のデータを探し出すのには苦労した。ようやく見つけて教頭に見ていただいて文書を校長にもっていくと、「日付だけ変えただろう」とニャッと目の前で破られた。４月中は毎日夜中まで学校に残って仕事し「もう辞めたい」と思うほどフラフラになった。何とかやれたのは、叱責されると思ったPTAの感謝状の印刷間違いに対して、校長の「間違いはしゃあない。まだ間はある。どうしたらいいか考えなさい」との言葉であった。

新校長はトップダウン型の強いリーダーシップの持ち主で、私には「校長の帝王学を教えたる」とよくおっしゃった。させて分からせるという方針だったと思う。前職は企画研修室長で、物知りでもあり、逸話・武勇伝も多かった。社会科の部長でもあり、C小で全国大会を予定していたので、社会科関係の校長や研究委員もよく来校したが、研究委員はいつもピリピリしていた。“名物校長”という表現がピッタリだった。

校長の指示で幹事校長会の伝達事項のワープロ打ちもした。そのことで教育委員会の動向も分かった。「便所は1階でしたら次は3階でしろ」など、その都度の指導は具体的だった。校長から言われた「第一防波堤」として保護者の苦情はすべて対応した。校長と教頭と筆者、もしくはPTAと飲むことが毎週のようにあったが、校長が飲む場に教頭と筆者がいることは半ば義務になっていた。

1年目が過ぎると、例えば、保護者への案内文は目を通すだけ、3年目には「もういい」だった。1年目の秋に校務分掌を一人一役にしてほしいとの教職員の声を伝えると一切を任された。

教務主任として、各学年主任、研究部長や生活指導部長、また、若手教員などとのコミュニケーションをよくとった。というより、そうしないと何一つ円滑に進まないからだった。若手教員ともよく飲みにも行った。筆者の指示に誠実に応えてくれる若手教員も増えた。直接指示を受けなくても、校長のベクトルと同じ方向の動きをしていたと思う。筆者への校長、教頭の支持もあったことから、学年主任はじめ教職員との関係も円滑であった。

竣工式の原案を書き、校長はもとより、PTAやPTAOBなどの方々にその案を事前に持っていき、ご意見を伺うといったことも度々だった。PTA役員との人間関係も良好で、地域の重鎮にもよく声をかけていただいた。お陰で竣工式は盛会裏に終えた。

当時よくC小に来ていた社会科の研究委員は、自身が校長になってから後に筆者を「あの校長に仕えた伝説の教務」と言う。ふり返ってみると、ミドル・アップダウン型組織の調整弁に近い役割を精一杯に果たしていたのではないかと思う。

3．お仕えするという文化：教頭・指導主事期

(1) “仲間” とみられなくなった職場で

40歳の教頭としてD小に着任した。当時、全市でいちばん若い教頭の一人であった。中規模校で、“同和教育関連校” でもあった。校長とは前任校で教頭―教務主任の関係にあった。校長から、前年度まで病気休職の前校長がいたことや国旗・国歌の問題、教職員が３つに分かれて反目し合っている状況、子どもの問題行動などのレクチャーを受けた。

報告書の作成などは教務主任時に経験していたので困ることはなかった。しかし、校長と関係が深い教頭がきたのは社会科の全国大会を受けるつもりではとの警戒感などが校内にはあった。“若い” 教頭への反感もあったと思う。甘えだが教務主任時代とは違い、先生方の “仲間” とは見てもらえなかった。

実際、何人かの教師と摩擦が起きた。着任後すぐに起きたのはプール塗装をめぐって体育主任に詰め寄られたことだ。体育主任という立場も、管理職としての筆者への反感もあったのだろうと思う。

また、前年度に林間指導の付き添いに決まっていたのに「バス酔いするから行かない」、中国から子どもが入学してくるとわかった際に「日本語が話せない子に教えるなんてできない」など、一方的に言ってきた教師とは、その後も距離は埋まらなかった。当時、筆者が「教師なら～して当然」という見方しかできなかったことにもその一因があると思う。

しかし、問題行動への対応、給食調理員の手伝い、教職員への声掛け、PTAや地域の方との応接などをしているうちに、大半の教職員とは会話も弾むようになった。ずいぶん経ってからではあるが、当初に詰め寄られた体育主任にも「教頭さんもようやるなあ」と言われるようになった。

PTAや地域の行事が多く土日もよく出勤した。その分、町会長や婦人部長、健全育成会など地域の方々と懇意になった。

３年目に校長が交代した。新校長はかつてD小に教諭として在籍したことから自分は地域に信頼があるとの自負があった。そのことが言動にも表れるので、校長となじみのない地域の中心メンバーやPTAとは気持ちのすれ違

いが起きた。地域の方に呼び出され「どうなってんねん」と非難され「同じ気持ちやろ」と同意を求められたこともある。教頭としては、同意もできず理解を求めるしかなかった。

また、5年の学級で、担任、次の講師も休んだ時があった。飛び出す児童もおり、しんどい学級だったので次の講師がくるまで私が担任をすると保護者会を開いて宣言し、翌日から毎日、1時間目から子どもが下校するまで教室で過ごした。意地もあり、思いっきり子どもと関わった。久々の担任は苦痛ではなく楽しかった。その学級はすぐに落ち着いた。

また、校長が1か月以上入院したことがある。校長がいないことへのプレッシャーは、正直、感じなかった。この時にDV関係で避難した母親の転居先を教えろと父親から迫られたことがあった。当時、DVの法整備はできていなかったので、父母共に親権者なので転居先を教えないといけないという教育委員会の弁護士の判断が指導主事を通して伝えられたが、納得ができなく、最後までそうしなかった。そのことは正しかったと今でも思っている。

(2) 3年ひと昔、戻った職場は変わっていた

C校に教頭として戻った。50周年記念事業を控えていた。教務主任時代の校長は退職され、校内の雰囲気は全く違っていたが、教師は授業にも校務分掌にも誠実に取り組み、大きな問題は起きていなかった。しかし、ミドルリーダーは少なくなっており、また、毎週のようにあった飲み会はほとんどしなくなっていた。

校長は理詰めであり、苦情対応では「言うべきことを先に箇条書きしなさい。そうするとぶれない」といった指導もあった。コンプライアンス意識が強く、例えば、地域が祭りで学校を使う際はアルコール類は禁止にしていた。前にC校にいた筆者のことも信用されていないように感じた。

給食に異物が入っていた時のことである。担任からの報告を受けて筆者が給食室に行きかけると「先に教育委員会へ報告しなさい。調理員から『報告せんといて』と言われたら困るのは教頭さんだ」との指示があった。それ以後、調理員の一人は「冷たい管理職だ」と怒って口もきいてくれなくなっただけでなく、他の教職員にもふれまわった。「そのうち、わかる時がくるだろう」

が校長の常だった。

また、冊子に職員名の記載もれがあり、その処理を校長に相談したかを一部の教師に問われて、最後まで「自分の判断だ」と押し通したことがある。

このようなことがあって、筆者がこれまでC校の教職員との間にあったと信じていた“いい関係”は崩れたように思えて辛かった。

PTAOBや地域の方は、それなりに現校長に敬意を払ってはいたものの前校長のときとは距離感が違い、何かにつけて比べることも多かった。前校長と関係が深い筆者は前校長派だと周りから思われていると感じたことが一度や二度ではなかった。そのような中で、筆者は周年行事の事務を進めていたのだが、元PTA会長で地域の重鎮でもある記念事業委員長に「校長に内緒で家においで」と何度か誘われた。筆者の迷いを見抜いておられた上でのことだった。自身の立ち位置の難しさだけでなく、事業委員長が筆者を心配されていることも感じた。周年行事を成功裏に終わることができたのは、この委員長の力があればこそだった。

(3) 自分はどこを向いているのか

教育委員会事務局の指導部初等教育課に指導主事として勤務することになった。筆者は、ここで5年間、勤務することになる。学務課担当係長兼務など辞令は毎年変わったが、後半は学校でいえば教務主任に当たる在庁の主任指導主事、最後の年は教頭に当たる総括指導主事として、指導主事に指示を出す立場になった。

ここにいた5年の間に、市では、例えば、市の財政難、市役所や教育委員会自体への批判、国旗・国歌の問題、これまでの同和行政・同和教育への批判などがあり、大きく様変わりした。

指導部での仕事は、新任時代にイメージし憧れていた指導主事の仕事とは全くかけ離れていた。着任する2年ほど前に、教育委員会事務局内で授業研究についての指導助言や教員研修は教育センター、教育施策や問題対応その他、学校に関する諸々のこと一切は指導部という割り振りができていたのである。

習熟度別少人数指導や国旗・国歌問題、議会や議員対応、文部科学省や他

都市の教育施策等に関する情報の把握、教職員組合はじめ諸団体との交渉、報告書や各種資料作成、保護者・地域・市民からの苦情対応、教科書採択、事故や不祥事への対応、視察の受け入れなど、数え上げればきりがないほど多種多様な業務があった。さらに、自分の担当区の小学校の状況の把握、問題教員、また、保護者や地域の苦情対応もあり、何度も何度も学校へ足を運んだ。

私の在籍時の業務は、施策の実施の調整・周知、苦情等の対応も含めて、学校現場が混乱しないよう役割を果たす、教育委員会を守るということに集約される。

事務局は厳然としたピラミッド組織であり、決裁権を持つためその発言には重みがある「課長」級以上は最初から前に出さずに係長以下が前裁きをする。これは、学校現場でも「教頭は校長の盾だ」と言われていたことと通じているように思われる。上司の指示には「はい」か「わかりました」か「yes」しかない、また、電話をとった者が最後まで対応するということも先輩指導主事から教えられた。

ところで、「我々は北館」という自嘲気味な言葉があった。日の当たる「南館」は行政の部署、教師出身が多い指導部は日が当たらないという意味である。「仕事しすぎたら出れなくなる。使われてぼろ雑巾のようになるだけ」とか「ここでは行政と人脈をつくること」といったことも聞いた。これまでに在籍したいずれの指導主事も、事務局と学校現場との狭間で、自身の思いとは違う言動をしなければならない場合もあったろう。腰掛で済ますか否か、自分の身の処し方に常に迷いがあったのだと思う。

問題が起きたときに、どこが主管かということで課長同士の摩擦もあった。例えば、小学校の遊具で事故が起きた時は整備課か初等教育課かといったことである。ただ、そう言ってばかりもおれないので、筆者は主管でない場合でも、関係課としてできる協力は惜しまないといった姿勢でいた。そうしたことで、一緒に解決に当たった係員や係長等とは、私が委員会を転出した後も分からないことを教えてもらうなどできた。

4．自分で責任をとれる立場になった：校長期

(1) ミッションを背負って

E小に着任するまでに、1時間ほどレクチャーがあった。課題として大きく5つ示され、何でも支援するので早急に解決を図るように指示された。

E小は、かつての同推校として同担を中心とした10名以上の教職員が校内人事も含めて校務運営にも大きな影響力をもっていた。教職員の多くは、数年前に青写真まで出来ていたランチルームの増設を突然、白紙に戻したことで、教育委員会に大きな不信感・反感を持っていた。これは当然ともいえる。このような中で、前任校長は教職員との摩擦をさけ、課題への対応や学校改革ができないままでいた。

着任して教頭には根回しなどは不要なこと、教職員の考えや動向は報告することのみ指示した。筆者が最初にしたのは、差別の実態や地域の歴史、学校の沿革も含めて、約3週間、関連する文書や記録を探して片っ端から読み、それを原稿にまとめて、教職員、支部に渡して朱を入れるように依頼したことである。学校、地域を知らないと話のきっかけもつくれないと考えたからである。校長室には長居せず、自分から個々の教職員、PTA、地元の方に話をしに行った。それぞれが時代の流れを感じ取っていたことやその中で危機感や閉塞感を抱いていた。とりわけ同担はそうだっだ。

筆者自身、小沢一郎氏が引用した「変わらずに生き残るには、自ら変わらなければならない」とのセリフが今の状況にピッタリだと思った。その実、何故このような状況になってしまったのかといった、言葉に言い表せない感覚もついて回った。しかし、不利な環境にいる子どもには、何としてでもその状況を自分で切り抜けていく力を付けることだという確信があった。

主だった教職員をつかまえ、時代の流れもふまえて、どうすることが子どもの将来を保障することになるのかという具体について、毎日毎日、話し込むことが多くなっていった。また、例えば、国旗・国歌の問題であれば、その論争の歴史、判例、異なるさまざまな意見などを網羅した資料を作成し、全員に配った。地域にも足を運んだ。時には、教職員組合の幹部とも話をした。

困窮を極めているのに就学援助を受給できない家庭に対して同担は心を痛めており、よく筆者に話にきた。同担は立場や考え方は違うが信頼できた。また、給食調理員からも設備などの相談を受けた。そういった一つ一つを、校長として教育委員会と交渉し解決していった。“窓口になる”といった委員会の担当部署はまったく当てにならず、関係の部署をこまめに回った。却ってそれがよかった面もある。

Ｅ小には障がい児を学校に一泊させるといった取組をはじめ素晴らしい実践があった。その一方で、若手教師の多くは、同担の周りにいる教師からの「こうあらねばならない」を受けて悩みを抱えていた。「こんなことがしたい」と思っても、非難されるのを恐れて言い出せないといった面もうかがえた。そのような中で若手教師のサッカーチームを作りたいといった思いに応えてチームづくりを支援したこともある。管理職試験を受ける教師もはじめて出た。

当時いた若手教員は「校長がきて、あれよあれよという間に学校が変わっていった」と後に感想を述べている。しかし、実際には国旗・国歌の問題などは職員会議で何時間もかけても、なかなか合意に至らなかった。５つの課題が解決、もしくはめどが立ったのは着任して２年後だった。

(2) 生活指導や環境整備等に力を入れる

あと１年はＥ小にいるだろうと思い込んでいたが、教育センターに首席指導主事として着任し、学力向上に携わることになった。自身は、教育研究の人員も乏しく熱意も冷めている現状を目の当たりにして、以前のように対外的に誇れる研究成果を出してほしいとの思いが募った。しかし、実現にはほど遠く挫折感も味わった。このような思いを抱いてＦ小へ校長として着任した。

着任したＦ小は、こんな所に小学校があるのかという繁華街の中心にあった。1982 年に明治５年、６年に創立された３校が、その後にもう１校が統合された伝統校であった。そのため校区が広く、連合町会は７つあった。校舎の地下には、小さな講堂ほどの広さの記念室もあった。当時、出身大学で構成する教師の同窓会（学閥）が複数あり、統合後の初代から７代までの校長は筆者とは異なる会の歴代の会長であったが、どの方もそういったことをおくびにも出さずに来校して何かと話をしてくださった。

Ｆ小は単学級であり、入学式などは全学年の児童が出席する。本来はこうあるべきだと思った。教職員間には個人的に合う合わないといった感情のもつれもたまに見え隠れしたが、大きな対立はなくファミリー的な雰囲気もあった。筆者の言うことに、あからさまに反発するような教職員はいなかった。筆者は、校長会役員や府小学校理科研究協議会会長（全国では副会長）等をしており、その関連の出張もあったが、学校運営は、教頭、教務主任を中心に比較的円滑に回っており支障はなかった。授業研究も、他校の校長を招聘して指導助言を得るという旧態依然の仕方だったが、皆、熱心に取り組んでいた。

Ｆ小には10数か国を数える外国籍もしくは外国にルーツを持つ児童が約３分の１おり、その多くが不安定な生活を余儀なくされていた。保護者の仕事の関係から生活リズムが整わない児童も３割程度おり、遅刻者も全体の１割弱ほどいた。

そのようなことから、教員は文化の違いなどもふまえた指導や生活指導に心を砕いており、職員室でも、○○さんがこんなだったという子どもの話がよくされていた。教師の指導が入らない「荒れ」た児童もおり、担任からのSOSで、職員室でその児童をみるといったことも日常だった。そういった子どもの指導には、人手がない分、筆者自身もよく関わったので、教職員から“○さんの天敵は校長”といったことも言われた。しかし、保護者を説得し、医療機関の相談に一緒にいくように段取りしても、保護者がわが子を説得できずにキャンセルになるなども一度や二度ではなかった。

ところで、中国から来日した中１の学齢の女児を日本語ができないので小学校に入学させると指導主事が突然電話してきたことがある。「中学校が言うので」と言う。受け入れ云々ではなく、その前提に納得できなかったので思わずかみついた。こういったことは校長になってからは多くなり、言いすぎたと思うことや敵を増やすだけだと友人からいわれることもあったが、それは退職するまで変わらなかった。教職員も筆者をそのような校長だとみていたと思う。

Ｆ小では、生活指導の他に、草花の栽培や卒業アルバム等の整備、本物の絵画の廊下掲示などの環境整備、Ｆ小子供白書の作成・配付やホームページでの発信などの広報、地域清掃や職業体験などの地元商店会との連携などに力を入れた。

東日本大震災が起きてからは、地元のマスコミ関係のプラザや商店会の方々の熱意の元に被災地とのさまざまな交流が実現し、マスコミにも取り上げられたり、被災地の教育委員会から感謝状をいただいたりした。この取組を一層進めることとともに、次は外国籍の児童の受け皿を地域と連携して設ける構想を描いて準備を進めた。

(3) 学校改革を進める

Ｆ小もまさかとは思ったが２年で転出し、Ｇ併設幼・Ｇ小の校園長になった。Ｇ幼小も市の中央部に位置する伝統校であり、前任の校長は市校長会会長、前々任の校長は、府・市の校長会会長であった。

着任した年に幼120周年・小140周年の記念行事が予定されていた。記念事業委員長は決まっていたものの組織もできておらず、着任早々からPTAとPTAOB、２人の連合町会長などに相談しながら周年行事委員会を立ち上げた。

PTAとOB・地域の方との間で祝賀会の会場選びで一悶着あった。OB・地域の方は格式のあるホテルですべきという意見でこれは前校長の意向でもあった。現PTAは会費を安くしたいとの考えだった。校長として黙視はできなかった。考えた挙句、150周年ではないので会場は現Ｐの考えの通りに、その代わりに参加者は多数をめざすという案を、Ｇ幼小の卒業生でもありPTAOBでもあった信望の厚い連合町会長に相談して賛同していただいた。このことで全体が同じ方向をめざして動きが加速した。結果的に、中華料理店で80歳になる卒業生の方々をはじめ約300人の参加者を得て喜んでいただける会になり、当初の溝も埋まった。この間、校長として、PTAだけでなく、関係のさまざまな方と話したことが、その後の学校経営の財産になった。

このように140周年は無事終わったのだが、さらに大きな問題があった。それは、児童数の急増である。校区では、都市回帰現象の影響を受けてマンションの建設ラッシュがあり、着任時に校舎が増築されたものの、児童数は着任時の約700人から10数年後には約1700名になるとの予測があったので、それでは足りなかったことである。

このような状況を受けて、教育委員会は敷地内にあるG幼を廃園にし新校舎を建設する方針を打ち出した。筆者には、情報漏れを心配してか、この方針は事前にはまったく知らされていなかったので、一切を区役所と教育委員会に委ねて静観を決め込んだ。

G幼は保護者の信頼も厚く、歴史もあり卒園生も多いことから、反対運動が当然のように起きて約1か月足らずで1万人を超す署名が集まった。陳情等も行われ市議会でも取り上げられた。マスコミも注目し各社が報道した。反対運動は、140周年を終えたPTAや地域が一枚岩だったことが強みだった。後日、教育委員会の担当者は、裏で糸を引いているのは筆者に違いないと思っていたと言う。実際は、PTAなどから考えを聞かれた際に、保護者や地域の方が自分達の声を届けるのは当然だが教育委員会の方針が覆ることはないだろう。引き時だけは間違えないようにと自分の考えを述べたのみである。

結果として、数年後に近隣に認定子ども園を建設しG幼の指導方針も含めて引き継ぐという形になった。閉園式には、多くの方が集まってくださった。地域の多くの方も「ただただ残念」と言われていたが、幼稚園の教職員も筆者も同じ思いであり、そのことは今でも感じている。

分離独立校、分校という問題については、ラウンドテーブルが開かれて話が進んだ。「分校」という地元の要望が生かされ、保護者にも反対はなかったので、高校跡地に市で初めての高層の小学校校舎が建設される運びになった。筆者にとって分校ができるのは退職後なので無責任極まりないが、本校を東学舎、分校を西学舎として運動会は東西で対抗戦をしたらいいなどと口にして楽しんでいる。

ところで、筆者の着任の少し前に市長が交代し、教育改革の名のもとに施策が次々に学校現場におろされつつあった。G小内に目を移すと、教職員は学校にも誇りをもち学級経営にも熱心だったが、例えば、授業研究では前年度の踏襲という枠から抜け出そうという意識はみられないといった課題を感じた。

このような校内外の状況をふまえて、まず、市の教育改革の内容について丁寧に説明することから始めた。自分たちの置かれている現状や、定数に満たない幼稚園の廃園、ひいては全幼稚園の段階的廃園という問題を小学校教師に知ってもらいたいと考えたからである。次に、G幼、G小それぞれで次のような取組を進めていった。

G幼では開園時刻を早め、保育後の退園時刻を延長した。外部講師を招聘した研修会や、市の「がんばる先生授業」にも取り組んだ。G小との連携も強化し、園児と児童との交流や互いの授業参観を増やした。G幼の廃園の可能性を少しでも低くしたかったのと、G小の1年生に占めるG幼卒園児の割合が年々低くなることで、今後、学校経営に支障が出る可能性を考えたからである。その後、幼小連携のプロジェクトチームを設けた。このことで幼小の教師の協働が一層進んだだけでなく、一貫したカリキュラムづくりなどにも取り組むことができた。さらに、筆者主導で校区の保育園・幼稚園とG小の学習参観時に意見交流会を開く、若手教員を数日間保育園で研修させてもらうなどを実現させた。

G小では、研究組織の活性化を通して、新たな教育内容・方法に関する理解と習得、授業研究のブラッシュアップと教職員個々の資質向上に努めた。そのため、市のICT研究モデル校やパナソニックの特別研究校を受けた。校内組織の改革を行い、企画・提案型のプロジェクト組織を設けた。取り組んでいた防災を発展解消してSPS（Safety Promotion School）に組み替えたり、健康・体力、エンパワーメント（行事の精選や働き方改革等）を設けたりした。プロジェクトの運営はミドルリーダーに任せ、自身は資金の獲得や教育委員会や大学等と教職員をつなぐこと、情報の提供などの後方支援に回った。大学院に入学してからは、「足らずよりもできていること」に目を向けるようになった。個業から協働への転換や多様なリーダーシップにつながるとともに、組織の運営を通して、ミドルリーダーが育った。

外に対しては、実践のアウトプットや教育活動の「見える化」を図り、保護者だけでなく、地域への回覧、ホームページの強化に努めた。また、個別に、教育委員会の研究協力員への応募、研究論文等への挑戦なども促した。これらのことで、学校の姿勢、教職員の努力への理解を得ようとしたのである。また、給食アレルギーに対する不手際があれば全保護者に、その経緯と今後の対策をプリントで知らせるなど、不都合な事実も隠さずに知らせるようにした。これらのことは学校への信頼につながった。

８年間在籍したことから子どもの学びや教職員の育ちなどに一定の結果も出せたと自負している。しかし、“何でも校長の言う通りになる”といった弊害もあり、次の校長への引継ぎ等に今がいちばんよいタイミングだと考え任期を少し残して職を辞した。

筆者の自慢は、担任時の子ども達と今もつながっていることである。いい仕事だとつくづく思う。

筆者が無事に教職を終えることができたのは、その時々の職場でつながることができた人々、友人、つれあいのお蔭である。振り返ってみて、改めてそう感じた。感謝である。

ただ、自分を「教員」と言えても「教師」と言えない自分がいる。尊敬してやまない高校の恩師の「かしこなったらあかんよ」との言葉が常に心のどこかに引っかかっている。果たして教職に就いてからの自分はどうだったのだろう。新たな問いである。

(Profile)
中山 大嘉俊　NAKAYAMA Takatoshi
武庫川女子大学学校教育センター特任教授

第Ⅱ部

教育実践の山脈を描く

第5章

教員として問い続けた「学ぶということ」

西川　潔
関西福祉科学大学

1．教師としてのキャリア

1979年4月に小学校教員に採用され、学級担任として4校で22年、県教育委員会指導主事として8年、その後管理職として2校で7年（教頭4年、校長3年）学校教育に携わってきた。最初の赴任校は小規模校でその後、中規模校、大規模校で学級担任として勤務を重ねた。ここでは若年期、中堅期、教頭期、校長期の4つの時期に分けて教育実践を描いてみることとする。

2．体育科教育を軸とした実践

(1) 小さな小学校で教員としてスタート

私が小学校教員として採用されて最初に赴任したのは山間にある全校児童83名、教職員9名、全6クラスの小さな学校（以下A校と表記）であった。

赴任してまず驚いたのは、校長、教頭を除いて全員が20代後半から30代前半の女性教員であった。これには随分戸惑いを覚えるとともに一抹の不安を抱いた。1年目は5年生担任で、児童数は11名であった。当時、学級新聞を手書きで発行しており、そのタイトルは「小さな11（サムライ）」であった。

校内で唯一の男性教員ということからか、いきなり体育主任を任された。大学で体育を専攻したわけでもない私にとって、それが教員として体育科との最初の出会いであった。当時は文部省の施策として体力向上に多くの学校が取り組んでいた時代で、それに刺激され2年目に私もクラス（6年生）の子どもたちを対象に始業前に裸足になって運動場を駆ける「５分間走」に毎日子どもたちと一緒に取り組んだ。これは５分間で走れる距離を毎日計測してその伸びを見るもので、約１年続けた結果少しずつ子どもたちに持久力がついてきた。

その翌年、毎朝６年生の子どもたちが駆け足する姿を見ていた教頭先生が、職員会議で毎日始業前に「かけ足」を全校児童で行ってはどうかという提案をした。しかも男子は上半身裸になって走り、走った後、全員でタオルを使って乾布摩擦をするというものであった。女性教員からは当然反対意見が出ると思っていたが、予想に反してそれはなく、逆に以後、女性教員も交代で毎日運動場に出て子どもたちの指導にあたってくれることになった。真冬の雪の降る日も男子は上半身裸で走っていた。今なら保護者から苦情が寄せられるかもしれない。しかし地道に毎日続けることで風邪を引いて欠席する児童は少なくなった。また１年生で「土踏まず」の形成されていない児童が数名いたが、年度終わりにはその「土踏まず」もできていた。

さらにもう一点、教員になって３年目から私の提案で体力つくりにかかわることを新たにスタートさせた。それは毎日の業間時間（２時間目と３時間目の間の20分休憩）に全校児童と全教員が運動場に出て、運動遊びをするというものであった。この時間を「ゴールデンタイム」と名付けて実施していた。１年生から６年生までを６人くらいのグループに分け、６年生がリーダーになって縦割り学年で一緒に運動遊びをする。月曜日は「月コース」、火曜日を「火星コース」水曜日を「彗星コース」と名前をつけ、それぞれの曜日に各グループがどのような遊具（鉄棒や登り棒など）や用具（ドッジボールや体操用棒、輪など）を使って運動遊びするのかが決められており、子どもたちはその中から選択して行う。また各グループには教員が一人ずつ入って子どもたちと一緒に運動していた。子どもたちは毎日違った運動遊びを異学年の人と一緒にするのをとても楽しみにしていた。校長先生は子どもたちの使う遊具を一つでも増やそうと、近くの竹林から竹を切って来て「竹馬」や「缶ぽっくり（空き缶にひもを付けて遊ぶ道具）」を作製してくださった。

業間の時間というと、教員にとっては子どもたちが提出した宿題プリントやノートを見る貴重な時間である。そんなことも顧みずに「ゴールデンタイム」

の提案を職員会議で行った。教員歴まだ３年目の若輩者の提案であるにもかかわらず、先生方から反対意見は出なかった。先生方も子どもたちのためになるのだからと理解してくださり、また管理職も陰で支えてくださっていたのだと思うと、恵まれた環境で勤務できたことを今更ながらありがたく思う。

教頭先生は全教員に「一年の自分の実践を論文にまとめてみてはどうか。」と奨励していた。結局、子育てもあって忙しい女性教員はまとめることはできず、私だけの執筆になったが、それを県教委主催の論文コンクールに提出して佳作をいただいた。この時の論文の題目は「小学校における体力つくりについての一考察」であった。当時の私の体育科の指導観は体育学習の在り方を探究するというよりも「体育＝体を強くする」という認識のレベルであった。

私が異動した後、Ａ校の体力つくりが県教委の目に留まることとなり、その後Ａ校は２年間にわたり県教委指定の「体力つくり推進校」として取組が進められた。

(2) 潮田作三男先生との出会い

２校目は市街地にある児童数500名余り、教職員約25名、全20クラスの中規模校（以下Ｂ校と表記）であった。そこでその後の教員人生に大きな影響を与える潮田先生との出会いがあった。潮田先生は当時40代半ばで、体育科の学習指導においては県内でも著名な方であった。放課後、職員室に戻ると自分の椅子を潮田先生の隣に持って行って体育指導についての話を聞き、それをノートにまとめた。そこでは小学校体育でどのような子どもを育てるのかを徹底的に指導された。潮田先生の体育理念は運動技能を向上させることだけが体育学習の目的ではない、運動を通して子どもたちの人間関係を深めることが重要であり、したがって体育学習は学級経営に通じる大切な教科であるというものであった。その時のノートが今も私の本棚に大切に保存されている。そこには次のように書かれている。

潮田先生から教えられたこと

私たちは体育の授業で運動のスペシャリストを育てるのではない。体育の学習は本来子どもたちにとって楽しいものであり、「やらされる体育」であってはならない。子どもたちが自ら運動したくなるような学習指導にする必要がある。

子どもたちに課題そのもの、例えば「今日の学習は逆上がりです。」というような学習課題では自ら自己の課題を追求する子どもは育たない。しかし「鉄棒から下りないで20秒間運動し続けよう」という学習課題なら、子どもたちは自分の力に合わせて鉄棒運動を組みわせようとする。学習課題というのはすべての子どもたちにとっての課題でなくてはならない。そのためには「間口の広い課題」であることが大切である。

「できないことをできるようになりたい。」これは誰しも願うことである。仮に逆上がりができない児童がいたとする。しかし自分一人の力でそれができるようになるには限界がある。だから友だちの力を必要とするのである。「教え合い学習」「助け合い学習」「励まし合い学習」「認め合い学習」が体育では重要となる所以である。

（ノートより一部抜粋）

このように潮田先生から、体育学習はどうあるべきかの基本をたくさん教えていただいた。

潮田先生と一緒に勤務できたのはわずか２年間であったが、その後も私の体育授業を幾度も参観し、指導していただいた。いつも厳しい指導で褒められた記憶はほとんどない。初めて潮田先生に指導いただいたのは５年生の「バスケットボール」の授業であった。ゲームを中心とした授業で８分のゲームを２ゲーム、５分の練習を２回と時間を割り振って子どもたちがバスケットボールをしているだけで、そこには学習指導らしいものは組み込まれていなかった。授業は予定よりも早く進み過ぎ、45分の授業が35分で終わった。結局残りの10分をどうしてよいか分からずに終えてしまったので、悲惨な授業となってしまった。潮田先生は指導をする以前の問題と考えられたのであろう、「西川さんはいつも体育の授業を10分早く終わっているのですか。」

と問われたのを覚えている。

以後、毎年のように体育の授業を参観していただき指導を受けていたが、その中で今でも衝撃の記憶が残っている。それは６年生の「マット運動」の単元１時間目の授業後に受けた指導である。その日の授業で私は子どもたちにマット運動の技能を少しも向上させることができなかった。原因はマット運動の指導法の勉強不足であった。授業が終了後、その部分を厳しく指摘された。自分の教材研究不足は十分理解できたが、それ以後どのように授業を再構成すればよいのか分からず、半分放心状態であった。唯一今でも覚えているのは、潮田先生が帰られた後もしばらく椅子から立ち上がれなかったことである。

教員になって８年目頃に５年生「ハードル走」の授業をして参観してもらったことがあった。その数日後、潮田先生から手紙が届き、そこにはようやく体育らしい授業になってきたと書かれてあり、初めて認められたことがうれしかった。

当時の記録を見ると、この期間の私の体育科教育の中心は「児童自ら課題をもって学習に励み、運動する喜びを味わわせる指導法」であった。体育学習について「体育＝体を強くする」と考えていた教員歴３年目までと比べると、体育学習をどう進めるかに自分の関心が移っていることが分かる。これも潮田先生の影響だと言える。若手教師の時期に、自分の教員人生を変えるほどの師と出会えたのである。

３．学級担任として苦い経験と充実した10年間

(1) 担任としての苦い経験

Ｂ校で８年間勤務し、教員として11年の歳月が過ぎ中堅期に入った。小規模校、中規模校を経験し、次は大きな学校で経験を積みたいと考え、児童数約1,000名、教職員約45名、全38クラスのＣ小学校（以下Ｃ校と表記）に異動した。伝統校であるＣ校は昔から提灯学校（夜遅くまで職員室に電気が灯っている）と言われるくらい、授業研究をはじめとする様々な実践が熱心に行われている学校であった。

Ｃ校では１年目に６年生担任となった。６年生は５クラスあり、そのうち４クラスの担任と児童は５年生から持ち上がった中、残りの１クラスの担任が産前産後休暇を取得したため私が担任することとなった。男子の中に反抗的な態度をとる児童が数名いて、その対応に追われた。当時は学級王国をよしとする雰囲気が学校にあり、また私自身Ｃ校にまだ馴染めていないこともあって、誰かに相談できるわけでもなく、孤軍奮闘の毎日であった。これまで生徒指導で悩んだ経験がなかったため、児童理解の勉強不足を感じながら厳しい日々の連続であった。男子児童が様々な事件を起こす度に叱りつける繰り返しで根本的な解決には至らなかった。そのため、クラスの雰囲気も悪くなりいつの間にか女子児童も私を避けたり、反抗的な態度を取ったりするようになってきた。授業は何とか成立していたが、卒業までの日々を数える毎日で教員としての自信もなくしかけていた。

２月に最後の保護者懇談会が開かれた後、一部の保護者が残られ、「先生、クラスが大変と子どもから聞きましたが、何か協力できることはありませんか。」と心配して話をしてくれた。しかし私は「そのような心配をしていただくようなことはないです。大丈夫です。」と返事をしてしまった。当然、保護者は見抜いていたと思うが、どうしても自分の弱さを認めたくなかったのだと思う。今なら「一体、今のクラスの実態はどのようになっているのですか！」と厳しい追及を受けるところだと思うが、こんな担任に対し温かく手を差し伸べようとしてくれていたのに、それを否定した自分を今さらながら恥ずかしく思う。結局、誰かに相談してアドバイスをもらって改善する努力をすることもなく卒業式を迎えた。このときのことはその後の教員人生の中で最も悔やまれる。学級経営のことで苦しんでいる自分がいるのにどうして、誰にも相談しなかったのだろう。殻に閉じこもっていたつもりはないが、他の教員に自分の弱みを見せられるほどの人間関係を築けていなかったのも一つの要因であったと思う。

この経験は管理職になってから生かした。職員室で孤立している教員、仕事に疲れて元気をなくしている教員はいないかを絶えず気にして、声をかけてきた。自分の弱音を吐ける職員室、管理職と教員との関係性、職員室での「意味ある雑談」を大切にした。

(2) 体育科の実践を論文に

Ｃ校での勤務９年目（1998年度）に３年生を担任し、県教委の指定研究員（公募）として潮田先生に指導していただきながら体育で「ハンドボール」の授業に取り組んだ。指定研究員に応募した理由は、何かのきっかけがないと自分から実践研究することはないだろう、つまり安きに流れやすい自分に対するテコ入れの気持ちからであった。

テーマは「３年２組のみんなが楽しいと言えるハンドボールゲームを創ろう」である。ここでの肝は「３年２組のみんなが楽しい」が条件としてあることである。11時間の単元であったが、第１時間目の最初にこのテーマを子どもたちに示し、「みんなが楽しいと言えるハンドボールゲーム」を「クラスのみんなで創るのだ」という話をして学習をスタートさせた。

ボール運動（ゲーム領域）の特性として必ず勝敗が伴うこと、そしてルールがある点が挙げられる。したがって、勝敗やルールにかかわっての問題が子どもたちの中で必ず生じる。そんなときに立ち戻るのがこのテーマ「３年２組のみんなが楽しいと言えるハンドボール」である。そしてゲームの中で起こる様々な問題を子どもたちと乗り越えながら、勝敗にこだわり、負けた時には涙するほどの悔しさを感じる、そんな授業を子どもたちと一緒に創っていきたいと考えた。

ところが、ボールゲームで絶対に必要なビブス（ゼッケン）が学校にない。だからと言ってそれを購入してもらう余裕も学校にはなかった。そこで考えたのが手作りのビブスであった。保護者にも協力していただき、家にあるタオルの真ん中を丸く切り抜き、そこに児童が頭を通して前後に番号を書き、それをビブスの代わりにした。しかし、タオルは軽いので子どもたちがボールを持って走るとそのタオルが風にあおられ、子どもの顔を隠してしまう。そんなアクシデントもあったが、それも子どもたちの可愛い姿であった。

また、思い切りシュートした時に大きな音が鳴ったら楽しいだろうと、ペットボトルの中に数個の鈴をぶら下げゴールの両端に設置した。ハンドボールやサッカーではゴールの両端をねらってシュートを打つのが得点につながる。その力を子どもたちに付けるのも目的としてあった。その結果、子どもたちがゴールの両端をねらってシュートしてペットボトルにボールが当たると「パーン！　ガラガラ」と心地よい音が響き渡った。さらに子どもたちはペットボトルに当たると得点が２倍になるというルールも創った。

先にも述べたように体育のゲーム領域では必ず勝ち負けが生じるので、児童間での揉め事も多い。指導者としては当然児童間での揉め事はない方が指導はやりやすい。しかし私は逆にそれをプラスに捉えて本教材を学級づくりに生かした。題材名の「みんなが楽しいと言えるハンドボールゲームを創ろう」の所以はそこにある。

翌1999年５月、このときの実践を「心と体を育て、子どもが生きる体育学習－振り返り評価を中心にして－」というテーマで論文にまとめ「読売教育賞」に応募した。その２か月後、投稿したのも忘れかけていたとき、新聞社から最優秀賞に選ばれたと電話で連絡があった。このような賞をいただけるとは夢にも思っていなかったので、受話器を持つ手が震えていたのを覚えている。

この授業を行った３年２組には腎臓を悪くして食事と運動の制限をしなくてはならない女児がいた。そのため、給食のおかずはいつも職員室でお湯を足して味を薄くし、また体育の授業はいつも見学しなくてはならなかった。したがってこの授業もゲームに出られずにコート外での応援が続いた。しかし、その女児はみんなが必死になってボールを追い、シュートする姿を見て居ても立っても居られなくなったのであろう。「先生、みんなと一緒に体育をしたい。」と願い出てきた。私は早速お母さんに連絡を入れ、主治医に相談していただくことになった。主治医の返事は「無理をしないならある程度は認めましょう。」であった。次の時間から女児もチームに加わってコートの中でボールを追いかけた。

この実践が読売教育賞の受賞内容として、次のように紹介された。

第10時間目が終わった後、あるチームのキャプテンが泣いた。「作戦がうまくいかなかったから。」と。それだけ真剣に戦っていたのだろう。

体が弱くて、体育の授業はいつも見学していた女の子が「ハンドボールの授業だけはやりたい。」と、親と主治医の許しを得て、途中からゲームに参加した。子どもたちが自ら創る授業の楽しさに、いてもたってもいられなくなったに違いない。

熱くなった子どもたち。彼らの姿を想像すると、こちらまで胸が熱くなってくる。（読売新聞1999年10月4日付より）

拙い実践ではあったが、それが認められたことで教員としての大きな自信につながった。これは指定研究員としての実践がきっかけとなっている。この指定を受けていなかったら、きっとこの実践もしていなかったことであろう。「主体的に学ぶ子どもを育てる」とよく言われるが、これは教員にも同じことが言える。教員としての学びにゴールはない。だからこそ教員が「学び続ける、自ら主体的に学ぶ」ことは大切になってくる。

(3) 最初で最後の１年生担任

C校では私の希望で１年生を一度担任させてもらった。ちょうど教員になって18年目であった。男性教員が１年生を担任するのは当時もあまりなかった中で、この一年間は私の教員生活の中でとても貴重な経験となった。というより教員としての「子ども観」が変わった。様々な幼稚園や保育所から入学してきたばかりの１学期、子どもたちは小学校生活にまだ慣れておらずとにかく大変だった。こちらの子どもに対応していると、向こうの方で「先生、先生！」と呼んでいる、そちらに行くとまた違う方向から呼んでくる、そんな繰り返しであった。「１年生の担任はなんて大変なんだろう。」を実感し、子どもたちが下校するとホッとしたのを覚えている。教員としての体力を必要とされるのはまさに１年生担任であった。これまでのような話の仕方や聞き方では子どもたちはついて来ない。１年生を担任して一番勉強になったのは、子どもたちの話を「じっくり聞く」、そして何よりも子どもたちを「待つ姿勢」であった。これまでいかに子どもたちの話をきちんと聞いていなかったか、またいかに子どもたちを急かせていたのかを再認識した。

１年生を担任して最後の保護者懇談会で、ある保護者が「入学式で５クラスあるうちで、我が子のクラス担任だけが男性であった。その時はとても不安でした。」と話してくれた。保護者の正直な気持ちであろう。しかしその時は私も同じ気持ちだったのである。

管理職になってこの経験を生かし教員や保護者の話を丁寧に聞き取るように心がけた。そこには１年生を担任したことがベースとしてあり、低学年担任にしかない苦労があることも理解でき、管理職として学校経営に生かすことにつながった。

４．教頭として探索の４年間

(1) 管理職として戸惑う毎日

学級担任として22年間勤めた後、県教委指導主事として８年間勤務した。その後小学校の教頭として学校現場に復帰した。その小学校は初任地であったＡ校と統合になったＤ校で、全校児童約130名、教職員11名、全６クラスの小規模校であった。

一年目は初めての管理職として随分と戸惑うことが多かった。それはそれまでの間、学校のマネジメントについての勉強を十分してこなかった点にある。このような管理職は少なくないと思われる。学級担任の間は教材研究や学級経営、生徒指導などについて実践を通して学ぶ機会は多々あるが、数年後に訪れる管理職についての学びをほとんどできていないのが現実である。

筆者の場合、教頭として教員一人一人に対していかに主体的学びを促すことができるかが一番の課題であった。当時Ｄ校では授業研究を通して教員の授業力と子どもたちの学びの力の向上を目指していたが、そこにはどうしてもやらされ感を拭うことができなかった。つまりルーティン化されたシステムに乗っかった取組で教員間には義務感が漂っていた。また、授業研究をはじめとする様々な研修が組織として協働的になされているわけではなく、一人一人の教員個々に委ねられたものであった。したがって授業研究の学習指導案が配られるのはその前日で、それまでの間、どの単元をどのような展開で授業を行うのかは授業者以外ほとんど知る由もなかった。初任者に対してもベテラン教員が付いて指導するという様子も見られず、互いに学び合う職員集団が組織化されていないことに驚きを覚えた。

教頭１年目の夏休みにこんなことがあった。学習の振り返りを子どもたちにさせることに大きな意義があることを認識していたので、校長先生と相談して、算数科での振り返りを熱心に実践している教員を講師に招いて校内研修をもった。その研修会で教員の多くは学習の振り返りを授業に取り入れることの重要性を理解できた。しかしその後、実際に自分の授業にそれを生かして実践している教員は誰一人いなかった。

このような現状を何とか打破したいと考え、校長先生にお願いして自校の教員を対象とした「教頭新聞」を週に一度のペースで発行することになった。この新聞には最新の教育に関する情報や学習指導、学級経営等に関する内容を記載し、教員の毎日の実践に少しでも役立ててもらえることを目的としていた。しかしこの教頭新聞の内容が職員室で話題にのぼることはほとんどなかった。このような経験を通して理解できたのは、一方的に管理職が進める教育活動について、教員は自ら主体的に取り組もうとしないということであった。教員の立場としてはやはり「やらされ感」が漂っていたのだと思われる。

教頭一年目にして大きくつまずいてしまったことで自信をなくし、仕事のやりがいも見失い、学校経営の難しさを痛感した。

(2) 夜間大学院進学への道のり

教頭２年目、新たな方が校長として赴任された。私も心機一転と思ってはいたが、何をどうすればこの現状を打破できるかが分からなかった。この要因は先にも述べたように私自身がこれまで学校経営について学んだことがなく、これまでの教諭時代と指導主事時代の経験則で管理職としての仕事を行っていたところにあると考えた。確かに年に数回、県教委主催の管理職研修で学ぶ機会はある。しかしそれでは決して十分な学びはできない。果たして教頭職をしながら学校経営について学ぶ機会などあるだろうかと思いあぐねていた。その時にふと頭をよぎったのが、30歳代前半に大学院で学ぼうと思い、入試要項までを取り寄せ真剣に考えていた時期のことであった。その時は体育科教育を学ぶことが目的であったが、妻に話をすると子どももまだ幼いなかで大学院に行くためには単身赴任しなくてはならないことが障害となり、あえなく諦めた経緯があった。当然ながら管理職が大学院で学ぶシステムは設けられていなかった。

半分諦めかけていたとき、大阪教育大学の夜間大学院があることを大学のホームページで知り、オープンキャンパスに参加してみた。するとそこには多くの現職教員が夜遅くに熱心に学ぶ姿があった。こんな環境のもとでぜひ学習してみたいと思いながら帰路についた。教頭として夜間大学院に進学するには様々な課題があったが、当時の校長先生が「大学院で学んだことはこれから管理職としてきっと生かされたものになる。夕方以降のことは私が責任をもって見るのでぜひ行って来なさい。」と言ってくださった。校長先生のこの言葉がなかったら夜間大学院で学ぶことはできなかった。今でも心から感謝している。教員も夕方５時に学校を出る私を快く送り出してくれた。こうして教頭１年目に管理職として自分自身が悩み、２年目に夜間大学院で学ぶことを決め、３年目、４年目に実際にそこで学ぶこととなった。そして夜間大学院で学んだことを必ず生かし、「やらされ感」を抱くことなく主体的に学ぶ教員を育てることを基軸とした学校づくりに力を注ぐという強い気持ちをもって２年間の学びがスタートした。

(3) 教頭として大学院での学びをどう生かすか

大学院では学校組織開発論を軸とした学校経営について学んだ。ここでのキーワードは協働性である。ここで言う協働性とは「共通目的、貢献意欲、コミュニケーション」(C・Iバーナード）の３点を指し、まさに私が教頭１年目にぶつかった壁である。ようやく大学院での学びを自校の学校改善に結び付けることができたのは大学院修了間際（教頭職最終年の終わり）であった。当時の校長先生の許可を得て、私がファシリテーターとなって職員研修の進行を担当した。そこでの目的は全教員で次年度の学校目標とそれを実現するための具体的方策を考案することであった。それまでは校長が学校経営方針を考えて４月最初の会議で教員に提示していたのだが、それだとどうしても教員の中に浸透しなかった。教員の立場からすると、その学校経営方針は上から降ろされてきたもので、日々の教育活動にはさほど関係はないという意識が教員の中にあった。つまりお飾りに過ぎないと言っても過言ではなかった。先ほどのバーナードの唱える協働性で言うと、学校経営目標はまさに全教職員の「共通目的」である。「共通目的」であるからには、全員でそれを考え、創り出すことが重要である。そこで３月に全教員を対象として研修会をもった。そこでは学力調査結果や全児童を対象としたアンケート調査等の結果を持ち寄り、児童の実態を洗い出した。

(4) 教頭がミドルリーダーのはたらきをする

Ｄ校には私が教頭２年目までミドルリーダーとなる人材がいなかった。ようやく３年目にミドルリーダーとなり得るＮ教諭（30歳代前半）が赴任したが、いきなり学校の核にするのは難しい。そこでＮ教諭をミドルリーダーとして育てつつ、その間私がミドルリーダーのはたらきをした。具体的には研究計画案の策定や授業研究の進め方、指導案の作成等、研修の持ち方について研究主任との打ち合わせを密に行った。Ｎ教諭には赴任２年目からミドルリーダーとして研究主任を務めてもらう話をし、その自覚をもたせた。また県教委主催で５回にわたって行われるミドルリーダー養成講座にも参加させ、研修を積ませた。

大学院で学ぶまで私は、管理職というのはミドルリーダーを育てることが重要な役割で、管理職がミドルリーダーのはたらきをするものだとは考えも及ばなかった。しかし大学院時代に鳴門教育大学の佐古秀一先生に「ミドルリーダーが学校に存在しないために学校経営がうまく進まない」という悩みを相談したところ、佐古先生から「ミドルリーダーがいないのであれば、あなたがその役割を担えばよい。」というアドバイスをいただいた。この言葉は驚きであったとともに自分がそれまで背負っていた悩みが解消されたのを覚えている。そして教頭３，４年目にミドルリーダーを育てつつ、私が教頭としてそれに代わる働きを行った。

5．子どもも教師も「元気の出る」学校づくり

(1) 学校の進むべき方向性を示す

大学院を修了して、2013年４月にＤ校の校長に昇任した。先にも述べたように教頭として後半の２年間、大学院で勉強を重ねそこでの学びを生かしミドルリーダーに代わるはたらきをしていた。今から思うと、軌道にのりかけていたＤ校の校長になれたのは幸運であった。

さて４月の第１回目の職員会議で、どのような学校をつくっていきたいか、特に学校組織の中に「協働性」を築くことの大切さを、具体例を挙げながら丁寧に教職員に話をした。全員で目指すのは「子どもも教師も元気の出る学校」である。その時に示したのが図１である。

その後、全教職員が参加して行った研修会で考案されたのが図２のグランドデザインである。グランドデザインの枠組みは私が作成し、そこに３月に話し合っていた子どもたちの実態を入れ込んだ。その後、全教職員で学校の進む方向性を基礎としてどのような学校を築いていくのか、それを実現するために具体的にどのようなことに重点をおいて取り組んでいくのかを時間をかけて協議し、このグランドデザインを完成させた。これができ上ったときに、教職員から自然と拍手が沸き起こったのを鮮明に覚えている。

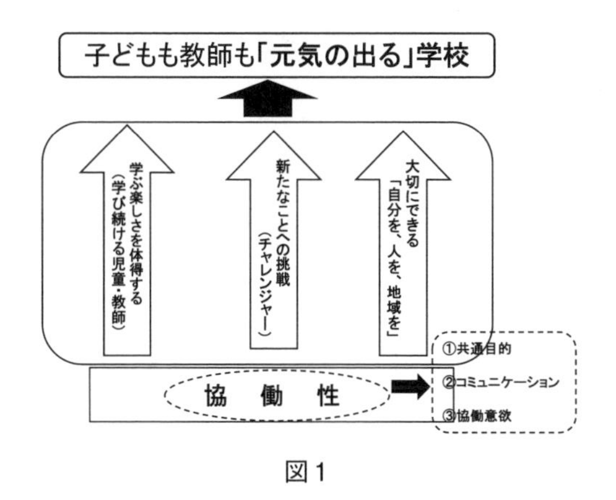

図１

(2) 慣例に捉われない

教職員にはD校の教員として次の5点を大切にしてほしいということを常々話をしてきた。その中で「前年度したことを先ずは見直す」にかかわってこんなことがあった。D校の児童昇降口の壁面に児童がつくった大きな校区地図が貼ってあった。それは20年ほど前に制作されたものであるため何か所も破れ、テープで幾重にもわたって補修されていた。

> (1) 子どもには「丁寧な指導」、保護者、地域の方等には「丁寧な対応」
> (2) 何でも気軽に「連絡・相談」。分からなかったら何でも聞き合える関係性。
> (3)炎は小さなうちに迅速に対応。大切なことは、電話より「家庭訪問」。
> (4) 前年度したことを、先ずは見直す。
> (5) 子どもと共に成長する喜びを体得する。「学び続ける教師」でありたい。

学校のグランドデザイン完成後しばらくして、一人の教員が職員室で「校長先生、児童昇降口に掲示してある地図を外してはいけませんか。そしてグランドデザインで決まった『チャンス・チャレンジ・チェンジ』に関わる新たなモノを掲示してはいけませんか。」という提案であった。この教員は一

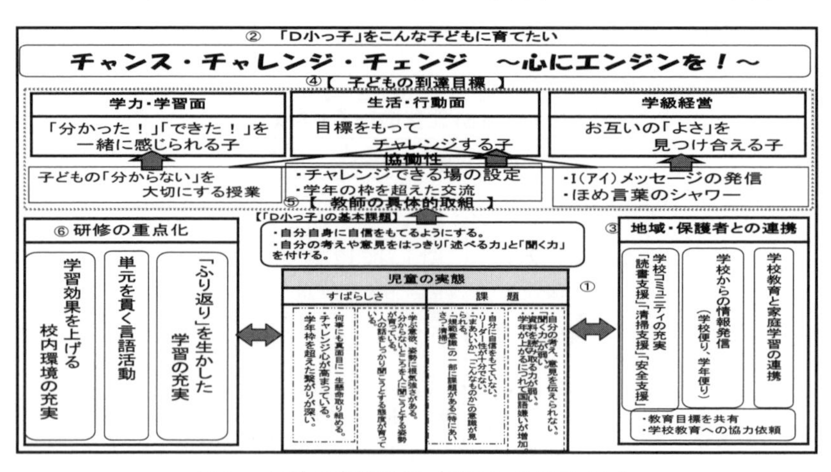

図2　D校の学校目標（グランドデザイン）

図３　「チャンス・チャレンジ・チェンジの木」

般的に慣例に固持しやすいと言われる50歳代のベテラン教員であった。私もそうであったが、古い校区地図には学校の歴史が感じられ、それを外すことになぜかふれてはいけないような雰囲気が学校にあった。スクラップアンドビルトのなかなかできない学校の悪しき慣例主義の表れである。この提案がグランドデザイン完成後に教員から出されたことに大きな意義があった。

組織を変革するためには、まずリーダーが進むべき方向性を明確に提示し、その実現に向かうフォロワーをサポートすることもリーダーシップの重要な要素であると言える。何十年ぶりかで変化をもたらした今回の出来事は、教員とともに学校を変える意識が高まった瞬間であった。そして作成されたのが「チャンス・チャレンジ・チェンジの木」（図３）である。

ここには４月に入学・進級した児童一人一人がこの一年、チャレンジしようと考えている事柄の書かれたカードが顔写真と共に貼られている。２月にはここに示した自分のチャレンジしようとした事柄の結果を記したカードに貼り換えられ児童も保護者も共に一年を振り返ることができた。

(3) 子どもたちによる「元気の出る学校」づくり

Ｄ校は県教委主催で県内からたくさんの小学生が集まって開催される「チャレンジ運動フェスタ」に希望者を募り出場していた。その目的は小規模校であるＤ校の子どもたちが、大きな大会に出場して多くの人たちとふれ合う機会をもつことにあった。２回目の出場となった2013年度も大会１ヶ月前

高学年の部　優勝盾

から「３分間長縄８の字跳び」の練習が始まった。集まったのは３年生と５・６年生合わせて24名の子どもたちである。最初は回転する長縄に入れない子どもたちも多くいた。失敗してもみんなで励まし合って一生懸命前を向いて練習する姿がそこにあった。ある日から始業前の早朝に子どもたちが自主的に集まって練習するようにもなった。私は体育館へ練習に向かう子どもたちの後ろ姿を見て、子どもたちの「やる気」を感じたのもこの頃である。

大会前日、全校児童の前でこれまでの練習成果を披露する時間を設けた。しかし、みんなに見られている緊張感からか、結果は散々であった。「結果よりも出場することに意義があるんだよ。」と子どもたちを励まして大会当日を迎えることとなった。

そして迎えた大会当日。最初に出場した３年生は前日と違ってすこぶる調子がいい。続いて行われた高学年の部、だれ一人縄に引っかからずに跳び続ける。しかも回転する縄のスピードが速い。いよいよ結果発表。３年生は中学年の部で４位、５・６年生は高学年の部で優勝である。希望者だけの少ない人数での参加であるにもかかわらず、子どもたちが自分たちの力で「元気の出る学校」の実現に向けてなし得た快挙であった。数日後、大会に出場した６年生に廊下で出会ったときに「よく頑張ったね。」と声をかけた。するとその児童たちは「校長先生、私たちは最初から優勝をねらっていました。当然です。」と話すのである。その言葉を聞いて小さな学校から大きな舞台に出て参加することに意義を見出していた自分に恥ずかしさを覚えると同時に、子どもたちの姿が誇らしかった。

(4)「元気の出る交流会」

教員は日々の業務に追われ自分の実践を振り返る余裕がない。またそれぞれが素晴らしい実践を行い、子どもたちが変容してもその過程でどのような取組がなされたのかを意見交流する時間もない。そこでＤ校では私の提案で、どのような実践によって子どもたちにどのような力が付き変容したのかをＡ４用紙１枚にまとめ交流する研修会を学期に２度実施することになった。研究主任がこの交流会のネーミングを全教職員に募ったところ、養護教諭から提案のあった「元気の出る交流会」に決まった。

表１は「元気の出る交流会」で４年生の担任から報告されたものである。このクラスの子どもたちは友だちの意見をしっかり聴けるようになると共に自分の考えや意見をはっきり述べることができる力が付いてきていた。この報告では担任が一年間を通じて国語科の学習で「聴くことの大切さ」にこだわって指導を繰り返してきたことが理解できる。

「元気の出る交流会」を行うことで、教員は一旦立ち止まって自身の教育活動と子どもの変容を省察する機会となる。教員は忙しさのためになかなか余裕がなく、同僚の実践をあまり認識できておらず、隣のクラスの子どもたちが最近随分成長してきたと感じていてもその背景にどのような取組がなされていたのかまではなかなか理解できない。

しかし「元気の出る交流会」で互いの実践を聞き合うことで同僚教員の地道な取組を理解し、共有することにつながったといえる。

以上のような取組を通して、私が初めて教頭として赴任した当時の個業化

表1　「元気の出る交流会」での報告

「こだわる、続ける……」（一部抜粋）４年担任
今年は「語る詩」を通して「聴くことの大切さ」を理解させたいと思って取り組んできた。（中略）教師が熱心に聴き、反応を入れてしまうと、よけいに教師主導になってしまうので、あまり目線を合わせず、反応せず（実際は一生懸命聴いています）を意識している。勇気を出して言えたものの、友だちの反応がなければ不安だし悲しい。そこで「一緒！」「似ている！」「違う！」などの言葉を指示してつぶやかせている。そのつぶやきからの挙手がベスト。挙手がなくてもつぶやきから教師は指名しやすくなった。このことは自分がこだわって、しつこく言い続けているので子どもたちも意識するようになってきた。このことが子どもたちの変容につながっている。

であったＤ校から大きな変容を遂げた。その理由は教頭時代にミドルリーダーに代わるはたらきをし、その後、私がＤ校の校長となってＮ教諭をミドルリーダーに位置付け、彼を軸として学校改革に本格的に乗り出したからだと考える。その意味においてやはり校長の役割がいかに重要であるかを改めて感じる。また大学院での学びがなかったらこのような学校経営を行えていなかった。この時の校長としてのリーダーシップは校長が前面に立って旗を振るものではなく、教員をサポートするサーバント的なリーダーシップであった。

(5) 新たな学校での校長としてのリーダーシップ

Ｄ校から新たな学校、Ｅ校（児童・生徒数約 140 名、教職員 24 名、全 10 クラス）に転任したとき、前年に生じた学校の大きな危機対応に全力を注いだ。一旦崩れた保護者の信頼をいかにして取り戻すか、そして落ち着いた学校を一日も早く再構築することに専心した。この危機対応には意識して校長のリーダーシップを全面に強く押し出した。つまりこれまでのリーダーシップの在り方と大きく異なる学校経営であった。校長として学校、子どもたち、教職員を守り、安心して日々の教育活動に専念できる環境づくりを目指した。しかし危機遭遇時にはＤ校のようにサーバント的な校長のリーダーシップではとても対応できないことをこの経験を通して認識した。つまり校長の役割、リーダーシップはその学校の抱える課題によって異なる。

Ｅ校の校長として１年間勤務し退職となった。その離任式の日であった。私が赴任する前年、学校の対応に問題があったため、学校に厳しい指摘をなされていた保護者の皆さんから手紙をいただいた。そこには校長としての対応に感謝の言葉が綴られていた。校長として苦しい一年であったが保護者の思いを校長として真摯に受け止め、校長としてできることは全力で行う、それを一年間やり通したことが保護者にも認められ本当にうれしかった。校長は当然のことながら大きな責任を担い、一日たりとも心の休まる日はない。しかし、学校のトップとしての覚悟をもち、何事にも真摯に向き合うことで大きな遣り甲斐を感じられる職務でもある。今振り返ると、長い教員人生の中でも校長としての３年間が一番充実していた期間であったと言っても過言ではない。

教師のライフコースシート（名前 K.N／地域奈良／校種　小学校／年齢66歳／経験年数37年）年月日：2023年9月22日

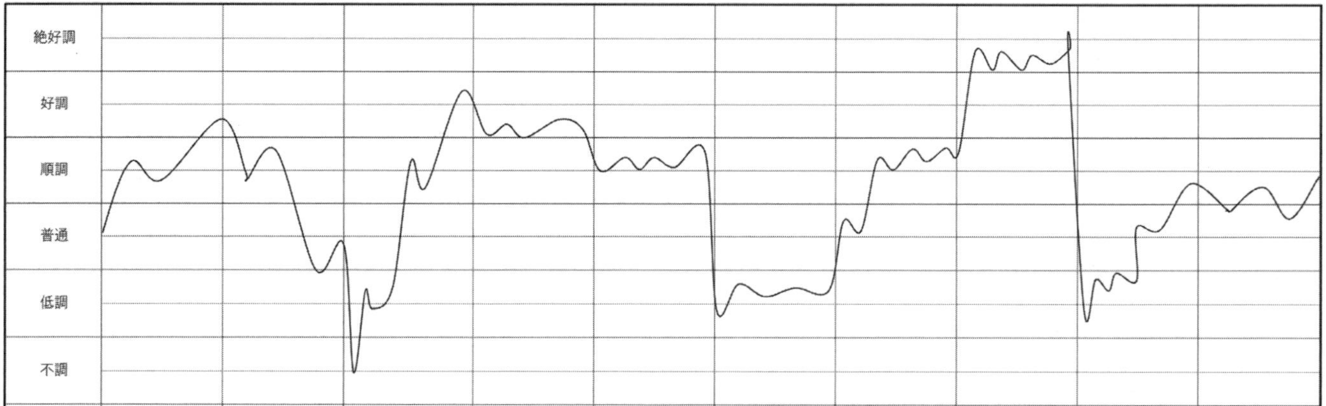

絶好調										
好調										
順調										
普通										
低調										
不調										
	3年 1979～1981	8年 1982～1989	10年 1990～1999	1年 2000	7年 2001～2007	1年 2008	4年 2009～2012	2年 2013～2014	1年 2015	現在 2016～
学校、職務上の役割	A小学校、教諭。新規採用、初めての卒業生。	B小学校、教諭。小規模校から中規模校への異動。U先生との出会い。	C小学校、教諭。中規模校から大規模校へ。	I小学校、教諭。まとまりのある学年集団	県立教育研究所、指導主事、係長。	県教育委員会事務局保健体育課、係長	D小学校、教頭。	D小学校、校長。	E小中学校、校長（初めての小中一貫校での勤務）。	関西福祉科学大学教育学部
分掌、委員会、部活動、研究活動	体育主任、初めての授業研究（国語科）	2年目から8年目まで体育主任、人権教育	4年目から10年目まで体育主任、教科研究に没頭（体育、国語、社会）	総合的な学習の時間（源流探検）の取組。	教科指導部	生涯スポーツ担当	3年目から大学院へ。4年目から国語科の実践研究。	大学院での学びを生かして協働的な学校組織開発に取り組む。国語科の実践研究（文科省、県教委指定）	3つの危機的課題を抱えた学校。落ち着いた学校に取り戻すのが校長のミッション。退職時に忘れられない保護者からの感謝の手紙。	・体育科教育学、教育経営学 ・教育実習室長（2020～） ・研究（科研）推進の悩み、つまづき
子どもとの出会い	小さな11（サムライ）	S君との出会い	K君との出会い	3年生担任。心優しい子どもたちとの出会い。			教頭職と大学院の両立で、23時前の帰宅と7時の出勤。忙しいながらも充実した日々。	充実した校長としての職務。昼休みには運動場で子どもたちと一緒に遊んだり、清掃時間には一緒に清掃活動を行う。毎日、全学級の授業を参観。	毎日の授業参観。中学生との出会い。	大学生との出会い。分かりやすい授業。学生が主体的に学ぶことのできる授業。
影響を受けた同僚、先輩、取組、できごと	初任者で5年生を担任したときの6年生を担任していた女性教諭	U先生との出会い（体育の指導）	・伸び伸びと教科指導に熱心に取り組む教師集団。 ・充実した教員生活。全国大会、近畿大会で体育科教育の実践を発表。 ・読売教育賞最優秀賞受賞。	・最後の学級担任（この時の教え子の一人が今、小学校教員に）	それぞれの分野で力量をもった集団。県内の多くの素晴らしい教員との出会い。		教育委員会は教頭としての大学院での学びに反対。でも二番目に仕えた校長が大学院での学びの背中を押してくださった。	主体的に学ぶ教職員との出会い。	小学校、中学校の垣根を取っ払って一緒に歩む教員集団。	大学のもつ文化と義務教育学校との違いに戸惑い。
個人、家庭生活		結婚、二人の子どもの誕生	転居	父他界、ストレスで全身に湿疹			母他界			二人の子どもの成婚。 孫の誕生。

6．実践研究の意義と難しさ

教師としての自身の歩みを振り返り、それを意味付け再構成する、それが「教師のライフコース」をまとめる意義である。「教師のライフコースの実践研究－教育実践の山脈を描く－」（2019、以下「教師のライフコース」と略）への投稿のお話をいただいたとき、正直言うと気が重かった。その理由は37年にも及ぶ長い教師人生、本編にも執筆したように辛いことも多々あった。またこれまで前ばかり見て教師人生を歩み、客観的に自身の歩みを振り返ることがなかっただけに、そのことに対する難しさもあった。しかし、若年教師時代から中堅教師時代、そして管理職に至るまでの長い教師人生を、その時々にどのようなことを考え、どう実践（行動）してきたか、その足跡を振り返りまとめることは、想像以上に意義深いことであった。

本編は私の教師人生の基軸とも言える「体育科教育を軸とした実践」に始まり、22年間に及ぶ「学級担任として苦い経験と充実した10年間」、初めての管理職として思い悩みながらも大学院での学びと職務を両立させた「教頭として探索の４年間」、校長として教職員や児童と一緒に取り組んだ「子どもも教師も『元気の出る』学校づくり」の４部構成である。今、振り返ると、私の教師人生で一番の転機は、教頭職を続けながらの大学院での学びと、修了後に校長として大学院での学びを生かして実践した「子どもも教師も元気の出る学校づくり」の実現に向けた日々である。それはまさに子どもたちや教職員と一緒に取り組んだ学校づくりであった。詳細は本編に譲ることにするが、当時の子どもたちの生き生きとした表情、協働性を構築しつつ教職員と共に取り組んだ種々の教育実践。どれ一つとっても私にとってやりがいのあるものであり、また当時の教員と出会ってもその時の充実していた日々の話が度々出てくる。

「教師のライフコース」での執筆が現在の私の研究に大きな影響を与えている。私の校長職として勤務はわずか２校であったが、それは学校の実態によって校長のリーダーシップの在り様が全く異なっていることの再認識であった。大学で教職に就き、校長のリーダーシップのレビュー研究に取り組んだ。

教育的リーダーシップ、分散型リーダーシップ、サーバントリーダーシップ等々、リーダーシップ理論は多岐にわたる。では、我が国の校長は一体どのようなリーダーシップでもって学校経営を推進しているのであろうか、そこに研究課題を据えた。そこで全国の小中学校の校長を対象に調査を実施し、校長のリーダーシップにかかる「行動」と「意識」についての実情を分析した。一般的に私も含めて我が国の多くの学校管理職は、その職に就くまで学校経営や管理職としてのリーダーシップのあり様等についての学びはほとんどなされていないと言って過言ではない。まさにこの研究は、私自身の「教師としてのライフコース」での振り返りがスタートとなった。現在はリーダーシップの基底をなすと考える教員の校長に対する「信頼」形成に焦点を当て、新たな研究に取り組んでいる。

「学び」にゴールはない。私の「学び続ける教師」は「教師のライフコース」を起点として、これからも続く。

参考文献

・西川潔「協働性を基盤とした学校組織における教員の主体的学びの育成を目指した実践研究―校長のリーダーシップの視点を踏まえて―」、『総合福祉科学研究』第9号、2018年

(Profile)

西川　潔　NISHIKAWA Kiyoshi

1957年奈良県生。大阪教育大学大学院教育学研究科修士課程実践学校教育専攻修了。奈良県内の小学校で22年間学級担任として勤務した後、奈良県教育委員会指導主事として8年。その後、小学校教頭として4年、校長として3年勤務。1999年、第48回読売教育賞最優秀賞受賞。現在、関西福祉科学大学准教授。

論文に「協働性を高める学校組織開発のプロセスに関する実践的研究」『日本教育経営学会紀要』第56号、2014。「学校における危機管理と校長のリーダーシップに関する研究」『関西福祉科学大学研究紀要』2019。「校長のリーダーシップ行動の実際―教育経営分野におけるリーダーシップ理論との乖離―」『人間環境学研究』21巻1号、2023。

第6章

同僚・生徒・保護者や地域との関わりの中で育つ
――女性教員の教育実践から学校づくりへ――

太田　洋子
伊丹市教育委員会教育委員

1．教師としてのキャリア

伊丹市立中学校の数学科教員として着任したのは1980（昭和55）年である。それから、2001（平成13）年までの21年間、伊丹市内の4中学校で教員として勤務した。その後8年間は、伊丹市教育委員会において、指導主事、教育施策企画担当主幹、学校教育室長として、市の教育行政に関わる機会に恵まれた。2009（平成21）年には学校現場に戻り、H中学校長として地域との協働による学校づくりに取り組んだ。2013（平成25）年から3年間は再び教育委員会に勤務し、学校教育部長として学校への指導や支援に関わった。その後、2校目となるS中学校に校長として2年間勤務し2018（平成30）年3月に退職の日を迎えた。38年間の教職生活を振り返ってみると、人との出会いの中で、気づきや学びを得ていること、そして、自己の教師としての考え方やあり方の確立につながったと感じている。そういった「出会いによる学び」の視点を踏まえ、自己のライフコースを省察していく。

2．中学校生徒指導の模索：若年期

(1) 新任教員として

最初に勤務したK中学校は、市の中心市街地を校区とする大規模校で、数年前から、一部の生徒が喫煙、シンナー吸引、対教師暴力等を繰り返していた。1979（昭和54）年度には、教員が生徒に殴られて歯を折るなど厳しい荒れを経験し、新聞記事にもなった。その生徒たちが3月に卒業し、今思えば、教員はそれぞれが心に傷を抱えていたが、その傷が癒えないまま、新入生を迎え入れたという状況の学年に所属した。

荒れを経験した教員たちが二度と同じ思いをしたくないとの思いからとった方策は、「荒れが起こる前に１年生から徹底して生徒を指導する」ということであった。５分前行動が10分前行動になり、集団行動に多くの時間を費やした。服装や頭髪違反を繰り返す生徒に対して徹底した指導ができる男性教師が「力のある教師」として校内で一番発言力を持っていた。他の教員もその教員を頼り、生徒指導は力のある教員に任せるという構図になっていく。

そのような指導を継続して行うことで、大きな荒れは徐々に沈静化し、学校に落ち着きが見られるようになってきた。しかし、生徒を抑える力のある教員が異動すると、その学校が再び荒れるということがその後も繰り返されていったのである。

(2) 学級担任・部活動顧問として

初めて担任した生徒たちは、１年生とは思えないような問題行動を次々と起こした。市の中心部にある校区内には複数の量販店が有り、休日に電話が鳴り生徒を引き取りにいくことも多かった。「部活で来ても休みの日の電話には出るな」と先輩から言われた。

学年会議の中では、「女性の担任が甘いからクラスが荒れる」「２年生からは女性の担任はいらない」といった発言が男性教員から堂々となされていた。また、ある学年が荒れると、他の学年がその学年を非難するという「学年セクト」と言われる状況もあった。今思えば、学校の中が開かれていなかったのである。「学校の中で何が起こっているのか」「どのような方針で指導を行えばいいのか」といった情報は全くわからないまま、手探り状態で生徒や保護者への対応を行っていた。同じ思いを持つ女性の先輩教員数名と帰りに駅の近くの喫茶店などに寄り道をして、悩みや困っていることを聞いてもらうことがストレスの発散になっていた。同期の新任教員は女性３名だったが、２人は２年目で退職している。そのような厳しい状況にあっても、多くの女性教員たちは、丁寧なノート指導や個別指導、学級通信の発行など生徒へのきめ細かな対応を地道に続けていた。自身も隣席の２年先輩の女性教員の班活動や班ノートの実践を真似て学級で取り入れるようになった。しかし、色々試してみても、なかなか学級はうまくまとまらず、教室徘徊や家出をする生徒も出てきた。保護者が引き取りを拒み、児童自立支援施設に入所した女子生徒もいた。

部活動では、学生時代にマネージャーの経験があったので、野球部の顧問を引き受けた。野球に関する本を読み、近隣の中学校や高等学校の練習をこっそり見に行った。野球漬けの毎日で、監督や塁審も経験した。最初は「女性の顧問？」といぶかしげだった３年生も徐々に受け入れてくれるようになり、夏の総体を一緒に戦った。日焼けで顔が真っ黒になり、同僚から「どこが目かわからないね」と言われた。

(3) 自分の意識を変えた先輩の一言

２学期、３年生での修学旅行の行き先や内容等を決めるために学年会議で意見を出し合う場があった。私は、生徒が落ち着かず、林間学舎のクラスごとの民宿で一睡もできずに懲りたこともあり、一括して管理できるホテルでの宿泊がいいと思っていた。しかし、隣に座っていた42歳の女性教員がこんな一言を発した。

「生徒たちはどちらが楽しいかなあ。」

頭を殴られたような大きな衝撃を受けた。私は自分が楽をすることしか考えていなかった。「生徒がどうしたら修学旅行を楽しめるか。」という目線を全く忘れていた。40年近く前のその言葉は、今でも教育を考える根幹となって耳に残っている。

(4) 後悔の残った卒業式

２人の子どもの子育てで２年間休んだ後の1986（昭和61）年、２校目のＴ中学校に着任した。その学校は当時、生徒数が1200名を超える大規模校であった。前年の市の連合体育大会で、Ｔ中学の生徒の行進を見た。だらだらしゃべりながら散歩状態の２年生を見て、「あの学校には行きたくない」と思っていたまさにその学年を担当することになった。

３年生を担任して間もなく、学年内で集団での万引き事案が起きた。学年の生徒指導担当から「それぞれの担任で指導してください」と言われた。「保護者を呼んで話をするクラス」「生徒と話をして終わりのクラス」と担任によって指導がバラバラになった。心の中で、「こんな方法で生徒や親が納得するのだろうか」とつぶやきつつも、声に出して言うことができず、悶々とした日々を過ごしていた。

下校後に貼った掲示物が翌朝には紙吹雪になり、どんどん荒れていく学級・学年。警察や家庭裁判所に行くことも多くなった。

そんな中、クラスに自閉的傾向の男子生徒Ｔがいた。彼は日本全国の駅の名前や百科事典の内容を全て覚えているが、人とのコミュニケーションが上手くとれない生徒であった。そんな彼に対して、同級生たちは言葉で馬鹿にすることに飽き足らず、身体を蹴るなどの暴力を加えるようになった。学級で生徒たちに話をするだけではいじめはやまず、管理職に相談し、休日に緊急の学級懇談会を開くことにした。20名ほどの参加者の前で、Ｔ君のお母さんが、足跡の付いた制服を持ってきて、涙ながらに訴えた。「こんな状態で帰ってくる息子を見て皆さんは母親としてどう思いますか。」

その後、彼へのいじめは表だってなくなった。しかし、「デッキブラシでトイレを破壊する」「ほうきで天井に穴をあける」といったすさまじい荒れが収まることはなかった。隣席の教員と毎日カレンダーに印をつけ「あと何日」とため息をついた。

卒業式の日に、在校生から送られたカーネーションの花をぽきぽき折って、教室の床にばらまいて去っていった生徒たち。それを拾いながら「こんな卒業式には二度としたくない」と悔しくて無力な自分自身に腹が立った。

多くの生徒たちが、卒業後１年以内に高校や就職先を辞めたと耳にした。学校が落ち着いていないと、子どもたちは自分の進路について真剣に考えられないのだと身に染みてわかった。

翌年は、女性の新２年生の学年主任に「学校を変えるような学年を作りたいから協力してほしい」と誘われ、１年生に降りず、２年生の担任となった。始めて学年の生徒指導担当を任されたが、これまでの経験から担任個々の指導ではなく、学年主任と相談して指導の方法等を明確にし、学年の教員全員で情報共有することを意識した。

3．荒れを生まない学年づくりへの挑戦：中堅期

(1) 教師としての手応えを感じる時

教師をしていて、10年目は区切りとなる。振り返ってみると、教師としてもっとも手応えをつかんだのは、チームとして信頼できる同僚たちと出会い、ともに生徒たちの成長を実感できたときであった。

「学校が楽しい。教師として一生やりたい。」

Ｔ中学校４年目に再度１年生を担任した。10組まである学年で、15名の学年教員でのスタートである。学年団の合い言葉は、「３年後に体育館に集うみんなが感動できる卒業式にしよう」であった。

それまでの、自分たちの実践の中で、何が問題だったかを徹底して議論した。「Ｔ中だから勉強はできなくても当たり前」「毎日が道徳だから道徳の授業はしなくても大丈夫」生徒指導困難校で陥りがちな教師側の理論である。「どうせ……だから」という意識をやめて、「生徒の可能性を信じて、○○をやってみよう」と新たなアイディアを出し合う学年を目指した。そして、学年の方針として「行事を通してリーダーを養成する」「基礎学力を徹底してつける」の２点を掲げ、学年の教員が指導役、フォロー役等個々の役割を認識し、どんな場面でもチームで指導を行うことを共通理解した。

学年会議では、毎回生徒の現状を丁寧に情報交換した。指導方針等について真剣に議論が行われたが、笑いが絶えず和やかな雰囲気で会が進んだ。３年間、ほぼメンバーが入れ替わらず、教員集団の絆は強固になった。万引き等の事件があった際は、まず分担して生徒から話を聞き出した。その話を集約して指導方針を立て、保護者への来校依頼等、学年で同一歩調の指導を行った。

大きな事案があった際には、学年集会や一括終礼でその内容を生徒たちに包み隠さず話し、「何がいけなかったのか」を考えさせるようにした。生徒たちが「必殺マイクリレー」と呼んだ学年の教員たちの粘り強い指導や思いは、生徒の心の中に少しずつ浸透していった。生徒たちの気持ちや行動が変

化していくのが目に見えてわかった。1991（平成３）年、その学年の総まとめとなる３年生の取り組みを振り返っていく。

(2) ３年６組の生徒たちとの出会い

教育課程の作成において、授業時数の確保のために行事の精選が言われるが、中学生にとって行事の持つ意義は大きい。

４月、緊張の中に固さが見られた学級が、林間や修学旅行等の宿泊行事を通して、徐々にルールと人間関係が作られていく。学級づくりにはこの二つのバランスが重要なのだ。どちらか一方が崩れても学級は上手くいかない。このバランスは管理職の学校づくりでも同じだと思っている。

筆者は、クラスの仲間づくりのためにどの学校で担任をしても、班ノートを活用してきた。自分や友だちが書いた班ノートが終礼時に返ってくるとみんな黙々と読んでいる。特に行事のときには、感動の数珠つなぎが始まる。Ｔ中学校３年６組の班ノートにも生徒たちのその時々の思いが蓄積されていく。

中学校ではほとんどの生徒たちが部活動に参加しており、中学生にとっての部活動は生活の一部となっている。３年生の７月、市の総合体育大会に向け生徒たちは暗くなるまで練習を続け大会を迎える。しかし、その日で負けたら、引退だ。勝っても負けても、どの子も涙で終わりを迎える。その日、最後の大会に負け、夕暮れの運動場で円陣になって語り合っていた３年生の野球部員たちに声をかけた。思い出話に花が咲き、みんなで最後に何か食べに行こうということになり、学校の裏にあったラーメン屋に向かった。その日の班ノートにはこのように書かれている。

「今日、前の人と同じように部活が終わった。泣いている皆を見ているといろいろ思い出されて駄目だった。学校に帰ってきて、先生におごってもらったからみんな元気になってよかった。今日みたいな日があるから、部活は楽しい。部活をしていない人に教えてあげたい。」

２学期は体育大会、文化祭とさらに行事は続く。組体操や、ムカデ競走は最近の学校では姿を消しつつあるが、当時は競って行われていた。４月の学級開きの時から、「ムカデと合唱は絶対優勝したい」と伝えてきた。学級のチームワークが試される行事だからである。20人の生徒が足をくくって走るムカデ競走は簡単には進まない。日本手ぬぐいをつける位置や結び方から勝負が始まる。長縄に60cmごとに印をつけて同じ方向から手ぬぐいをくくりつける。私が編み出したムカデ競走必勝のコツは２つある。まず、声を合わせること。「イチニ、イチニ」と全員が大きな声を出さないと足はそろわない。次に絶対に下を向かないことである。誰かが下を向いた瞬間に、足が合わなくなりこけてしまう。

３年生は練習にも力が入る。放課後の30分間が学校で許された練習時間である。しかし、10クラスの戦いは熾烈である。「絶対に負けたくない」とリーダーを中心に日に日に戦いはヒートアップする。しかし、どのクラスも全力で練習に取り組んでいる中、自分たちの思いや焦りとは裏腹になかなか６組のムカデは上手く進まない。クラスで相談して、学校近くの池の広場に全員で集まり、秘密の練習をしたこともあった。一つになった20足のムカデは快調に進み出す。本番では先頭でゴールし、全員で飛び上がって喜んだ。クラスの団結が一層深まっていく。教室に張られた表彰状の数がどんどん増えていった。

10月には、文化祭があり、合唱コンクールが行われる。３年６組は混成四部合唱曲「河口（作曲：團 伊玖磨）」に挑戦した。「フィナーレをこんなにはっきり予想して」という卒業にふさわしい大曲に悪戦苦闘し、昼休みも、放課後も少しでも時間があれば練習した。パートリーダーを中心に、「真剣に取り組めていたか」「音程をあわそうとしていたか」といった項目で毎日自己評価をさせてみた。

何日かたつと、生徒たちの練習に取り組む姿勢が変わってくる。合唱をしていても、パートリーダーが「ちょっと待って。」と伴奏を止める。「今、音程はずれてた。」と自分たちで考えながら修正していく。クラスの心が一つになったときに勝利の女神が微笑む。

担任をしていて、この日ほど心臓に悪い日はない。どのクラスも必死で練習し、レベルの高い合唱が次々と披露される。いよいよ自分のクラスの番が来ると、ステージに上がる生徒たちの方を見て、「頑張って」と小さく声をかける。「あっ、そこ、音程ずれている」と、ちょっとしたことが気になる。

思わず両手を合わせ祈るような思いで歌声を聞きながら、終わった瞬間、「よっしゃ！」と心の中で叫んでいた。その日の班ノートには「先生がグランプリを発表したとき、体が吹っ飛んだ。気持ちも吹っ飛んだ。涙が出ました。」と記されている。

(3) 受験期の生徒たちへの学年教員の関わり

受験を目前に控えた３年生は気持ちが揺れ動き、不安定になりやすい。みんな「高校へ行きたい」という思いはある。しかし、学力面の難しさや家庭の経済状況から進学をあきらめてしまう生徒も少なくない。今でこそ、少子化で大学受験ですら広き門になっているが、当時は「15の春」は厳しい時代であった。

そんな生徒たちに３年生の学年団として何ができるのか、みんなでアイディアを出し合った。

まず、最初の取組はわかる授業づくりである。１学年10クラスあったので、他学年の教員の応援がないと時間割が詰まってしまう。しかし、授業で緩むと後が大変だということで、５教科については学年の教員だけで授業を担当することにした。

その頃、市の数学科の指導員を任されたこともあり、授業に関する本を読みあさった。ICTのない時代であったが、水槽に水を入れる所をビデオで写した関数教材を作り、発問の仕方やノート指導を研究した。ある生徒から「数学は好きじゃないけど数学の授業は好き」と言われたことがある。少しうれしかった。

３年生の10月以降は学年全員で毎日の放課後補習を行った。テスト前は昼食後も昼休み返上でプリント学習を行う。それまでは、生徒指導面でも学力面でも厳しい学校であったが、統一模試の結果が市内トップになった。教師が真剣に子どもの学力向上に取り組めば、結果はついてくると実感した。

学年団が生徒に頑張らせたのは、勉強だけではない。生徒が活躍する場面を一つでも多く創ろうと、学年行事を次々と企画していった。昼休みの大縄大会、リベンジムカデ競走等枚挙にいとまはない。

卒業前の３月には、丸々２日間を使った球技大会を学年の生徒たちが計画した。生徒会長の名前が哲也だったので、体育の先生がつけた名前が「哲の嵐作戦」である。運動場、体育館を使い、自分たちのやりたいあらゆる種目のスポーツの試合を同時に行った。当時の校長先生がよく許してくれたと思うが、学年団の気合いに思わずＯＫが出たのかもしれない。班ノートに残る生徒の熱い思いも、こういう教員全員の熱意から生まれたのだ。担任の私一人の力ではないと今はわかる。卒業式を１週間後に控えた班ノートには「表彰状１枚１枚に大切な思い出がぎっしり詰まっている。表彰状と一緒に見えない何か、そうとても大きなものを僕らはつかんできた。」と書かれている。

３月15日、生徒たちの卒業式歌「大地讃頌」が体育館に響き渡った。答辞を終えた会場にはすすり泣く声が鳴り止まない。生徒と教員で紡ぐ３年間のフィナーレであった。「先生、こちらに来てください」と体育館から教室に戻り、卒業証書を手渡した生徒たちに音楽室に導かれた。音楽の先生に頼んで秘密に練習してきた「河口」の歌声を聴いたとき、涙が止めどなくあふれ出た。

私は中学生が大好きだ。人によっては、「中学生って大変じゃない」と言われることもある。確かに思春期真っただ中の彼らは、大人と子どもの狭間で揺れ動く年代である。でも、こちらが全力でぶつかると、気持ちは通じる。あどけなかった子どもたちが、部活動や行事を通して、一つずつ階段を上るように大人になっていく。その一瞬を一緒に過ごせる喜びがあるから教師は辞められない。Ｔ中学校３年６組の生徒たちとの出会いは、それからの中堅教員として学年の牽引役を努めていく原動力になった。

そのころ、市においてはじめての女性指導主事であるＨ先生から、「土曜日に女性が学ぶ研修会に参加しませんか」と誘っていただいた。女性管理職と教員が「教育課程」「校内研究」等のテーマを決めてともに学び合う場である。時には厳しい指導も入るが、ディベートやパネルディスカッション等、初めてであう手法にわくわくする。これまで交流のなかった小学校の先生方とのグループワークを通して互いの違いや共通点がわかってくる。パワフルな先輩たちの姿は自身のロールモデルとなった。

4．市の教育改革に携わる：指導主事期

(1) 施策立案と新たな出会い

伊丹市内の中学校で21年間勤務した後、伊丹市教育委員会に指導主事として籍を置いた。指導主事1年目は「生徒指導」「校内研究」等を担当した。予算・決算、議会対応や学校へのサポート等初めてのことばかりである。2年目は「総合的な学習の時間」が新設されたこともあり、小学校での外国語教育・学校図書館等の新たな課題への対応も担当することになった。厚労省の緊急雇用創出事業を活用し、市独自での英語指導員や専任の司書を配置する「わくわく学習調査研究事業」を立ち上げた。ただ、自身は数学科教員であり、英語は門外漢である。手探り状態で困っていた時に、私立小学校での英語教員経験がある女性の指導員に、「日本児童英語教育学会（JASTEC）の研修に参加しませんか」と声をかけていただいた。休日にワークショップ形式の研修や公開授業に一緒に参加する中で、不安感が和らいでいった。

3年目には、日本の伝統文化を子どもたちが体験する県事業の担当も任された。「何をする？」と困り果てた時、伊丹市では震災復興事業として「伊丹能」が実施されていることを思い出した。担当課に出向き、能楽師の方を紹介していただいた。能・狂言は自分にとっては未知の世界である。実際に能楽堂に見に行き、地域には自宅に能舞台を作り楽しんでいる方がいることを初めて知った。多くの人の手を借り、何とか「子ども能楽教室」は始まった。参加者は小中学生30名を超え、その中からのちに能楽師になった生徒がいた。多様な体験の場を提供することが、子どもたちが自分のやりたいことを見つけるカギになると実感した。また、この時の能との出会いは、校長となった2校での能舞台鑑賞会や演劇ワークショップの導入につながった。

4年が過ぎた4月、教育委員会に新しい部署「教育施策企画担当」が誕生することになった。当時の教育長は市の行政出身で、特に企画・政策といった部署を経験されていた方であった。3月末に、翌年度から「教育施策企画担当副主幹」という職務に任ずることを伝えられ、次のように言われた。「今の教育委員会は縦割りになっている。事務局の全課長に『教育施策企画担当

主幹』の併任辞令を出す。専任は一人だが、横をつなぐ役割を果たしてもらいたい。」

全く考えてもいなかったことに、大きな戸惑いを感じた。教育長からは続けてこう指示をいただいた。「今の学校教育に欠けているのは長期ビジョンと学校組織マネジメントだ。単年度の計画はあっても10年間のビジョンがない。それを作ってもらいたい。また、市の事業は県から降りてきたものばかりだ。これからの都市間競争の時代に市が生き残るためには市独自の施策を立案して戦略的に進めてほしい。そして、鍋ぶた式の組織から、組織マネジメントを構築してもらいたい」と。あまりに大きな課題を前に、戸惑うばかりであった。

教育ビジョンについては、1年目は市民意識調査を実施し、2年目に市民参加のもと、検討委員会を立ち上げた。その後、議会の承認を経て、平成18年度から10年間の「第1期伊丹市教育ビジョン」を完成させることができた。また、並行して市独自の施策の立案と実行に取り組んだのである。

(2) 教育特区「ことば科」の創設

発端は、全国学力調査が始まる前の2004（平成16）年度に、市独自で実施した学力調査の結果である。全ての教科で全国平均を下回っていたことは予想外であった。特に問題だったのは書く力が弱かったことである。全教科において、記述や論述問題の無回答率が高く、中学校の英文作成問題においては無回答率が50%を超えていたことには愕然とした。

それまで、伊丹市はトライやる・ウィーク等の県から課せられた事業を中心に進めており、市独自の教育施策はほとんどなかった。しかし、学力調査の惨憺たる結果を受け、「全小中学校への専任の司書の配置」「土曜日に市内10カ所の地域施設を使って小中学生が学習するサタデースクール」といった市独自の施策を企画・実行した。アイディアを予算化し、それが形になっていくのは大変だがやりがいも感じられる。

そして、国の構造改革特別区域の認定を受け、「読む・書く・話す・聞く」ことば文化都市伊丹特区として小学校3年生から6年生で週1時間の「ことば科」、中学校では英語によるコミュニケーション力をつける全学年週1時間の「グローバルコミュニケーション科」を実施したのである。

全国の教育特区の事例を調べると一番多かったのが英語特区であった。「他都市のまねではなく、特区をとるならば市オリジナルのものをやりたい。」という思いを強く持っていた。ただ、11月に企画し、1月末には申請書を提出する必要がある。一日一日と日が過ぎ、気持ちばかりがあせる。

そんな12月初旬のある日、中学校の校長先生から、「門松を作ったので見に来ませんか」と声をかけていただいた。「記者クラブに持って行って、新聞に載せてもらおう」と取材に出向いた。下校中の生徒たち数名に、門松をさして「これ何か知っている？」と聞いたところ、生徒たち全員が「見たことあるけど名前は知らない。」と答える。驚いて、国語科の先生に聞いてみると、「今の生徒は、しめ縄も干支も日本の伝統文化をほとんど知らないですよ。」とのこと。「これは危機的状況だ。子どもたちの頭と心を創り、感性を育てるためには豊かなことばに触れる機会を増やさないといけない。」と真剣に思った。しかし、国語も門外漢である。「どうしよう」と困り果て、足を運んだ所が日本三大俳諧コレクションに数えられる「柿衞文庫（伊丹市）」であった。

学芸員である女性館長から、「今の子どもは手と言えば肩から指まで全部が手と思っている。でも、腕、肘、二の腕と体を表す名前はたくさんあるのにそれを知らないんですね。だから、文学作品を読んでも本当の意味がわからないんですよ。」というお話を聞かせていただいた。そして、俳人でもある佛教大学の坪内稔典先生を紹介していただき、「ことば科」という名前もつけていただいた。

一方、市の都市ブランド担当も伊丹の「ことば文化」を市のブランドとしてアピールする計画があると聞き、担当者の所に足を運んだ。市長部局は「ことば文化によるまちづくり」を進め、教育委員会は「ことば文化による人づくり」を進めるというコラボレーションで、「読む・書く・話す・聞く」ことば文化都市伊丹特区というコンセプトが完成した。

(3) 施策実行の壁を乗り越える

新事業の実行には超えなければならない３つの壁があった。

１点目は庁内の合意形成と予算の獲得である。12月に市長・副市長・財政部局等の担当者が一同に介する政策会議に挑むことが必要であった。そのためには、綿密な資料づくりは欠かせない。学力や不登校出現率等の学校データに加えて、阪神各市の就学援助率や税収、教育施策の実態等を調べ資料に取り入れた。

一方、「教育に関する市民意識調査（平成17年９月実施）」において、「教育改革で優先すべき取り組み」の質問で、「国語教育の充実（34.7％）」「英語教育の充実（29.2％）」が上位にあがり、市民が国語や英語教育の充実を求めていることも事業を推進するためのバックデータとなった。会議では、これらの資料をもとに、「伊丹の未来を託す子どもたちに他都市に先駆けた優れた言語環境を与えることは、国際化・情報化社会に対応できる児童生徒の育成に繋がり、これからの都市間競争を勝ち抜く魅力あるまちづくりに有効である」と説明した。ただ、教材や指導法のノウハウが全くない中で、教員に過度の負担はかけたくない。市費負担教員の採用についても特区申請し、小中合わせて12名分の採用の予算化を要求することとした。「いじめや不登校などの諸問題」の解決のために、子どもたちのコミュニケーション力を育てることが喫緊の課題であり、厳しい財政状況でも、教育に対する投資は必要であると訴えたのである。市長部局の「ことば文化都市の推進」というブランド戦略とコラボしたことも功を奏し、財政部局を含めた市の担当者の理解を得ることができ、施策の推進にゴーサインが出た。

２点目は、内閣府の担当者との折衝である。最終的にＡ４用紙13枚の申請書になったが、特区の必要性を明確に打ち出さないと認定されない。メールで何回もやりとりを行い、調整のために東京まで出向いた。コンセプトは決まっても、実際に計画書として起こすのは難しい。国語や英語担当の指導主事にも協力を依頼し、相談しながら形を作っていった。内閣府の担当者から特に指摘を受けたのは、「どうして特区なのか。総合的な学習の時間でもできることではないのか。」という点である。伊丹の子どもたちの実態にもとづく「日本語の美しさ」を意識した教材をつくり、時間割上に位置づけ評価をするなど市の特色ある教科としてアピールしていくためにも特区として申請することが必要であると説明した。

３点目は学校、特に教職員の理解である。総合的な学習の時間を割愛した市独自教科の実施は思った以上に高いハードルであった。12月に案を作り、申請は１月中旬頃であったため、タイトなスケジュールの中、職員団体との交渉や説明会を行った。提出書類の作成と並行しての交渉であり、気持ちばかりが焦る。しかし、それ表に出しすぎるとうまくいかない。担当は自分だけであったので、今思うとよく乗り越えられたと思う。最後に決め手となったのは､一人のベテランの女性教員の発言である。「色々あると思いますが、とにかくやってみましょうよ」

そこから風向きが変わった。自身が算数の研究で数年間関わっていた小学校の教員であった。危機に立たされたときに、日頃の人間関係が助けになることを痛感した。

市費負担教員の採用については、国語・英語の元教員、塾の教材作成の経験者の所に出向き、リクルーターとなって講師を依頼した。ことば科については、最初は４小学校で始め、それを３年間で市内17小学校に広げる計画であった。その時のことば科講師４名とは、長い時間をかけて一緒に教材やカリキュラムの作成に取り組んだ。「こんなことをやってみたいよね」というアイディアを次々と出しあった。体の名前についても､「体の名前と慣用句」として教材にした。「俳句」「詩や和歌」「演劇」「ディベートやロールプレイ」を取り入れるなど、学年に応じた年間指導計画を作成し、「色の和名」「十二支を知る」「俳句で書く風景」等､２年間をかけて４学年分の教材が完成した。

５．地域との協働による学校づくり：校長期

(1) 思いがけない辞令

市教委指導主事８年目、学校教育室長として勤務していた３月末、中国の佛山市への中学生訪問団の団長として派遣されることになった。出発の前日、教育長室でこう告げられた。「４月からＨ中学校の校長として着任してください。」

「えっ」と戸惑った。学校に戻ることはわかっていたが、まだ１，２年先だと思っていた。心の準備ができないまま、３月26日に中国から帰国した。

4月1日の着任まで、5日間しかない。「どうしよう」と思い、ある中学校の校長室を訪問することにした。「学習優先の日の設定」「授業規律の定着」等、生徒の実態に応じた改革を実行された先輩に、校長としてのあり方を学ばせていただいた。

(2) 強みを伸ばし、弱みを改善する

平成21年4月1日、神戸市での辞令交付式の後、学校に向かった。着任した中学校は、生徒数が約600人17学級の規模であった。数年前に、器物破損・授業中の徘徊等の大きな荒れを経験し、まだ落ち着かない状況にあった。しかし、その中でも、保護者から「見守り組織」が生まれるなど、「保護者や地域が協力的である」といった強みがあった。また、「同じ敷地内に小学校がある」という特色もあった。

「改革にはスピードが必要。3ヶ月経ってめどの付かないことは何年経ってもできない。」「弱みを克服しても普通の学校。強みを伸ばしてこそ特色ある学校になる。」市教委の経験から学んだことである。実践に活かすべく新任校長として着任した際に、学校の資源となる「強み」を活かした学校運営の方向性を1学期中に固めようと決意した。

地域の組織などの日々の何気ない活動や、保護者のネットワークなど学校を取り巻く環境の中には、それぞれたくさんの「強み」がある。そして、学校が地域の核となり、校区の持つ「強み」をネットワークする存在になることで、さらに強力な「強み」が生まれる可能性を秘めている。「学校をもっとよくしたい」「会社をリタイアしたからその力を地域の学校のために使いたい」そういった地域の方や保護者の意欲をマネジメントし、戦略を組み立てることは、学校にとって大きな戦力になるはずである。また、学校にボランティアとして参加していただいた方々が、「自己有用感」を持っていただくことで学校と地域のWIN-WINの関係づくりに繋がると考えた。

一方、自校はその年の全国学力調査において、全国平均を大きく下回るという課題があった。子どもたちが荒れる原因の一つに、「勉強がわからない」ことがあると考え、研究テーマを「授業のユニバーサルデザイン化」として、全教員で取り組むことを共通理解したのである。

(3) 校区の風を学校に呼び込む工夫と実践

1) H中ファミリーサポーターズの設置

着任後すぐに、前年度の2月に藤原和博氏（元杉並区立和田中校長）の話を聞いたPTA会長から「H中でも土曜学習をしましょう」と声をかけていただいた。さらに、ある保護者からは「私たちが学校をサポートするから、先生たちは授業や部活に専念してほしい」とのことばをいただいた。そんな多くの声を形にしたいとの思いから、学校独自の支援組織の設立を呼び掛けた。教員に対しては4月末に、「H中学校学校支援地域本部企画書」を作成し、教育推進会議（主任会議）で説明し、学年会議等での意見の集約を行った。ただ、伊丹市では全く例のない取り組みである。「どこか参考になる学校はないか？」と探していたところ、藤原和博氏も関わっていた池田市立池田中学校を知り、5月に教員・PTA役員で訪問することにした。

池田中は「マイタウンプロジェクト」と称し、「生徒は街へ、人は学校へ」をスローガンに学校と地域が一体となって学校改革に取り組んでいた。土曜学習の日、校長室がスタッフのいい意味での「たまり場」として開かれている姿に「学校はここまでできるんだ」と刺激を受けた。池田中の実践を参考に、H中が荒れたときも「学校をサポートしよう」と根付いてきたボランティアスタッフ等の人的資源を再構築した組織が「H中ファミリーサポーターズ」である。

私自身も校区内の元教員の自宅を訪問するとともに、地域の会合や近隣大学に出向き協力を要請した。結果的に60名を超えるスタッフが集まり、①スマイルサポート（掲示物の作成・装飾や校内の整備支援）②グリーンサポート（学校内の緑化と校舎外の清掃・美化支援）③スタディーサポート（「サタスタ東」等の学習支援）④ライブラリーサポート（図書館の環境整備と、絵本の読み聞かせ・昼休みの巡回図書等）⑤カルチャーサポート（学校施設を活用した地域対象の茶道教室等）の5つの部門を組織化した。学期ごとのリーダー会議で1年間の活動方針を決定し、各サポートの情報交換を行った。さらに年1回、全ボランティアスタッフと、教員、PTA役員が一堂に会する総会を開催した。みんなで食事をとりながら、熱気と笑いに包まれた和やかな会が、次へのモチベーションに繋がっていったのである。

一方、学校に「ボランティアのたまり場」を作りたいとの思いから、独立校舎である本校西館のセキュリティーシステムを単独化し、中にある美術準備室を整理して「ファミリーサポーターズルーム」を設けた。湯茶や文具類、コピー機等は自由に使えるようにし、鍵の管理をリーダーに任せたこともあり、各部門とも部屋を活用した活発な活動が行われるようになった。

2）土曜日の学習会「サタスタ東」の実施

「H中でも土曜学習を」という保護者の熱い思いを受け、「サタスタ東」が始まった。「サタスタ東」のねらいは、「学習習慣の定着」「居場所作り」「学力の向上」の3つである。毎回60名を超える生徒が参加し年間20回以上実施する地域と学校協働の学習会である。生徒の父親がリーダーとなり、学生を中心としたサタスタボランティアスタッフ組織も立ち上がった。サタスタ終了後、「どうすれば生徒たちにアピールできるか」を考えアイディアを出し合った。午後12時から始め、気がつくと夕方になっていることもあった。そこから「長文読解講座等の受験対策講座の開設」「サタスタバンド（吹奏楽OB）による演奏会」等のプラスαの学びが生まれた。地域と一緒に「流しそうめん」「風呂敷の包み方講座」等のイベントも取り入れた。学生たちは、ボランティア獲得のために、電鉄会社に掛け合って、駅構内でのチラシ配り、地下駐輪場掲示板でのポスター貼りにも取り組んだ。本市の藤原市長を招聘し特別授業を実施する企画も実現し、学生がファシリテーター役を担うフリートークの中では伊丹市の課題である空港問題について生徒との活発な意見が交わされた。

最初は不安げな学生たちが、経験を重ねてたくましくなり、後輩の学生を指導していく。「サタスタで教師にあこがれ通信で教員免許を取った」「これまで眠っていた教員免許を活かしたい」と学校で働き始めるお母さんスタッフも出てきた。サタスタは生徒の学習の場としての役割から発展し、大人のキャリア形成の場となっていった。

3）「H中地域活性隊」の結成

翌年、「これだけ地域の力をいただいているので、何か地域にお返しがしたい」との思いから、双方向の活動として、生徒会に呼び掛け、「H中地域活性隊」を立ち上げげた。40名を超える生徒が集まり、オレンジのユニホームを着て、市や地域のイベントスタッフとして年間30回程度活動を行った。活動を重ねるうちに、「伊丹空港でのボランティア活動をやってみたい」など、生徒自ら活動についての提案が出てくるようになった。その提案は大阪空港での「空楽フェスタ」での司会やゆるキャラの誘導として実現した。地域からは「中学生がよく動いてくれて助かった」「H中のイメージが変わった」といった評価をいただくようになり、生徒の自尊感情の醸成につながっていった。

4）保護者や地域への情報発信

しばらくして、学校のきまり等、保護者には学校の情報が思ったほど伝わっていないことに気づき、学校ナビゲーション「知っとこ！H中」を作成し、生徒・保護者だけでなく校区内の小学校教員にも配布し説明した。併せて「授業シラバス」を作成し、学期始めの全授業で、目標や評価の方法、家庭学習の仕方等を生徒に説明するとともに、個人懇談でも活用した。

また、「学校メール配信システム」を活用し、宿泊行事の現地からの情報や学校の取り組み等の配信も始めた。いいことも悪いことも含めて、学校の情報をどんどん外に出すことで、学校への苦情等は全くなくなっていった。

(4) そして学校が変わった

まず変わったのは教職員の意識である。「保護者や地域は自分たちを支えてくれる存在である。」という認識が育ち、「電話より家庭訪問」「地域行事へ参加」など積極的に地域に足を運ぶようになった。またサタスタ東に参加する教員や、部活の合間に生徒に声をかける教員も出てきた。

さらに、「H中グレードアップ月間の実施」「Q-Uの導入」「生徒会リーダー研修会」「無言清掃」「月1回の部活動集会」等、次々と教員からのアイディアが生まれ、実行に移されていった。まさに、外堀（地域）から攻めて、本丸（授業改善）に到達した手応えを得た。

しかし、一番変わったのは生徒の意識である。多くの大人に見守られている安心感が生まれ、学習や部活動に落ち着いて取り組むようになった。私は全校集会で「多くの大人に見守られ、あなたたちは日本で一番幸せな中学生ですよ」と伝えた。

年月を経て活性隊の中学生が卒業後、サタスタ東でボランティアとして活動し、大学生が卒業後教員として着任するなど、循環型のシステムが生まれた。

これらの「ファミサポと活性隊の双方向の循環型の活動」が認められ、平成24年度パナソニック教育財団「こころを育む総合フォーラム」において全国大賞を受賞したのである。その表彰式で会の座長であった山折哲雄先生からは、「地域、学校、家庭が深みのある連携をとるには人情の交流というものがそこに流れ、それが強力な接着剤となり運動を円滑に展開させたのではないか」という言葉をいただいた。

これらの成果が徐々に見え始め、４年目には、学力面でも全国学力学習状況調査において、全国平均を大きく上回るようになった。

この経験は、２校目の校長となるＳ中学校におけるコミュニティ・スクールの立ち上げに繋がっていったのである。

日々、目の前の生徒に向かっている若い先生方にとって、「教師のやりがい」を感じることは容易ではない。それがわかるのは、10年、20年後なのだと今は思う。教育はその場に集う人々が力をあわせて未来の大人を育てる脈々と続く営みなのである。

参考文献

・拙稿「強みを活かす学校運営―地域との共育・協育をめざして―」『スクールリーダー研究』第１号、2010
・石井英真監修、太田洋子・山下貴志編著『中学校「荒れ」克服10の戦略―本丸は授業改革にあった』学事出版、2015
・拙稿「中学校における校長のマネジメント力③」『教育PRO』第40巻第７号、2015

教師のライフコースシート（名前　Y．O　／地域　兵庫　／校種　中学校　／教科　数学　／年齢65歳　／経験年数38年　）年月日：2023年9月22日

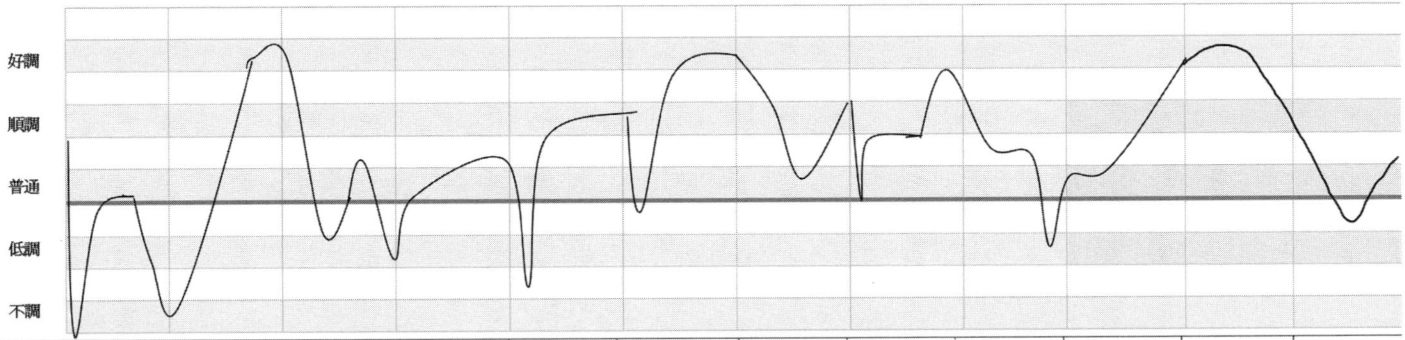

好調
順調
普通
低調
不調

年数 期間	6年 1980年〜1985年	6年 1986年〜1991年	3年 1992年〜1994年	6年 1995年〜2000年	4年 2001年〜2004年	4年 2005年〜2007年	1年 2008年〜2008年	4年 2009年〜2012年	3年 2013年〜2015年	2年 2016年〜2017年	2年 2018年〜2019年	4年 2020年〜
学校 職種・職位	A中学校 教諭	B中学校 教諭	C中学校 教諭	D中学校 教諭	I教育委員会 指導主事	I教育委員会 副主幹・主幹	I教育委員会 室長	E中学校 校長	I教育委員会 学校教育部長	F中学校 校長　退職	総合教育センター所長	教育委員　大学非常勤講師
学年、分掌校務、部活動・研究活動	野球部顧問 美化	バトン部顧問 生徒指導	バレー部顧問 生徒指導	進路指導主事 生徒指導	学校教育課 生徒指導・研究	教育施策企画担当	学校教育室長 学校教育課長	地域連携・学校評価	いじめ対策	コミュニティ・スクール	人材育成 ICT推進	小中連携 幼稚園研究
子どもとの出会い	Nさん	Kさん　担任学級の生徒たち		S君・M君				Tさん父子		Kさん		教育支援センターの生徒
キーパーソン、教育実践課題取組み・出来事	K先生（女性） 学校の荒れ	M先生（女性） 器物破損等荒れからの復興 先進校視察	H指導主事（女性） 一女性研修会・指導員・職員内のトラブル・阪神淡路大震災	S教頭（女性） 中央研修参加 海外研修参加	危機管理(殴打事件) 小学校英語導入	N教育長 教育ビジョン・特区・新規施策・SL研究会	人材育成 学力向上対策	E中ファミサポ・地域活性隊設立 パナソニック大賞	いじめ基本方針、自死事案 CS導入	教育のUD化 数学教え合い学習推トレ導入	教育支援センター改革 トップリーダー研修	学校等でのボランティア 学校訪問　教員養成
個人・家庭生活	結婚・育休	通院（胃炎）								大学院	海外旅行	コロナ禍 ボランティア

6. 実践研究の意義と難しさ

今回『教師のライフコースの実践研究―教育実践の山脈を描く―』を再読した。その時々の実践が、校長としての学校経営の源になっていると気づく。ライフコース研究は、若年期やミドル期における学びがその後の管理職としての生き方や考え方につながっていることを意識させられた。

ただ、若年期・ミドル期の20年間は自身の子育てと仕事との両立や生徒指導上の問題対応等、目の前の出来事をこなすことが手一杯であった。

教育委員会6年目、教育施策企画担当を任され、「学校組織マネジメント」の意味すらわからず困り果てていた時、回覧で目にしたのが「スクールリーダー・フォーラム」の案内であった。自己紹介を入れることに煩わしさを感じながらもとりあえずメールで申し込んだ。大学と教育委員会が連携したフォーラムに参加し、「もっと学ばなければ……」と思った。その流れに導かれ、大脇教授が主催する「スクールリーダー研究会」に参加することになった。紀要にも可能な限り実践論文を投稿しようと試みたが、査読において厳しい指摘をいただくことも多かった。

しかし、「ライフコース」を執筆するにあたり、毎回の論文が実践を「省察」する機会になっていることに気づいた。やりっぱなしで終わっていた実践に理論やストーリー性が加わる。そして、自身の教員としてのアイデンティティやリーダーとしての考え方の形成過程を俯瞰的に見とることができる。そこにこの実践研究の意義を見出すことができる。

教師としての道のりは「障壁に対して方法が見えず困惑する」「判断を迫られる」の連続である。そして、厳しい環境に、自身のアイデンティティの喪失に陥る状況に遭遇することもある。しかし、それを乗り越え、次のステップに進むことができたのは自身の力だけではなかった。多くの人々がゴールへと導いてくれたと今になって気づく。また、教職大学院の学びを市の次世代リーダーにも体験してもらいたいと考え、深野元大阪教育大学教授に、3年間にわたる年間5回のトップリーダー研修の講師を依頼している。ライフコースを省察することは、自身が後輩の教職アイデンティティ形成に寄与できたのかを改めて問う機会となったのである。

今回の拙稿は、『月刊高校教育（学事出版）』の４回にわたる連載を校訂し、再考したものである。当時大脇教授からは、「出来事の羅列ではなく、重要な出来事を取り出して、その意味を再構成する」とご指導をいただくが、実はこれが難しい。資料を見返すと、様々な出来事が思い出される。そのまま記述すると出来事の羅列になってしまう。締め切り直前まで何回もご指導いただいた。このように、私たちの「語り」が研究者からの指導や支援によって研究として確立されていく。それがない場合、実践報告になる危険性もある。そうなると、「あの人だからできること」として汎用性のある研究として成立しにくいのではないかと危惧する。

以前、ラウンドテーブル形式で校長としての実践を語る場を与えられた。自信をもって出した内容であったが、教職大学院の参加者から「校長先生だけが動いていませんか」等、様々な疑問を受けたことがある。それが、実践の再構築につながる。そういう意味で、実践者と研究者の双方向の研究への参画が必要であると思っている。ただ、そういう場を設定することは容易ではない。今回もそういう場に誘われたことは、この実践研究の深さと難しさを再度認識する場となったのである。

(Profile)

太田 洋子　OHTA Yoko

伊丹市立中学校の数学科教諭として４校21年勤務、2001年から伊丹市教育委員会事務局指導主事、教育施策企画担当主幹、学校教育室長、学校教育部長、伊丹市立教育センター所長を歴任。この間、伊丹市立東中学校校長４年、同笹原中学校校長２年を務めた。現在、伊丹市教育委員会教育委員。

著書・論文に『中学校「荒れ」克服10の戦略―本丸は授業改革にあった！』学事出版（編著）、『若手教師を育てるマネジメント』ぎょうせい（共著）、『シリーズ学びを変える新しい学習評価　理論実践編②　各教科の学びと新しい学習評価』ぎょうせい（共著）等

第7章

学校教育活動の内発的改善に取り組む

長井　勘治
武庫川女子大学

1．教師としてのキャリア

1979 年に大阪府立学校の保健体育科の教諭となり、初任校は特別支援学校で５年勤務した。２校目は、新設の普通科高校で 18 年勤務したが、在籍中の 15、16 年目には、現職教員として大学院で教育経営を学んだ。３校目は、統合再編予定の普通科高校に１年、続いて再編された普通科全日制単位制高校に５年勤務した。前半の１年半は教諭として、後半の４年半は教頭として勤務した。続いて、３月中旬に緊急の入試対応を命ぜられて別の普通科高校に教頭として異動した。そして、同校にそのまま１年教頭を勤め、その後校長に昇進し、５年勤務した。

2．がむしゃらな挑戦：若年期

(1) 初年度に行事主担者

公立高校の保健体育科教員として教員採用試験に合格した筆者は、これから始まる「仕事」に夢を膨らませていたが、初任校は意に反して特別支援学校だった。この学校には小学部・中学部・高等部があり、知的障がいを主訴とする児童生徒が通学して来る学校である。

１年目は高等部１年生の担任となり、担任業務と保健体育、養護・訓練等を担当することになった。担任としては 40 名程の生徒の内５名を受け持ち、毎日連絡帳で家庭での様子と学校での活動状況を連絡し合った。体育の授業では生徒一人ひとりの障がいの状況などに配慮して実践するのだが、「音・体」

と称して音楽と体育を合体させた授業も行っていた。また養護・訓練は生徒と1対1で理学療法や作業療法に近い実践等を行う授業であるが、これについては一からの勉強であった。先輩教員の指導を仰いだり、研修会に参加したり、書籍を読んでの取り組みであった。これは、生徒一人ひとりの障がいと向き合い、将来と向き合い、命と向き合うという観点から、私の教員生活に大きな影響を与えてくれた。1校目にこのような学びが出来たことは、かけがいのない財産となった。

そんな中、教師1年目に、いきなり臨海学校という大きな行事の主担者を任せられた。とにかく失敗は出来ないと考え、多くの先輩教員になりふり構わず教えていただき、行事を無事終了させることができた。しかし、振り返ると筆者が主導したのは枠組みであって、「無事終了した」というのは問題が何もなかったのではなく、起こっていた問題を多くの先輩教員に対処してもらえていたからこその「無事」だったのだと思う。

(2) 国際スポーツ大会への関わり

教師になって1年が経とうとしていた頃に、校長から「フリートークの会をする。分からないことや私に伝えたい思いがあったら一緒に話をしよう」というお話があった。筆者はその会に行き、「放課後に生徒たちと部活動をしたい。どんな種目でも構わないから、地区大会や全国大会に参加したい。なかったら大会を作ってでもやりたい。」という日頃から思っていたことを校長にぶつけた。それならばと、校長は1枚のリーフレットを見せてくれた。そこには、「スペシャルオリンピックス(以下、SOと記す)という知的障がい者のための国際スポーツ大会に日本も参加しよう」という旨のことが書かれてあった。

SOとは、アメリカのケネディ大統領の妹さんの子どもに知的障がいがあったことで、これまでスポーツから遠ざけられていた知的障がい者にもっとスポーツの機会を与えようと、ケネディ財団が100%出資して設置された団体である。IOC(国際オリンピック委員会)にオリンピックの名前を使用することの許可を得て設立されたISOC(国際SO委員会)が主催して行われる知的障がい児・者のための国際スポーツ大会だ。すでに4年に一度の国際大会が５回開かれていたが、日本はまだ参加していなかった。

当初は日本の第１回全国大会が開かれるということで、これに参加すべく学校でサッカー部を作り、基礎技術の練習に取り組むと共に、筋力や持久力などの基礎体力をつけるための練習に取り組んだ。

練習を続ける中で徐々にではあるが、ゴールには味方ゴールと相手ゴールがあって、ボールを相手ゴールに入れること、味方ゴールに近い時（守る時）はゴールと逆の方向に蹴ること、相手ゴールに近い時（攻める時）は、より相手ゴールに近い味方にパスをするか、ゴールに向かってシュートすることなどが理解でき、実践できるようになってきた。

そこで中学生のサッカー部にお願いして練習試合をしてもらったのだが、結果は１分ごとに１点を入れられるという状況であった。試合は早すぎたかと思ったのだが、試合を終えての生徒たちはとても悔しがり、「先生、勝ちたいからもっと練習しよう」と練習に一層力を入れてくれるようになったことは収穫であった。練習を続けることで、１点を取られれば悔しがり、１点を取れればみんなで喜び合えるチームにまで成長してくれた。みんなで点を取られないために守り、みんなで点を取るために攻める練習を繰り返し、神奈川県藤沢市で開催された第１回全国大会に参加したサッカー部は、出場４チームであったとはいえ、幸運にも優勝することができた。

これをきっかけとして、日本が初めて参加する第６回SO夏季世界大会の日本代表チームを筆者の学校のサッカー部員を中心として編成し出場することになった。ルイジアナ州立大学で行われたこの大会に参加したサッカーチームは、クラス分け試合の結果Ｃグループ（Ａ～Ｆグループ、Ａグループが一番スキルが高い）となり、その組で銅メダルを勝ち取ることができた。教師になって成し遂げたかった夢の一つを、特別支援学校で叶えることができたのだ。

校長に思いをぶつけ、それを受け止めてもらえたことが最初の一歩になった。その一歩を踏み出してからの道程はそんなに平坦ではなかった。練習の過程や国際大会に出場するにあたり、様々な壁に立ち向かわなければならなかった。それでも世界大会で銅メダルを獲得できたのは、多くの教職員をはじめとする関係者全員で壁に立ち向かったことと、多くの皆さまのご協力・

ご支援があったからだ。言えば何でも実現するわけではないが、どんなに素晴らしいアイデアでも人とのコミュニケーションの俎上に載せなければ実現は難しいということを学んだ。

また、このSOへの関わりは、サッカーチームの指導だけでは終わらなかった。全国大会で優勝した後に、第３回の全国大会を大阪で開催してほしいという要請があり、大阪にSO大阪地区委員会を設置し、大阪市にある長居陸上競技場（今はヤンマースタジアム長居）を中心として開催することになった。

ここでの取り組みは国際大会に参加するときよりもハードな関わりが必要だったが、役割と責任を与えられることで明確な目標を持って取り組むことができた。行政（大阪府、大阪市、警察、消防等）、競技連盟、競技施設、ボランティア団体、企業等、様々な方々との交渉や連絡・調整が必要で、ややもすると運営方針などについて大会の趣旨とずれてしまいそうな局面もあった。しかし知的障碍者の施設、親の会、学校の３者からの代表メンバーが常に情報交換を行い、大会の趣旨を共通理解しつつ、これを涵養するという信念で主体的、積極的に取り組めたことでやり遂げることができた。学校教育活動だけでは学ぶことのできない多くのことを学んだ。

若年期の様々な経験は、未熟な筆者にとってとてもやり切れるとは思えないものばかりであったが、目標実現のために、新たな取り組みに主体者となって挑戦することの素地を養ってくれたと考える。

３．学校改革に取り組む：中堅期

(1) 学校改革への挑戦

２校目に異動したのは開校１年目の普通科高校だった。この学校は、地域から「地元に公立高校を」という願いもあって作られた学校であり、地元中学校との連携状況も良好であった。生徒の進路希望は大学、短期大学、専門学校、就職がほぼ１：１：１：１という割合で、生徒数は開校当初１学年12クラス（１クラス48人）規模であったが、少子化の影響もあり、異動する時（平成13年度）には他校と同様に１学年８クラス（１クラス40人）規模になっていた。

筆者はこの学校で18年間勤務することになるのだが、ここでも普通科高校での初めての担任業務、部活動の創設と指導、創立10年目に同窓会設立と運営、教務部員としてのカリキュラム編成などの貴重な体験をすることができた。加えて２年間大学院でフルタイム学べたことは、教育者を続けるにあたって得難い学びの場となった。

大学院修了後、教諭として最初の学校改革に取り組んだ。当時は学校週６日制から土曜日を週休日とするための週５日制が進行中で、どの教科の週あたりの時数を減らすかを各校が議論している時代だった。筆者は教務部員として、生徒の現状をふまえた教育課程を編成して教科代表者会に提案していたのだが、教育課程の全体像を俯瞰することに慣れていない教員が多く、教科代表の教員からは自分の教科の週当たりの授業時数を減らさないための主張を中心とする、つまり教科の利益代表としての発言が多かった。筆者には、週当たりの授業時数減少を踏まえての教育課程再編という中心課題を、教科代表の教員に理解してもらうための説明力が不足していたことで、議論を前に進めることに苦慮していた。

そのような時に、大学院で２年間フルタイムで学ぶ機会を得た。大学院では、学校経営や教育課程経営（内発的改善事例の分析）について深く学ぶことができた。教員生活の半ばにあたる時期に大学院に行けたことで、教育を見つめ直し、これから自分が考える教育を推進していくための学びを深めることができた。

(2) 普通科総合選択制高校を創り出す

大学院での学びを終えて学校に復帰した時、学校は普通科高校から普通科総合選択制高校に改編するための準備を始めていた時だった。普通科総合選択制高校とは、基礎学力を重視しながら興味・関心や進路希望に応じてエリア指定科目（後述）と自由選択科目を選択して、進路実現の力を育む高校であり、教育委員会が独自に設置した新しいタイプの高校である。

この学校は開校から10年余り経っており、教育課程のみならず学校教育活動のあらゆる分野での改善の必要性があることを感じている教職員が少なからずいた。このことを踏まえて、複数の幹部教員と相談し、この改編を教育課程の改編だけにとどめることなく、学校改革というより大きな内発的改善にしていこうと提案し、同意を得ることができた。

これを実践するにあたっては、先ずその中心となる組織が必要であると判断した筆者は、校長の許可を得て複数の幹部教員とともに学校改革のための組織を作った。この組織を「合同会議」と呼び、校長・教頭・分掌長に加えて、各組織の代表者も参加しての構成とした。

合同会議は最初に、生徒の学習・進路の状況、教員の教育課程についての現状認識、地域の現状とニーズなどについて調査した。その結果を教職員で共有してから学校改革に対するテーマを設定し、改革をイメージするための図を作成して取り組みを始めた（図１参照)。

メインテーマを「一人ひとりの個性を大切にし、全ての生徒の進路保証をめざして」とし、その実現をめざして４つのサブテーマも作った。このテーマの実現をめざした実践をするためには、取り組みを学校内で完結させようとしても実現は難しいと考え、地元の小中学校と本校を地元校として育成しようと考えていただいている組織（地元中学校の教員が中心となった育てる

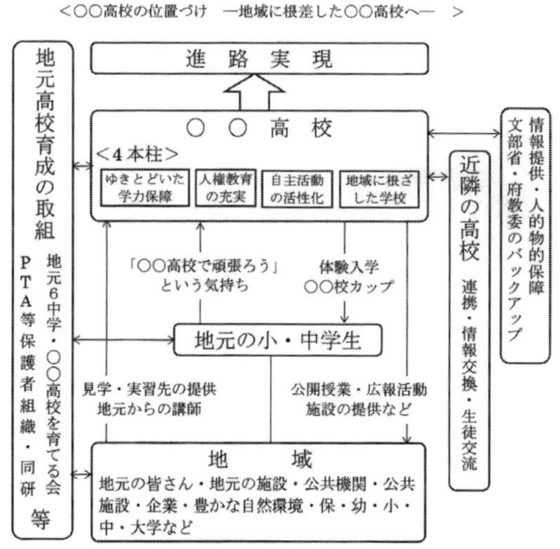

図１　高校の位置づけ（外部との連携）

会やPTAなどの組織)、地域の皆さん、近隣の高校、教育行政機関などとの連携を重視した。

地元の小・中学校には、「学校の取り組みを正しく知り、目的をもって入学してほしい」、「地域や地元校育成組織とはあらゆる内容について連携・協力する」、「近隣の高校とは授業などでの連携をとり、教育行政機関の施策も有効に活用させていただく」、このような思いを持って改革を進めた。

改革内容は多岐にわたったが、ここでは普通科総合選択制高校に改編するための科目設置について記述する。改編に当たってはこれまで以上に多くの選択科目を設置する必要があり、現場の教員が主体となって設置しようと取り組んだ。当時の生徒の進路希望から様々な科目の設置が必要だと考え、生徒にも受講したい科目を聞くという試みを行った。案の定、進学対応科目の設置や就職に関連する科目、興味・関心を充足させるための科目など、希望科目は合わせて100科目を超えた。

加えて、一般の方でお持ちの専門性を高校生に伝えたいと思っている方を募集して、「教育ボランティア」として授業をしてもらう科目の設置も行った。この募集は新聞の一面に掲載されたことで、30人を超える方々からの応募があった。全ての方々から教員が1対1でどのような内容を生徒に教えたいのかについての聞き取りを行い、公立高校としてふさわしくない内容のものを除いて、特別非常勤講師による科目として設置した。

このような経緯を経て設置した科目をもとに、普通科総合選択制高校とし

表1　特色ある開設講座（一部）

■教育ボランティアによる講座
コンピュータの活用、優しい社会福祉と介護福祉入門、仏像彫刻（心を彫る）、「くすり」について考えよう、消費者問題を学んで悪徳業者をやっつけよう、人間関係とマナー、5か国語の扉をたたこう、着物とマナー、発明の仕組み、トールペインティング、生きたマスコミ学、生け花、茶道、日本舞踊、など
■生徒の希望をふまえ、教員が教科を超えて担当する講座
お料理1年生、和太鼓をたたこう、恥ずかしくない海外旅行入門、ロック・クラシックス、ドラムス初級講座、地元歴史散歩、おもしろ世界史、楽しい自己分析、ビデオ作品の制作と鑑賞、3 on 3バスケット、など

て、６エリア（国際コミュニケーション、福祉ヒューマニティ、スポーツ健康、情報表現、環境自然、理数）を設定した。２，３年生で12単位分をエリア選択科目、22単位分を自由選択科目とするなど、生徒の進路目標に合わせた様々な科目を設定することができた（表１参照）。自由選択科目の中には、近隣の工業高校に出向いて受講する科目「自動車工学」も設置した。

中堅期の教員の一人として、多くの教員とコミュニケーションを図りながら合同会議を停滞させることなく前に進めた。常に校長との報告・連絡・相談を怠らず、学校改革に必要と考えられるステップを踏まえたことが、多くの教員の意欲を削ぐことなく、改革を前進させることにつながったのだと考える。

一人ひとりの教員が、生徒のために出来ることは何かを考えて積極的に提案する文化があったことが、内発的改善の原動力であった。

４．学校改革への取組み：教頭期

(1) 組織づくりから新たな取り組みへ

次に赴任した高校は、翌年度にもう一つの高校と統合再編して普通科単位制高校になることが決まっている普通科高校であった。特別支援学校や、前任校在籍時の学校づくりの経験と大学院での学びを踏まえて、再び生徒のための新たな学校づくりに参画できることに対するわくわくする気持ちを持って赴任した。

改編前の高校（母体校）には生徒が在籍しており、保健体育の授業を担当しながらの新設校づくりとなった。２年目からは新高校の１期生が入学してくるとはいえ、最後の母体校生を卒業させるまでは彼らに寄り添いたいと考え、１年目に続いて２年目も母体校生の授業を担当していた。しかし、新設校の教頭が体調不良で入院したことから、急遽９月から筆者が新設校の教頭職を拝命することになった。

母体校の保健体育科教諭としての職務と来年度から入学してくる生徒のための新設校づくりの職務を並行して取り組む、いわば「２足の草鞋を履く」という状況で１年半勤務し、その後新設校の教頭として４年半勤務した。

新設高校開校にあたり、校長が地元の教育委員会や中学校を中心として徹底的に現状認識のための聞き取りをし、統合される2校の歴史なども踏まえて、進学重視型の普通科単位制高校として学校をスタートさせることになった。

当初は新設校の開校前であったため、開校1年前に母体校に赴任した7名の教員と管理職での開校準備となった。進学重視型単位制高校という新しいタイプの高校を作るということで、学校運営体制や教育課程も一から作ることとなったが、多くの教員がいい学校をつくりたいという思いでそれぞれの担当分野に積極的に取り組んだことは印象深い。これは、校長が「地元のニーズを踏まえて進学重視型の普通科単位制高校を作る」という明確な学校づくりのビジョンを持ち、それを共有できたことが大きな要因であったと考える。

ビジョンを踏まえて学校教育目標は、「もっと……したい」という思いから作成した。「もっと学校での勉強で学力を向上させ、進路希望の実現を図りたい」という思いから「学習活動の重視」、「もっと当たり前に挨拶ができ、学校や社会のルールを守ることのできる生徒になってほしい」という思いから「規範意識の確立」、「もっと積極的に行動し、コミュニケーション能力を高めてほしい」という思いから「自主自立の精神の育成」、「もっと持てる力をこれからの社会で発揮してほしい」という思いから「国際理解教育の推進」の4つの目標を立てた。

この学校教育目標達成のための8つの基本構想(PRTGに基づいてPPDCAサイクルを回す[(1)]、学校教育活動における職員文化の継承・発展とシステム化・マニュアル化への改善、施策・制度の有効活用など)も同様に、「もっと……したい」という思いから作成した。

(2) 校内組織と学校運営〈もっと教員の職務をスリム化・平準化したい〉

教師にも生徒にもわかりやすい組織と職務のできる限りの平準化をめざして、新たな校内組織と校内制度を作るとともに、学外連携も視野に入れて学校運営をすることとした。現状にとどまることなく常に前進することを念頭に、情報発信や学校評価・授業評価にも取り組んだ。

校内組織をSLT生徒サポートシステムという考えのもとで構築した。教務と進路指導をまとめて学習指導室(Study support)、生徒指導と保健をまとめて生活指導室（Life support)、その他学校運営全般を学校運営室（Total support）として３つの室にまとめた。これに学年間の指導の統一を意図しての学年室とを合わせて４室とした（４室体制)。各種委員会なども全ていずれかの室の所属とし、室長が中心となって可能な限りの職務の平準化をめざした（図２参照)。

この組織体制のもと、各組織の職務内容について、誰がどの職務の責任者であるかを明確にするために室ごとの役割分担表を作成した（表２参照)。

学校運営としては、各室が所管する職務内容を整理し、様々な行事・取り組みの実施要項や各種様式などを電子データ化することで、引継ぎの簡素化や必要な書類をすぐに印刷して使えるようになどの配慮も合わせて行った(内規集の電子データ化)。

しかし、担当した行事・取り組みの実施要項や引継ぎ事項を電子データとして保存しない教員がいたことや、すべての教員が何かの職務の責任者としたことに反発する教員がいたことには苦労した。教員文化の難しいところである。

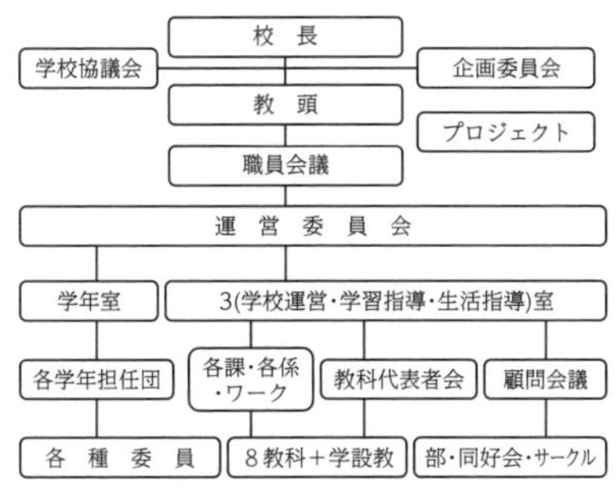

図２　校内組織体制図

表２　室ごとの役割分担表（一部）

室	課	係	ワーク	責任者
学習指導室	進路サポート課	大学係	指定校推薦会議	
			３年生用「進路のしおり」	各ワークごとに教員の名前を入れ、責任者を明確にした
			センター試験受験指導	
			四大指定校推薦集約	
			四大資料整理	
			四大受験・面接指導	
			短大指定校推薦集約	
			短大資料整理	
			短大受験・面接指導	
		専門看護医療係	ガイダンス室管理	
			看護医療指定校推薦集約	
			看護医療資料整理	
			看護医療受検・面接指導	
			看護医療模試案内	
			専門学校指定校推薦集約	
			専門学校資料整理	
			専門学校受験・面接指導	
		就職係	求人統計作成	
			求人票整理	
			公務員講習案内	
			公務員模試案内	
			就職・公務員受験指導	
	学習サポート課	学力向上係	学力保障委員会	
			学外学修の単位認定	
			基礎学力チェック	
			考査前土曜講習	
			学力補充講習	
			教育実習	
			スタディーサポート	
			インターンシップ	
			高大連携	

(3) 学力の向上と進路保障〈生徒の持つ力をもっと引き出したい〉

教員からのアイデアを踏まえ、すべての学校教育活動を通して生徒の学力向上と進路保障に取り組もうと、「モチベーションの向上」、「授業を通しての学力保障」、「授業時間外での学力向上」という３つの柱を立てた。

「モチベーションの向上」としては、①１年次のホームルーム合宿を活用しての学び方指導、②技能審査の単位認定制度を活用して漢検や英検など10種類ほどの技能審査の結果を単位認定、③特別非常勤講師制度を活用して教員では出来ない授業の実施、④生徒手帳をシステム手帳化し、進学目標達成に向けても積極的に活用することなどに取り組んだ。

「授業を通しての学力保障」としては、①始業時間を８：40始業から８：10始業にして部活動時間を確保する文武両道、②前後期制・半期認定制とし２年生前期終了時にもクラス分け、③教育課程編成で進学目的別に進学対応科目、進路探求科目などを設定し、進学先の見極めや進学目標達成をめざしての科目設定などに取り組んだ。

「授業時間外での学力向上」としては、①各学年の担任団が各教科から課題を集め、バランスを考えて週間課題、週末課題に取り組ませる、②自習室を設置して昼休みや放課後の学習場所の確保、③土曜講習会、長期休業中の講習会実施、④生徒一人ひとりのための進学対策委員会・学力保障委員会の設置などに取り組んだ。

様々な取り組みを計画し実践したのだが､学校経営ビジョン（信念を持つ）が明確で、学校教育目標を幹部教員で構築し（戦略を立てる）、実践に向けての基本構想を踏まえてほとんどすべての教員がアイデアを出して（戦術を練る）実践していったところに、統合再編高校としてこのような船出ができた要因があると考えられる。

(4)〈もっとリーダーシップを発揮し、マネジメントしたい〉

２校を統合再編して新校を創るにあたっては、時代の変化を踏まえ、生徒が巣立つ社会を見据えて、より生徒に必要な教育を展開するために、明確な目標を持った高校を創造していくことが求められる。その目標達成に向け、他の公立高校がほとんど取り組んでいないような取り組みとして、前述したような始業時間の前倒しや半期認定制などを導入したため、校地・校舎を引き継ぐ母体校と共存する２年間については、体育祭・文化祭などの行事運営、専門教室や食堂の利用、上履きのあるなし、教室改善工事の騒音など、統合再編校ならではの様々な課題対応が必要であった。

校長は校地・校舎を引き継ぐ母体校と新設校の校長を兼務することから、その対応は相当難しかったが、それぞれの心情を踏まえつつも学校の未来を見据えて着実に前進させた。校長は外部との対応もあったので、教頭としての筆者は主に校内での課題解決にあたった。指導要録や校旗、記念品、使える備品などの引継ぎ、母体校２校の記念室設置、２校合わせて80年分ほどの卒業生の指導要録を法令に則って整理することなどはとても大掛かりな取り組みであったが、それにもまして大変だったのは同窓会の統合であった。紆余曲折を乗り越えてではあるが、何とか両校の同窓会も引き継ぐことができた。

開校に至るまでの厳しさは、１年目の入試で募集定員の３倍ほどの受験があり、取り組みが認められた思いで胸が熱くなったし、開校後は新設校の多くの教員や生徒とともに進むことで頑張り切れたと思う(2)。

5．普通科高校教員養成コースの創造：校長期

(1) 学年末での異動

３月中旬になって、別の普通科高校の教頭として入試業務を担当することになった。その高校の教頭が入院したことに伴う緊急措置であった。

面識のない教員集団と実施する入試はいつも以上に緊張を強いられた。特に赴任校は、前年に入試で定員割れを経験していた。教員の中には、その原因が筆者の前任校にあると考える者もいたので、その学校の教頭が来たということで風当たりも強かった。入試は無事に終えることができ、４月には入院していた教頭が復帰するとのことで、筆者は勤務２週間で次はどこに異動かと思っていたのだが、結果は４月から２人教頭として残ることとなった。

(2) 学校評価・授業評価の導入

6月には、校長から学校評価（授業評価を含む）の研究指定校となることから、その企画・実践・考察を任せられた。企画・実践にあたり、一定数の教員は生徒や保護者から評価されることに不安があったようで、職員会議では多くの反対意見も出たが、校長の「実施します」の一言で実施することとなった。学校評価アンケートの生徒、保護者の提出率は95％を超えていたが、教員の提出率は10％程度と低調であった。授業評価アンケートの生徒の提出率はほぼ100％であった。

学校評価、授業評価の集計結果とその考察を踏まえて、①学力の向上と進路目標の実現、②高校生活の充実、③学外との連携、④学校運営体制の改善という4つの課題を抽出し、次年度から改善に向けて取り組むことを職員会議で確認した。この段階では現校長が最終年度であったため次期校長に引き継ぐべしであったが、結果として筆者が校長になったことで、奇しくも筆者が先頭に立って改善に取り組むこととなった。

前任の校長からは、定員割れの原因を作った学校の教頭、多くの教員が反対する学校評価、授業評価をいきなり実践した教頭が校長になるということも念頭に、「もともと本校には一筋縄ではいかない教員が他校以上に多くいることから、学校改善に着手するときは慎重に」と引継ぎを受けた。しかし、学校評価、授業評価の結果から抽出された課題の改善のためには、これまでの経験と大学院での学びなどを総動員してでも、改善に踏み切ることに躊躇していられないという気持ちの方が上回っていた。また、保護者からの改善に対する要望があったことも、改善意欲に拍車がかかる要因となった。

改善にあたっては、生徒・保護者・教職員・地域などのために1年目から着手する、教員文化も含めて改善するという強い決意を持って校長1年目をスタートさせた。このように決意したことの背景には、以下の3点があげられる。

①教諭期に2年間、大学院で学校経営について学んでいた。
②校長になる前に、同校で教頭を1年間していた。
③その教頭期に学校評価・授業評価を実施し、既に課題を把握して改善点を整理できていた。

(3) 学校改革の全体像

教頭期に職員会議で確認した４つの課題改善のために、実施した改善内容は多岐にわたる。１年目には、職員会議の見直し（挙手採決の廃止）、校内人事の見直し（教員主導の人事から校長任命制に）、卒業式の見直し（対面式を正面に）などを実施した。２年目には、入学式の見直し（国旗、校旗を正面掲揚に）、校内LANの構築、学校内規の電子データ化、模擬試験の導入などを実施した。３年目には生徒の進路目標実現をめざして教育課程を見直した。教育課程見直しの一環として「教員養成系コース」を導入した。４年目、５年目にも様々な改善を実践したが、ここでの紹介は省略し、３年目に実施した「教員養成系コースの設置」について、より詳細に記述する。

(4) 教員養成系コース

1）設置の経緯

学校評価・授業評価結果を踏まえて改善したことで学校がよくなったと学校内外から評価されることで、教員の改善に対するモチベーションも上がるし継続性も高まる。そのためには様々な改善の象徴となるような取り組みが必要であると考えていた時、校長２年目に教育委員会からコースを設置する学校の公募があった。そこで、これに応募することで、教員のモチベーションの維持・向上や継続性を担保しようと考えた。また、予算面の配慮や教員加配などがあるということもコース設置の追い風になると考えた。

本校教職員、地元中学校、地元の市教育委員会などと話し合う中で、本校には「教員養成系コース」を設置することがふさわしいと考え、計画を進めることとしたのだが、様々な課題に直面し、その対応が必要となった。ここでは、教員対応、科目設定、引継ぎについて記述する。

2）教員の共通理解を図る

当初、教員にコース設置について前向きに取り組むことを話した時、多くの教員は、「普通科にコースなど必要ない」、「設置できるはずがないし設置できても続かない」、「誰が運営するのか、仕事が増えるだけ」という意見が大半を占めていた。どんなコースを作るのかにも進めない状況であった。

そこで、本校に対する地元の期待を丁寧に聞き取り、教育実習生として卒業生が毎年一定数帰ってくることなどを勘案し、学校改善に前向きな教員などと相談して教員養成系のコースを作ることとした。この時は「どうせ設置などできないだろう」という雰囲気が多くを占めていたが、反対意見として発言する教員はおらず、共通理解を図れたとはとても言えない状況であったが設置に向けてのスタートを切ることはできた。

3）コースの科目設定と引継ぎ

コースを設置するということは新たな教科を一つ作ることに匹敵すると考え、慎重かつ大胆に進めようと準備委員会のメンバーと知恵を出し合った。

コース科目としては、「入門科目」として本校の生徒が進学を希望する大学の教員から、「教育」をキーワードとした授業を、リレー形式、オムニバス形式でしていただく科目（初年度は25大学から40名が来校して授業）や、「経験科目」として実際に学校現場（保育所、幼稚園、小学校、中学校、特別支援学校）に行って現場を経験する科目（５回程度の実習経験を２校種経験する）などを含めて６科目ほど設定した。

このような科目を設置するにあたっては、準備委員会の教員が、具体的な科目運営について知恵を出し合ってくれた。例えば生徒（１年生）へのコースの説明方法や、担当教科とコース科目の持ち時数の配分、実習指導に行く際の担当校決め、成績処理方法などがそれにあたる。

コースを選択した生徒は、入門科目では目を輝かせて受講し、経験科目では私たちの想像以上に園児・児童・生徒のために出来ることを考えて積極的に取り組んでくれ、学校園からもお褒めの言葉をいただいた（表３参照）。

このような状況から、設置当初は多くの教員が様子を見ているという状況

表３　「体験科目」実施状況（１年目）

	前期６・７月		後期10・11月	
	校園数	参加生徒数	校園数	参加生徒数
保育所園	14所	20名	15所園	25名
幼稚園	7園	29名	6園	25名
小学校	12校	24名	12校	24名
中学校	8校	16名	7校	15名

であったが、コースに所属する生徒の前向きな取り組み状況などから、今では多くの教員がコース設置の意義を理解してコースの取り組みに参画してくれている。

このコースの継続性を担保するための方法としては、毎年責任者や担当者を変えるというのではなく、同じ教員が複数年担当する中で引き継ぐ教員を養成するという方法をとった。当初はうまく引き継げるか不安であったが、前述したように生徒が前向きに受講することから、多くの教員が前向きに担当するようになった。また、コースを設置して1年が経った段階で、1年間の取り組みを報告書としてまとめるとともに、どの教員がどの科目でも担当

〈生徒の感想文から①〉

僕はこのコースを選択したくて入学しました。このコースで講義などを受けて、教師という職業についてさらに深く学ぶことができたと思っています。大学の先生の講義などあまり聞く機会がないので、たくさんの大学のことも知ることができました。

また実地実習では、保育園と中学校に行かせていただきました。保育園では主に5歳児の担当で、自分よりだいぶ年下の子を指導するのは、大変だったけど、一緒に学べて楽しかったです。中学校では自分とあまり変わらない年齢なので、受験のことなどや高校生活の話などとても興味を持ってくれて、みんな真剣に話を聞いてくれてとても嬉しかったです。このコースを通して、教師の仕事についてたくさん学ぶことができたし、僕ももっと教師に向けて頑張ろうと思いました。

〈生徒の感想文から②〉

私は幼稚園教諭にあこがれてコースを選択しました。実地実習に行くことで、教育の魅力、難しさを体験し、大学の先生の教育に関する様々な講義を聞くことで、それらを頭で理解することができました。実地実習先の先生や、大学の先生の熱意をすごく感じ、単に「憧れ」だけで就いてはいけない職業だと思いました。

もともと将来したいこと、したい職業がほかにもある私は、コースの体験をしてそちらに傾いたかなと思います。いずれにせよ、職業を選択するうえで、学問、知識の前に強い意志が必要であることをしっかりと肝に銘じることができたので、私はこのコースを選択して良かったと思いました。

できるように「教員マニュアル」を作成した。

生徒にも、このコースの2年間をイメージし事前準備や振り返りが出来るようにと、「コースノート」を作成した。

この学校で5年間校長を務めたが、毎日が走りづめであったように思う。うまく改善できなかったことも多々あったが、多くの学校改善に着手し、その改善を前に進められたことは、少しは生徒・保護者・教員・地域のためになったのではないだろうか。改善内容が今も引き継がれていることについては、今勤務しているすべての教員に感謝したい。

若年期から教頭期までの経験を踏まえ、校長として様々な学校改善に着手するにあたって常に念頭においていたことをまとめると以下のようになる。

先ず、校長は改善に本気であり、途中で逃げ出したりしないと認識してもらえる言動や行動をとっていたことが挙げられる（教職員は常に校長を評価している）。このことは教員だけではなく、生徒に対しても、同様で、毎朝正門で登校を出迎える、始・終業式では生徒に本気で話すなどの実践から、生徒からも信頼されていた（このことから、学校改善に先頭に立って反対をしていた教員も、校長が生徒から信頼されていることについては認めてくれていた）。

また、地元中学校区の会合、学校がある市内の中学校や教育委員会などには積極的に顔を出し、信頼関係を構築していたことなどもその一環である（このことから、教員養成系コースの「経験科目」として設置した科目で、幼稚園や小・中学校などに実習生の受け入れを依頼した時も、校園長が積極的に受け入れてくれた）。

次に、改善の必要性を理解してもらうために、教員には「井の中の蛙」にならないよう、様々な学外の情報を国、府からの通達やメールマガジン、新聞などを活用して伝えていた。

実際に改善に着手するにあたっては、学校評価、授業評価だけでなく生徒、教職員、保護者、地域などからの声を聞くなど、できる限りの現状認識に基づいて改善することや、生徒だけでなく、教職員、保護者や地域など学校全体のために改善することも常に念頭においていた。

こうした実践を支える筆者の信念は、次のように言い換えることができる。

学校改善にあたっては、出来る限りの現状認識に基づき、生徒のみならず学校に関わる全ての人の為を思い、中長期ビジョンに立って改善の種を植える。植えた種をいかに芽を出させ、葉をつけ、花を咲かせるかについては教職員と十分に相談し、誰が水をやり、光を照らし肥料を与えるかについては出来る限り多くの教職員が役割を分担し、何かが抜けることで枯れることのないようにする。成長過程においてはうまく成長しているかについての評価を忘れない。うまく成長を始めても、その取り組みが次の種の成長のための参考となるように記録を取り、引継ぎを十分に行う。そんな毎日の5年間の校長生活であった。

筆者は35年間の教育実践を通して、どの期においても生徒のために自覚と責任を持って取り組んできたつもりである。どの期においても目の前にいる生徒のためにMore betterな取り組みをしようと心がけ、実践してきた。

筆者にとって仕事をするということは、すべき仕事（Must）をすることはもちろんであるが、もっと生徒のために何ができるかを考えて、新たな取り組み（Will）に挑戦する毎日を積み重ねることである。一人の力には限界があるので、職場の仲間と協力して実践することにも心掛けてきた。そのおかげで職務遂行能力（Can）の幅も広がったと思う。

注

(1) PRTGとは、学校教育目標の実現を前提（P：Premise）として様々な現状に対する調査・研究（R：Research）を行い、その結果に基づいて向こう数年間の中期ビジョン（T：Target）を立て、中期ビジョン実現のためのステップとして1年間の短期ビジョン（G：Goal）を立てることを指し、PPDCAサイクルとは、公立高校は宣伝・広報が苦手なので、P（Plan）とD（Do）の間に、計画したら実施する前に宣伝・広報しようと、P（Publicize）を加えた。

(2) 長井勘治『More Better ―大阪府立槻の木高等学校開校4年間の記録―』日本教育綜合研究所、2008年

教師のライフコースシート（名前　ＡＺ　／地域　大阪　／校種　高校　／教科　保健体育　／年齢 57 歳　／経験年数 35 年　）年月日：230913

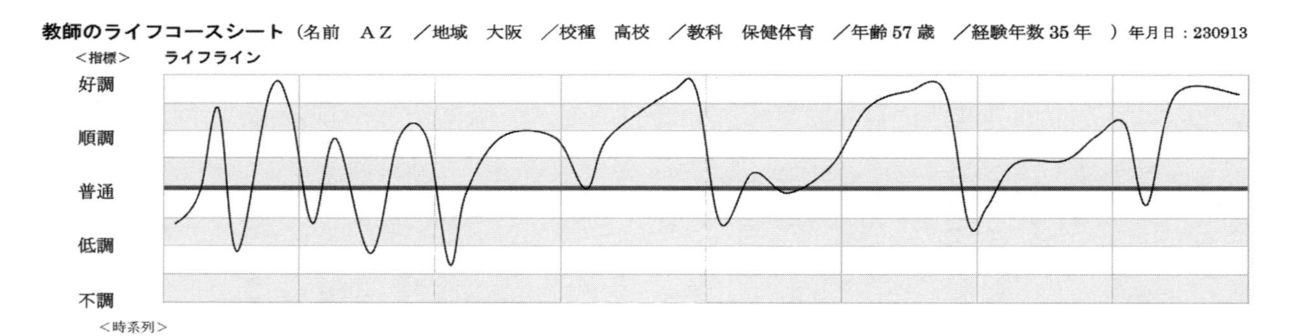

<出来事一覧>

年限 期間(年～年)	5 年 1979 年～1983 年	14 年 1984 年～1997 年	2 年 1998 年～1999 年	2 年 2000 年～2001 年	1 年半 2002 年～2003 年前期	4 年半 2003 年後期～2007 年	1 年 2008 年	5 年 2009 年～2013 年
学校 職種・職位	A 特別支援学校 教諭	B（新設）高校 教諭	C 大学大学院 院生	B 高校 教諭	D 高校 教諭	E（新設）高校 教頭	F 高校 教頭	F 高校 校長
学年、分掌校務、 部活動等 研究活動	高等部、 サッカー部、スペシャルオリンピック銅メダル SO 全国大会運営 部活中の生徒の事故 GSR の研究補助	教務部、生徒指導部、保健部 野球部監督、野球部保護者会 小学生を招いての野球教室、 福井カップ、 昼休みの生徒の事故 教育課程関連研究	教育課程経営	教務部、普通科総合選択制高校創り 野球部長	生徒指導部 野球部長	普通科単位制の教育課程構築、 広報(HP 作成、説明会等)、 前後期制、 E 高校の本著述	学校評価、授業評価実施と研究報告書作成	入学式、卒業式改善 職員会議挙手制廃止 職員朝礼の導入 校内人事見直し 内規の見直し 地域連携の強化 年間行事計画刷新 高野連副会長 新型インフルエンザ流行
子どもとの 出会い	サッカー部員、 保護者	授業経営、学級経営、部活経営 H君			授業経営 I 君	J さん、K さん		L さん、M さん O部、P部
キーパースン、 教育実践課題	Q校長 行事 部活動創りと運営	R校長、教員 部の保護者会長 教育課程経営	指導教官 院生仲間	B高校の教員 普通科総合選択制高校創り	S校長	S校長 普通科単位制高校創り	F 高校の教員 学校文化の現状認識	F 高校の教員 教員文化、進路保障、保護者・地域連携
個人、家庭生活		結婚　長男誕生 長女誕生						優秀教職員表彰

6．実践研究の意義と難しさ

(1) 実践研究の意義

実践研究は、これからの教師にとって一つのロールモデルとなり、ライフコースを考えるにあたっての目標・指針となり、実践に際してのプロセスなどをイメージしてもらえるという観点から意義があると考える。勤務する学校にとって初めてとなるような実践を行うに際しても、先行する学校の事例を参考にすることができれば、留意すべき点などについて見落とすことが減り、危機管理が進み、自信を持って取り組むことにつながるだろう。

筆者自身、教員養成系のコースを設置するにあたっては、参考にできる実践研究が見当たらなかったため、関西の府県で先行実施している学校の事例をホームページなどで探し、実践上の留意点やヒントを探した経験がある。児童生徒の現状を踏まえ、児童生徒のために何か新しい取り組みを実践しようとする教員は少なからず存在する。そのような教員の参考となる実践研究があれば、新しい取り組みに挑戦するにあたって、ホームページの情報を超えたプロセスや留意点など、より多くの情報を踏まえ、より精緻な計画を立てて取り組めると考えられる。

しかし、多くの教員の役に立つ実践研究を記述するにおいては、その難しさも存在すると考える。

(2) 実践研究の難しさ

1）学校概要の記述、沿革・背景の記述

生徒文化、教員文化、学校文化などは学校ごとに違うし、全く同じ学校など存在しない。また、保護者・地域との連携状況、生徒指導・進路状況、教育課程、沿革なども学校ごとに違うし、それを踏まえて校長が将来ビジョンを見据えて作成する学校経営計画についても同じ学校など存在しない。

筆者が実践事例をホームページなどから探し、その学校が公表している内容を参考にしつつも、学校概要や実践の背景が見えない状況から参考にできる内容は限られていた。

実践研究を記述するにあたっては、学校概要や実践の背景を記述することにも腐心する必要がある。

2）目標、プロセス、結果の記述

取り組みを実践研究として記述するにあたっては、その取り組みに至った現状や背景を踏まえた目標を記述し、具体的にどのようなプロセスを踏まえて実践したかを記述し、その結果を記述する必要があると考える。またうまくいった部分だけを記述するのではなく、失敗した部分や成功したとしても苦慮した点などについても記述した方が、参考にするロールモデルとして良いだろう。

しかしこれを全て記述するには相当のページ数が必要となる。記述には紙幅の制限があることから、どの部分に絞って記述するのかがこの研究の難しさであり、取り組みを参考にしようとする教員を想像して書くことが求められる。

3）量を集めることの難しさ

学校教育活動は多岐に渡っていることから、様々な分野における実践研究の量も求められる。以前は多くの学校で、日々実践されている内容を教員が記述し学校ごとに研究紀要としてまとめていたが、多忙化からか今はあまり見ない。

現場で日々実践に取り組んでいる教員がそれぞれの実践について記述し、量を確保することも重要であるが、難しさでもあると考える。

Profile

長井 勘治　NAGAI Kanji

1957年大阪生。京都教育大学卒。特別支援学校教諭として５年、高校保健体育科教諭として２校19年半勤務した後、教頭、校長として２校10年半勤務。この間、兵庫教育大学大学院修士課程修了。2014年より武庫川女子大学、同大学院に勤務。教育経営、教員養成を担当、現在は特任教授。2022年より兵庫教育大学大学院客員教授、大阪府教育庁教育行政評価審議委員会委員を兼務。

著書・論文に『More better もっと……したい：大阪府立槻の木高校開校４年間の記録』日本教育綜合研究所、「学校改善を意図した校長と教員の協働についての実践事例」『日本教育経営学会紀要』第57号、「学校事故」日本教育経営学会編『教育経営ハンドブック』学文社など。

第8章

学校づくり実践と教員としての成長

深野　康久
元大阪教育大学

1．教員としてのキャリア

1977年4月に大阪府の高等学校社会科（地理）教諭として採用され、創立2年めの大阪府立A高等学校に赴任し、主として生徒指導や特別活動を担当した。1989年、府立B高等学校に異動し、荒れの時期を克服する過程を主に学年主任として経験した。

その後、1995年に大阪府教育委員会事務局高校教育課指導係の指導主事となり、主に生徒指導に関わる施策の実施や、入試と研修以外の学校で生起する様々な事案対応を経験した。1999年に指導係長となり、組織で仕事を進める方法を学んだ。

2001年から府立高等学校で唯一の定時制通信制併置校であるC高等学校、2004年から普通科と国際教養科併置校であるD高等学校、2007年から、後に進学指導特色校となるE高等学校でそれぞれ校長を務め、2011年3月に定年退職した。

本稿は、34年間の教員生活を若年期・中堅期・指導主事期・校長期の4期に分けて省察する。筆者自身の印象に強く残っている教育実践の一端を取り出し、併せて当時何を考えていたかを整理する。

2．新設校の息吹の中で：若年期

(1) 二足の草鞋でスタート

1977年4月、教諭として採用され着任したのは、前年度に新設され、非常勤講師として勤務していた大阪府立A高等学校だった。当時、筆者は文化地理学・文化人類学を専攻する大学院博士課程（後期）２年次に在籍しており、大学院生と教員の「二足の草鞋をはいた」スタートであった。前年、非常勤講師だった筆者に、教員採用試験の受験をすすめつつ、学問を続けることが教員としても自立することだと、大学院も続けるよう説かれたのは同校初代校長のF先生だった。

当時、高等学校などで自分の研究分野に関連する科目の非常勤講師を勤める大学院生がいた。中には、運よく大学教員の職に就く者もあったが、教員採用試験に合格し、公立学校教員として勤務しながら研究生活を続ける者も多かった。

(2) 新設校の息吹

当時、高等学校進学率が90％を超え、団塊ジュニアの高等学校進学による生徒急増期が始まっていた。大阪府では、１学年12学級規模を最大とする全日制普通科高等学校を毎年度新設し、1973年の76校から、1987年には147校にまで増加した。

急激な学校増による教員不足のため、経験の浅い新任教員が大量採用され各校に配置された。とくに新設校の若年化は著しく、平均年齢が30歳前後、なかには20代の学校もあった。

筆者の赴任校も教員の平均年齢は30歳、様々な学校運営を経験してきたベテラン教員と新任教員とで構成されていた。校長の方針は、前例のない新設校として、すべての教育活動を自分たちで議論し、創り出すことであった。校歌は新任の音楽科教員が作曲し、グランドのレイアウトは体育科教員、教務や生徒指導上の規定は各校務分掌でと、すべてを創り出す毎日は忙しいが楽しい毎日であった。

(3)「A高フェスティバル in 80」

１）学校の伝統を創る

創立２年めに、グランドと体育館が整備され、部活動が始まった。筆者も柔道部をつくり、放課後は生徒とともに汗を流す毎日となった。

翌年、３学年の生徒がそろった。生徒数約1600人の大規模校である。入学した３期生を担任するとともに生徒指導部に配属され、生徒会を担当した。

この年から夏休みの部活動合宿も開始された。生徒会執行部も、学校近くの公民館に合宿し、生徒会の活動について徹夜で議論した。この年は６月にすでに体育大会が行われていたが、教員が主導する運動競技に重点をおいた内容への不満があった。自分たちで行事を作りたい、全員が活躍できる体育祭と文化祭とを合わせた行事はどうかという案が出されたが、まずは秋の文化祭に全力を注ごうと意見をまとめた。

翌年２月、次年度の生徒会行事についての議論が始まった。暖房のない生徒会室のせいか、出てくるのは厳しい文化祭の反省ばかりだった。熱演にもかかわらず騒々しいだけだと酷評されたロック演奏、文化の香りがないと言われた展示、安直なテレビ番組の模倣、同じような模擬店の乱立、そして何よりも非協力的な一般生徒と一部活動的な生徒に分断されたことが問題になった。

生徒会役員自身が自らの頑張りを冷静に見つめていた。生徒達の自主的な活動を大切にしながら、教員とも一体となった学校行事の伝統を創ろうという意見が大勢を占めた。体育大会と文化祭を統合して学校祭とし、授業や部活動、クラス活動などの日常の学校生活を集大成して発表する機会としたい、と意見がまとまった。

２）燃えつきる生徒会行事を

こうした生徒達の議論をまとめ上げたのが、学校祭「A高フェスティバル in 80」だった。夏休みを準備期間とし、９月17日から文化の部準備日・文化の部第１日・文化の部第２日・体育の部準備予行日・体育の部と、５日間連続する行事である。

全体を統括する組織として、生徒会長・副会長・書記・会計の４役と、文化・体育・保健・部活動の各委員会委員長、学級代表連絡会代表（各学年１名）の計11名で学校祭実行委員会を構成した。

また、文化の部の具体的な企画運営は各クラスから選出された文化委員会が、体育の部は体育委員会が、保健衛生・清掃は保健委員会が、連絡調整は学級代表連絡会が担当する、というように、学校祭の各部分をそれぞれ専門組織が担当することにした。何らかの組織に属して活動する生徒の数はおよそ470人、全校生徒のおよそ3割となる計画だった。

行事が接続するので、全生徒が何らかの活動に主体的に参加しなければ全体が進行しない。全力を傾けて集中し、「燃え尽きる」生徒会行事の構想であった。「ゴーイング・アワ・ウェイ」をモットーに、自分たちの独自のものを創り出そうとする企画は、職員会議でも特段の異議なく実施に決まった。

今考えると、ずいぶん無茶な計画だった。校長時代の私なら、「生徒に負荷をかけすぎる」「健康安全の面から心配」「体育祭と文化祭を分けて1学期と2学期に」と強く指示したであろう。しかし、校長は「やってごらん」と許してくれた。

生徒の熱意は若い教員たちを巻き込み、夏休みには各クラスが演劇発表や教室展示の準備を始めた。「A高フェスティバル in 80」は、最終日の体育祭で聖火塔に見立てたグランドの給水場の屋根をトーチで焦がすなどの事件はあったが、全員くたくたになりながらも満足した学校祭となった。

たしかに生徒の大多数が燃焼した。その分、生徒の負担が大きく、筆者の転勤後、文化祭と体育祭が日程的に分離された。しかし今も「A高フェスティバル」の名称は残っていると聞く。

(4) 科目「現代社会」の研究

1) 社会科研究会での活動

当時は、教科や分掌ごとに教職員の研究会が組織され、ほとんどの教職員がこれに所属していた。府立学校だけのものや、私立学校を含めた組織もあったが、多くの研究会行事への参加が出張として扱われ、年会費も公費が充当されるなど、研究会活動への支援があった。

1978年8月、高等学校学習指導要領の改訂に伴い、社会科教員の関心の的は、社会科が地理歴史科と公民科に分離され、新しい科目「現代社会」が必修科目になることであった。

大阪府高等学校社会科研究会では、教材開発や授業プラン、評価などを研究する「現代社会研究委員会」が設置された。「現代社会」に文化領域が加えられることに関心を持っていた筆者は、委員長の府立G高等学校教諭H先生（後に府立I高等学校校長）に誘われ、参画することになった。

月1回程度の研究委員会に向け、B・S・ブルームの教育目標の分析や形成的評価論をもとに、現代社会の学習教材や授業案の作成に熱中した。

1989年1月、大阪府高等学校社会科研究会創立40周年記念行事の一環として、大阪市立労働会館でシンポジウム「社会科と科目現代社会を考える」が開催された。戦後の社会科教育の変遷を辿ったうえで、地歴科・公民科と分離される意味を論じた。筆者は、記録係として参加し、その短報が雑誌『高校教育展望』5月号（小学館）に掲載された。

2）雑煮調査

現代社会研究委員会での学びは、授業実践につながった。勤務校の周辺地域は、泉北ニュータウンをはじめとする新たに開発された住宅地と旧村とが混在し、生徒の家庭も古くから地域に居住する家庭と地域外から転入した家庭とがあった。そこで、「現代社会」の授業で、生徒自身の家庭の正月料理を調査し、その違いや由来を考察することにした。

民俗学では、正月料理は、たとえば雑煮は東日本ではすまし汁をベースにし、西日本では味噌仕立てにするなど、各地の伝統が反映されていることが知られている。このことを説明したうえで、各家庭の正月料理の作り方や由来を調査させた。

生徒達は熱心に調査に取り組んだ。夏休みの課題としたにもかかわらず、図や写真を載せるなど詳細な調査に加えて、親世代や祖父母世代の出身地の料理法と比較するレポートもあった。当時まだ家庭内に維持されていた出身地の文化と、その都市化を学ばせることができた。調査がきっかけで家庭での会話が弾んだ、と後に保護者から聞いた。

この実践は、「都市化進行地域における『日本の生活文化と伝統』の学習－雑煮調査をもとにした授業展開の研究」としてまとめ、1987年度府立学校教員等研究論文募集に応募し、優良表彰された。

(5) 校務で鍛えられ、研究会で成長

後に管理職になった時、同僚校長の多くが新設校の勤務を経験していた。前例のない中での学校づくりは、若い教員たちにとって喜びの経験であり、

後にスクールリーダーとなる資質の形成にもなった。当時の教員の多くは、研究会活動にも熱心に参加した。研究会が催す活動のなかで研鑽することは教員として当然とされていたのである。

筆者は高校教員一筋で生きようとして教員になったのではない。しかし、教員生活と大学院生活をともに続けることを促した校長、新設校の教職員と生徒の熱気、そして研究会の先輩や仲間との関わりのなかで、教員としての基礎が固まった。

３．荒れた学校の変貌を経験する：中堅期

(1) 生徒指導の学び

１）いわゆる困難校への異動

1989年、府立Ｂ高等学校に異動した。当時は入学定員336人（1989年）に対し、毎年100人程度の中途退学・留年者を数え、いわゆる指導困難な学校と言われていた。しかし実際に着任してみると、人権教育をベースにした、生徒に寄り添う丁寧な生徒指導が行われており、1985年頃から急速に落ち着いた学校に変貌していた。

教員は加配教員も含めて68名（1989年）と多く、１クラスを２～３人の教員が担任する複数担任制や、学年を「学年代表」と呼ぶ２名の教員が合議して取りまとめるなど、独自の経営体制をとっていた。また、生徒指導のベテランが多く、経験の浅い教員と一体となって組織的な生徒指導を展開していた。

２年めに学年代表（主任）になった。急速に荒れを落ち着かせた人権教育や生徒指導のベテラン教員たちと、毎年採用される若い教員たちをまとめ、バランスのとれた学年経営を行うことが求められた。

２）指導が通じない

毎日が悩みの日々だった。筆者の指導を全く受け入れない生徒が次々と現れた。前任校で主に規律指導を担当していた筆者には、集団指導の方法だけが身についていた。意識しないまま、強く厳しい指導をする「こわもて」の教員になっていたのである。

ある日、人権教育のベテラン教員から、「あの生徒はいくら厳しくしても効果ないよ。物心つく前から家庭内暴力の中で殴られて育ってきたから。一度すべてを受け入れてごらん。言うことをきくようになるよ」と言われた。生徒個別の状況を考えない、一律的な指導方法を厳しく戒められたのである。

同じように見える行動でも、その原因は生徒一人ひとりによって異なり、その背景も異なる。表層は同じでも、指導の方法は生徒によって異なることを、先輩教員は教えてくれた。

生徒に寄り添った指導が、その後の筆者の目標となった。しかし、新任教員時代から10年以上も培われた自己流と正反対の指導方法を会得するのに、同校勤務の6年間すべてを必要とした。

3）厳しい環境から巣立つ生徒

生徒は比較的低位の学力層が多く、また、厳しい経済状況にある保護者もいた。学習習慣が十分に身についておらず、5月の連休を過ぎると学校生活に適応できない生徒が現れるようになった。

「学校のルールを守ること」とともに「学校は楽しい場所であること、頑張ればいい結果があること」を教えなければならなかった。同僚教員をまねて、教材を全部自作した。楽しさを体感できるようイラストを入れ、毎回、簡単な問題を書き入れた。生徒が問題に答えることにより褒められ、達成感を感じることを目標としたのである。

また、毎週1回を目標に学級通信の発行にチャレンジした。学校行事の連絡と、誕生日を迎えた生徒を紹介する程度のものだった。しかし、学校で注目される経験の少なかった生徒にとっては、嬉しい体験だったようである。学年の後半になると、簡単な記事を書く生徒が現れるようになった。

家庭訪問した生徒の保護者から、「よく来てくれた。中学校時代には学校の話をしなかった我が子が、高校のことは話してくれる。学校の指導は理解できる。」と言われた。後に先輩教員から「教育は、きょういく（今日、行く）」だと教えられた。

多くの生徒は厳しい環境の中から社会に巣立っていった。筆者の退職後、面識はないが、教員採用試験を受験した卒業生の話を聞き、きっといい教員になるだろうと思った。

(2) 学年をまとめ、進める

人権教育を基盤とし、一人ひとりを大切にした指導は、長い時間を必要とする。不在がちな保護者に会うため、家に灯かりがつくのを近所の喫茶店で深夜まで待ったり、遅刻と欠席が続く生徒を毎朝、家に迎えに行く。生計が成り立たない家庭の生徒のアルバイト先を探す。そんな指導が当たり前のように行われる学校は、たしかに落ち着きのある学校に変貌する。しかし、教員の負担も大きい。

組織的に動く教員集団づくりのための合意形成を図るのはミドルリーダーの役割である。日常のさりげない会話の中で、各自の考えを聴き取り、同時に、生徒の情報を共有することに努めた。学校改革を推進してきたベテラン教員の実践をベースに、新任教員が持つ疑問やアイデアを活かした学年運営は、毎日の挑戦であり学びであった。

ある学年末、一人の成績不良生徒が話題となった。教員たちの気持ちを把握したつもりで、筆者は、留年もやむをえないと発言した。しかし、多くの教員は、補習を行い進級させるべきと強く主張した。

全体の意見を汲み、全体を代弁したつもりが、完全に的が外れ、孤立しかけた。幸い生徒は無事進級したが、状況把握や冷静な判断力を欠いていた当時のことは、今も冷や汗がでる思いである。

(3) 心を安定させた研究会

1）生き方についての葛藤

すでに述べたように、筆者は高校教員一筋をめざして社会人生活をスタートさせたのではなかった。大学院に在籍しながら教員生活を始め、いわゆる「二足の草鞋」を履こうとしていた。

前任校の時から、筆者は許可を得て母校の大学で地理学の非常勤講師を兼業していた。B高等学校に異動した際、当時のJ校長とK教頭（後に校長）は、二人して「困難校と呼ばれる学校が生徒指導だけで成り立つと思われていることが悔しい。困難校でも学問ができることを証明してほしい」と兼職兼業の手続きを進めてくれた。

しかし当時は、毎日の生活に心理的なゆとりはなかった。落ち着いてきたとはいえ、課題が山積し、対応に追われる毎日の中で、学年代表が学校を空けることは、職員集団のまとまりに影響する。学校を出ようとした時に、指導事案が発生することもあり、大学での講義を休まざるをえないことも続いていた。職場にいるときは感じなかったが、自宅に戻ると中途半端さが自分の心を不安定にしていた。

2）自主的な研究会

そんな筆者に、大阪府教育センター研究部長のL先生（後、M高等学校校長）と指導主事のN先生（後にO高等学校校長）から2つの自主的な研究会活動の機会が与えられた。池溝史（ちこうし）研究会と徹地理会（てっちりかい）である。

池溝史研究会は、大阪府の溜め池と用水路についての研究会である。当時、漁民・漁村を研究対象とし、滋賀県教育委員会の琵琶湖民俗調査や大阪府の水産業調査に関わっていた筆者は、池での淡水魚養殖に興味を持っていたため参加した。

大阪府内の地理・日本史を専門とする高等学校教員約10名が集まった。調査は日曜日と長期休業期間中に限られた。2,500分の1地形図を持ち、わが国最古のため池とされる狭山池（大阪狭山市）から大阪湾に流れ出る灌漑用水路を一筋ずつ地図に記入し、古文書調査・聴き取り調査を行った。

この成果は、1993年に「水利慣行調査―美原町阿弥地区の事例を中心として」『狭山池調査事務所　平成4年度調査報告書』にまとめた。作成した水利図は、大阪府立狭山池博物館に展示された灌漑水利のパノラマ模型の基礎図とされた。

筆者個人も、「大阪府の溜池と養魚」（浮田典良編『地域文化を生きる』大明堂　1997年）や「狭山池の漁撈と養魚」（『狭山池　論考編』狭山池調査事務所　1999年）などの報告をまとめた。

一方の徹地理会は「地理に徹して学び、完成したら、てっちりで一杯」が合言葉の教材開発の会である。1989年の学習指導要領改訂により、科目「地理」の目標が、網羅的学習を排し、世界を大小様々な地域的まとまりから考察することになったため、新たな教材と授業方法の開発をめざしていた。

大阪の地理教員約10名が、月に1回程度、土曜日の午後や日曜日に、仲間の教員の実家が営む旅館の一室を借りたり、会費を持ち寄って会議室を借りて集まった。各自が作成した授業案を全員で批判検討し、徹夜で作った指導案が木端微塵に粉砕されるのが常であった。この成果は、1989～1994年に『徹地理会研究報告集』Ⅰ～Ⅳにまとめられた。

この二つの研究会に自主的に参加した教員たちはそれぞれ個性が豊かで、学年主任や分掌主任を務めながらの活動であり、後に校長になる者もいた。すでに２名が惜しくも他界しているが、まさに切磋琢磨した仲間たちであった。

B高等学校時代の６年間は、自らの生徒指導や教科指導を考え直すとともに、ミドルリーダーとしての在り方を学んだ時代である。いわゆる困難校での厳しい職務が筆者を育ててくれた。しかし、この間、学校を離れると、二足の草鞋を履こうとしたことへの葛藤や不安を持ち続ける毎日だった。

迷いを鎮静化してくれたのは校外での研究活動であり、そのことが結局は教育実践の活力の源泉となっていた。校外での活動のきっかけを与えてくれたのは、いずれも先輩教員や校長であった。

４．学校を支援すること：指導主事期

(1)「苦情」と思うな

1995年４月、大阪府教育委員会事務局（現在の大阪府教育庁）の高校教育課指導係に指導主事として配属された。

教育委員会に勤務した1990年代は、生徒急減期をひかえて高等学校の教育施策が量的拡大から質的充実に変化し、総合学科などの新しいタイプの学校づくりや特色づくりが進行していた。また、1995年から月２回の学校週５日制が始まった。

新米指導主事の仕事は、朝７時過ぎに始まる。まず課長はじめ上席の机の雑巾がけ、次に新聞切りである。スポーツ紙・地方紙を含めて８紙、昨日の夕刊と今日の朝刊から、教育関係の記事を切り取り、コピーの束を課長から係長まで上席の机上に置く。中でも高校生の事故など数行の記事が重要である。校名が匿名であっても、およその検討をつけて学校を特定し、問い合わ

せる。学校への対応だけでなく、幹部職員が登庁した途端のマスコミ取材に備えるなど、情報管理や危機管理の初期対応の基本を実践的に学んだ。

夜は多量の文書発送がある。メールを使う現代とは異なり、ワープロ専用機で打ち出し、輪転機で印刷し、封筒に入れ、学校名を書き封印する。これを知事部局の文書課に持って行くと配送してくれる。作業は、上司の決済と自分の担当業務が終わった夕方以降が多かった。

指導係の業務分担は、①学校経営、②学習指導、③生徒指導、④人権教育、など日常の教育活動のかなりの部分を占めていた。そのため、学校トラブルについての電話は指導係に回された。多くは、事故や問題行動、生徒指導や学習指導、人権についての抗議である。いわゆる「苦情」を受け、説明し、理解を求め、解決するのは、業務分担表には明記されないが、指導係の主たる日常業務である。

抗議の電話は数時間に及ぶことも少なくない。ある日、長い電話を聞き終え、「ああ、長い苦情電話」と独り言を言った時、先輩のＰ指導主事（後、Ｑ高等学校校長）が、「苦情と言うな。苦情だと思っていやいや聞くと、その態度が相手に伝わる。教えてもらっているのだ。電話を置くとき、頭を下げて有難うと言え」と叱った。自分の名前を名乗り、ゆっくり聞けとも教えられた。トラブル解決というより、教育に関わる基本を教えられた。

(2) 生徒指導を支援する

1）記者との対応

新聞記者から「会いたい」と電話があった。かつて頭髪指導について取材された時、隠さずに話した後に、「記事になれば生徒が混乱し教育効果はない」と説明し、共感を得た記者であった。

話は、「ある学校で、３年生が問題行動を起こし、入院した。学校は生徒を卒業させないと言っている。たった１回の問題行動で卒業できないなら記事にする」というものだった。筆者は、「卒業させないことはありえない。隠すつもりはないので、対応の経緯をみてほしい。安易に記事にするのは教育的ではない」と話した。

記者と別れて、校長に電話連絡した。校長は詳しい説明の後、「卒業が唯一の方向である。しかし、停学や訓戒などの懲戒処分を生徒への指導として行っている中で、私の考えを生徒が理解できるだろうか。不公平だと思う生徒への対応に、教員が意思一致できるだろうか」と、問題を説明した。

それまでの府立高校では、退学処分こそないが、停学や訓戒などの懲戒処分で規律を維持することがあった。この時期、ようやく教育相談への理解が浸透し始めていた。校長は生徒指導のベテランであり教育相談にも詳しく、陣頭指揮は簡単である。しかし、職員会議での合意形成が重視された時代である。校長は、これを契機に職員の議論を通じた意識向上を模索していた。翌日、学校を訪問することを約束して電話を置いた。

2）学校を観る、そして寄り添う

筆者は、府民からの電話があった学校はできるだけ登校風景を見に行くことにしていた。学校は正門が見える位置に公園があるので、翌日、ベンチに座って観察した。校長を含め教員が登校する生徒を迎え、授業開始後も遅刻する生徒に話しかけていた。「早く授業に行かせたらいいのに」と思うほど生徒と話し込んだ後、一緒に校舎に入る教員がいた。

その後、校長室を訪ね、「この学校は生徒指導事案の発生率は高いが、退学率が低い。教員が生徒とよく話し合い、生徒にとって何がいいかを絶えず考えているからだと思う。校長の考えを進められたらどうか。参考事例や文部省（当時）の懲戒処分や成績判定に関する見解など議論に役立つ資料は私が用意する。マスコミ対応も私がする」と伝えた。

その日の職員会議で校長は、当該生徒を停学処分とするが、入院中の生徒を訪ねて学習指導を行い、病院で卒業試験を受けさせる考えを示し、議論を促した。新聞記者や指導主事（筆者）のことは一切触れなかった。筆者も記者に「適切に対応している。経緯を見て、判断して下さい」とだけ伝えた。その後、生徒は無事卒業し、記事にもならなかった。

困難な事案が発生した時、多くの校長は咄嗟に取るべき方向を考え、方針を決める。校長が確信をもって実行するために、指導主事は校長に寄り添うだけでよい。指導・助言などと指導主事が考えた途端に現場の共感がなくなり、判断を誤る。私が指導主事となった時のＲ指導係長（後にＳ高等学校校長）から教えられたことである。

(3) 教育行政の姿勢

1996年、堺市の学校給食に起因した腸管出血性大腸菌O 157集団食中毒が発生した。堺市教育委員会はもちろん、大阪府教育委員会からもT副理事兼義務教育課長が堺市教育長となり陣頭指揮をとるなど、府市一体となり解決に奮闘した。

大阪府では主に義務教育課と保健体育課が担当し、高校教育課は側面支援であった。10月になると、近隣府県の生徒指導担当の指導主事から電話が相次いだ。「大阪府教育委員会は文化祭での食品提供を禁止しないのか。当事者の大阪府が禁止しないと我が県は禁止できない。大阪府はどのように考えているのか」というものであった。

生徒の安全安心のため、すぐに禁止通知を出すのが当然ではないか、という筆者の問いかけに、考え込んでいた担当のP指導主事（前出）は、懇意にしている先輩の退職校長に電話した。その回答は「生徒の命を預かるのは校長の責任。生徒に関して、最終的に決める権限も校長が持っている。教育行政が何にでも口を出すべきではない」であった。

結局、府立高等学校には「文化祭での食品の提供は十分に健康安全に留意し判断」するよう注意を喚起するとともに、注意点を詳しく示した通知文を出すことにした。各学校では、これを根拠に、校長が禁止を決断したり、禁止はしないが厳重な安全体制を設けるなど、いずれも学校の現状に応じて慎重に対応策を講じた。幸い、府立高等学校の文化祭で感染が広まることはなかった。もし、感染が拡大すれば、この判断は禍根を残したかもしれない。しかし、校長の責任と権限、そして教育行政の在り方の基本的な考え方を教えられた。

(4) チームをまとめる

1999年4月、主任指導主事・指導係長になった。この年の2月、他県で校長が国旗掲揚・国歌斉唱問題を苦にして自ら命を絶った。国旗・国家は指導係の担当であった。校長との密接な関係を作り、校長の要請に応じていつでも動ける体制を作ることが、係長としての第一の課題であった。

また、1996年の大阪府個人情報保護条例の施行により、必要な個人情報の適正な収集・管理・保管と利用が義務付けられた。そのため、たとえば中学校からの生徒情報の収集は、本人の同意が必要となるなど、生徒の人権を尊重した新たな指導方法の工夫が求められていた。

筆者が係長になった頃までの大阪府庁では、「係長行政」と呼ばれ、実質的な意思決定は行政の最前線に立つ係長にあり、係長をリーダーとし、数人の係員がチームとなって職務を遂行していた。指導係の仕事は、突発的な事案への対応が多く、まとまった打ち合わせ時間がとれない。そのため、係員が情報を共有できるよう、意識的に独り言を言い、内外の状況や判断、今後の計画や予測を係員に伝えた。「指導係は騒々しい」と課長から叱られたが、改める気はなかった。

仕事を組織としてどう進め、責任と権限をどう使い、上司の課長やさらには教育長にどう動いてもらうか、ミドルリーダーとしての在り方を学んだ。体調を崩しながら、頑張ってくれた指導主事もいた。今も、申し訳ない気持ちで一杯になる。

2000年、高校教育課と義務教育課は、学事課・教務課・児童生徒課に統合・再編され、係長制度はなくなった。筆者は児童生徒課の生徒指導グループ主査となった。

この年、全国で少年による殺人事件などが続発し、いわゆる「17歳問題」が社会問題化した。前年度に開始したスクールカウンセリング・スーパーバイザー派遣制度に加え、臨床心理士をめざす大学院生等を相談員として高等学校に派遣するハートケア・サポーター事業を緊急対策として立ちあげた。

また、高等学校しか勤務経験のなかった筆者は、小中高等学校を縦断的に所管する児童生徒課で、深刻化していた学級崩壊や小1プロブレム、中1ギャップなどの小中学校の生徒指導を学ぶ1年を過ごし、2001年4月、府立C高等学校の校長に転出した。

指導主事には様々な仕事がある。学校管理や研修、個別事案への対応をはじめ、事業計画を立てて予算を獲得したり、府議会への対応、市民団体への応援など様々である。時には学校への厳しい指導助言や関係機関との困難な調整もある。それらの業務を通して、生徒や教員にとって有益だと信じて行動する熱い思いが指導主事にあることを知った教育委員会勤務であった。

5．学校づくりを継承する：校長期

(1) 21世紀初頭10年間の校長

筆者が校長として勤務した21世紀の最初の10年間は、1998年の中央教育審議会答申『今後の地方教育行政の在り方について』に基づき、学校の自主性・自律性を確立するための教育改革が進行した時期である。学校評価や教職員評価などの評価システム、職員会議の補助機関化や首席（主幹教諭）などの新たな職の創設、学校評議員制度や学校運営協議会制度などの開かれた学校づくり、民間人校長やPDCAサイクル、成果主義と経営計画の策定など民間の経営方法や考え方の導入が一挙に進められた。しかし、これまで経験したことのない速さで改革が進行したため、次に何が来るかわからないという不安感や多忙感・疲労感を感じながらの10年間だった。

ここでは、校長として最後に勤務した大阪府立E高等学校の着任時に焦点をあて、学校改革経験を省みる。

(2) 引き継ぎの翌日が入学式

2007年3月27日、教育委員会に呼ばれ、E高等学校への異動内示を受けた。当時は、人事異動の数日前に具体的な移動先を内示するのが通例だったが、D高等学校で残っている仕事の処理と後任校長への引継ぎ、そして赴任するE高等学校の校長からの業務の引き継ぎを行うには、あまりにも時間がなかった。幸い4月1日が日曜日だったので、やむなくその日の午前中に赴任校を訪ね引継ぎを受けた。

E高等学校は、1897（明治30）年に大阪府尋常中学校として創立され、着任時は創立111年であった。校舎は城跡公園内にあり、天守閣に内堀を挟んで対峙する。学校周辺は普段は落ち着いた城下町である。旧制中学校以来、地域の期待と厳しい評価が寄せられてきた。

前任のU校長が着任（2003年）した頃は、地域の私学志向が高まり、さらに2007年度からの通学区域の再編をひかえ、将来が危惧されていた。U校長は2003年に「次代をリードする人材育成研究開発校（エル・ハイスクール)」に指定されると、授業公開・授業評価、進学を志向した1年生対象の特別講習「特進ゼミ」、自学自習をサポートするセミナーなどを開始し、いつでも使える自習室を整備した。また、「文系スーパー」「理系スーパー」と呼ぶコース制を2007年度に開始することを決定した。私立高等学校に流出する生徒を公立高等学校に戻すという意味の「流出から回帰へ」や「一流になれ」をスローガンとする大規模な学校改革であった。

これらについて説明を受け、校内を巡回した後、急いで帰宅した。翌2日(月)が入学式だったからである。多くの府立高等学校の入学式は4月8日の始業式後であり、1週間の余裕があるつもりでいたが、翌日と知り驚いた。学校改革の途上であり、学校状況や新入生の意識を確実にとらえ、正確で格調のある入学式の校長式辞でなければならない。帰宅後、急いで資料を読み構想をまとめた。結局その日は徹夜になり、翌日の着任式と職員会議、そして入学式を迎えることになった。

(3) 学校づくりの継承と発展

1) 二分する地域の評価をひとつに

入学式が済むと、地域の塾と中学校を巡った。多くの塾は、これまでの改革に好意的だった。「E高等学校は地域の期待に応えている。ぜひ、地元の優秀な中学生を多く進学させたい」と応じてくれた。しかし、筆者への態度は厳しかった。改革路線を継続できるか懸念していたのである。ある塾のホームページには、筆者の訪問を紹介し、「今度の校長は前任校長に比べて線が細く、改革路線がどうなるか心配だ」という意味のコメントが書かれていた。

一方、中学校の反応は違った。ある中学校の校長は、「E高等学校は地域の伝統校として、全人的な教育が期待されてきた。進学に特化した学校改革をすれば、私学と変わらない。期待と異なる学校に生徒を進学させることには躊躇する。あなたは、どういう方向を考えているのか」と詰問した。進学に傾斜しすぎるとの批判だった。「5月の連休明けには基本方針を発表する」とだけ答えた。

前任校長の学校改革への評価は二分していた。事実はいずれでもない。U校長は、筆者の教育委員会時代の先輩指導主事であり、旧知である。情熱家であり､生徒や教員への想いが強く暖かい人柄である。改革の目的は､生徒・保護者の進学ニーズを捉えつつ、知・徳・体のバランスが取れた人材育成と地域貢献であった。端的に表現し発信するため、大胆にネーミングしたことから、進学に傾斜しているとの誤解が生じたのである。誤解を解き、改革を確実に実効あるものにすることが筆者の課題であった。

2）校内の状況把握

4月16日、教頭・事務長・首席（主幹教諭）・分掌主任などから構成される運営委員会で「校長レク」（校長に対するレクチャー）の実施を伝えた。教務・生徒指導・進路指導・保健などの分掌や学年ごとに、これまでの経緯や今後の方向性について、ミドルリーダーから個別に状況を聴くためである。「校長レクは、校長が聴くヒアリングとは異なる。校長を都合よく動かすために、必要なことを、主体的にレクチャー（講義）するもの」、「担当者を帯同してもいいが、わざわざ新たな資料の作成は不要」と伝えた。

しかし､教頭や首席（主幹教諭）も同席して行った連休前の「校長レク」では、ミドルリーダーたちは、それぞれ新たに資料をつくり、予定していた30分を大幅に超過して説明してくれた。その時の資料とメモは結局、在任中の必携書類となった。

この時に限らず、教職員は筆者の質問に熱心に答えてくれた。中でも絶えず詳細な説明をしてくれたV教頭（後に府立Q高等学校校長）は、私と同じ社会科地理が専門で旧知の間柄である。熱心に説明する理由を、「校長を補佐する教頭としては当然ですが、本音を言えば、新しい校長が唐突に教育方針を変えれば教職員はとまどい、生徒は混乱します。経緯や現状を踏まえた確実で大胆な改革のためです」と答えた。教頭が前任校長と筆者の間に立って、学校経営を繋ぐ役割をしていたのである。

それぞれの立場から筆者を支えてくれた当時のミドルリーダーの多くは、その後、大阪府立学校の幹部として活躍した。筆者が後に大学教員となってから論考としてまとめたミドルリーダー論は、この時の経験がもとになっている。

教職員すべてが協力的であったわけではない。伝統校にありがちな自主・自立の精神をたてに、学習指導や部活動・学校行事のすべてを生徒の自主性に任せる教員がいた。顕著に反対はしないが、状況が理解できない様子だったり、筆者との接触を避ける教員もいた。そのような教職員には個別に話しかけた。もともと筆者は、自分の行動や目的、結果などを教頭やミドルリーダーにオープンにしている。不在の時や都合が悪いときに即座に対応してもらえるからである。しかし、非協力的な教員への話しかけは、誰に何を話したかを教頭にも伝えていない。

3）爽やかで骨太、学びの時空間

4月21～22日、大阪府羽衣青少年センターで「特進ゼミ」の勉強合宿が行われた。生徒を観察し話しかけた。生徒たちは、進学だけが目標ではなく、たとえば地域の祭りや家業への関わりを話す生徒もいた。共通して、部活動や学校行事などで自分の力を試したいと考えていた。

5月10日（木）の職員会議で、学校経営方針「爽やかで骨太、学びの時空間」を発表し、詳しく説明した。これまでの改革を再構成し、「エル・ハイスクール」のリーダー像を短絡的にエリートとして捉えられないよう「爽やかで骨太」と表現し、教科・部活動・ホームルーム・学校行事等の全てを通して生徒を育成する学校を「学びの時空間」とした。

筆者は、共通理解が不十分なまま改革を進め、教職員の多忙感を増殖させた経験が過去にある。そのため、教育論として整理したコンセプトの共有が大切であると考えていた。そこで、この日は図化した資料をもとに丁寧な説明を心掛けた。

また「学びの時空間」の具体化として、9月13日に「学びの時空間－E高教育コレクション活用事業」構想を発表した。旧制中学時代から収集されてきた歴史資料や書籍、生物剥製、実験器具などの教材・教具を「教育コレクション」と名付けて整理し、活用する計画であり、2011年に始まるスーパー・サイエンス・ハイスクール（SSH）の基礎となった。

(4) 学校づくりを次に繋ぐ

その後、筆者は2009年の「『大阪の教育力』向上プラン」に基づく「新たな特色づくり」として、2011年度から創設される進学指導特色校（グローバル・リーダーズ・ハイスクール）や、「科学の温故知新」と名付けたスーパー・サイエンス・ハイスクール（SSH）の指定に向けて取り組んだが、これらがスタートする直前の2010年度末に定年退職した。

筆者は３校の校長を経験した。最初は定時制・通信制併置校での学びの保障、次は普通科・国際教養科併置校での英語教育と地域連携による学校活性化、最終校では伝統校としての地域リーダーの育成を、いずれも前任校長から方針を引き継ぎ、改善しながら進めた。そして、いずれも改革完成前の転勤・退職により、後任校長に後を託した。

この経験から、筆者は、学校づくりは継承されるものと考えている。新たに着任した校長にとって、前任校長から続く課題や、すでに実施が決定している事業など、学校づくりや学校改革の方向性がすでに固まっていることが多い。学校の経営課題・改革課題は、必ずしも当該校長の在任中に発生し終了するのではなく、在任期間を超えて継続するのである。学校経営がどのように継承されるか、その「引き継ぎ」が学校経営の要点のひとつとなる。

「校長が変われば学校が変わる」と言われる。たしかに校長のあり方は重要である。しかし、校長交代によって流れが唐突に変われば教職員や生徒・保護者が困惑し、協力は得られない。求められるのは改革の継続性とその上での飛躍である。「校長が変わっても改革の方向と速度は変わらない学校」づくりが必要なのである。

筆者の府立高等学校勤務は教育委員会事務局を含んで34年になる。当初は大学院と学校との「二足の草鞋」を履こうとしたが、新設校の息吹の中で充実感や喜びを味わい、２校め以降の職場で責任を全うしようともがき、同時に成果を体感するうちに、次第に研究から遠のき、初志貫徹できなかった。

しかし、教員としてのライフコースは、中途半端なスタートでありながら、最終的には充実したものとなった。この間、絶えず悩みつつ、かつ行動しつつあった筆者を、支え育ててくれたのは学校の上司や先輩、仲間であった。そして、なによりも学校での日々の暮らしで接していた生徒達である。

教員を育てるのは、結局は人で繋がれた学校文化であると言えるのではないだろうか。

教師のライフコースシート（名前　Y. F　／地域　大阪　／校種　高等学校　／教科　社会　／年齢 72 歳　／経験年数 34 年　／年月日：2023 年 9 月 22 日

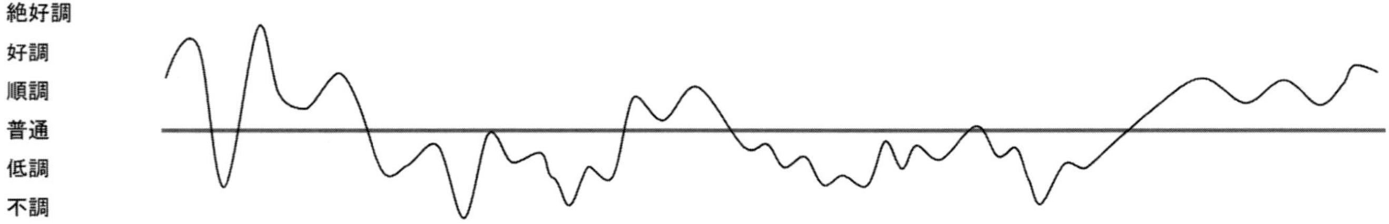

絶好調
好調
順調
普通
低調
不調

年	12年	6年	6年	3年	3年	4年
年度	1977年～1988年	1989年～1994年	1995年～2000年	2001～2003年	2004～2006年	2007～2010年
学校	A高校	B高校	教育委員会事務局	C高校	D高校	E高校
職務上の役割	教諭 担任　担任	教諭 担任　担任・学年主任　担任・総務	指導主事　係長　主査	校長	校長	校長
分掌・部活動・業務等	生徒指導 柔　道　部	学年主任 陸上競技部 総務 周年行事	教育環境整備・指導・助言 学校での様々な事象対応	定時制・ 通信制教育	英語教育	進学指導
研究会活動	社会科研究会 徹地理会・池溝史研究会			校長協会等 定通校長会		役員　会長
子どもと出合い	生徒会・3期生・8期生・柔道部員・	ハンディのある生徒		成人生徒	留学生	地域の人々
影響を受けた同僚や先輩、取組み、出来事	F校長 A高フェスティバル 生徒指導事案 新採同僚教員	J校長・K教頭 人権教育からの学び 20周年事業 生徒指導事案 中央研修 地域との交流	P指導主事 学校対応・府民対応 政策・施策対応 国旗国歌 組織改編	人権教育 定時制改革	SELHi事業 国際交流 市教育委員会との連携	校長協会 進学指導特色校 インフルエンザ大流行
校外での活動	転居　長女誕生　転居 長男誕生 大学非常勤講師兼職（地理学）					長男結婚 孫誕生 文科大臣表彰

6．ライフコース研究の意義と課題

(1) 自ら描くライフコース研究

ライフコース研究は、研究者が実践者から聴き取りなどによって情報収集することが一般的であるが、本研究は、研究者と協働して、実践者自らがその経験や教職実践を具体的に描き、省察し、自己の教職人生を再構築するところに特徴がある。

教員個別のライフコースのデータは、研究者と共有され、教員の力量形成や教育実践についての研究知が構成される。さらに研究知は、教員養成や現職教員の育成、スクールリーダー養成など、具体的な教育政策に活かされるはずである。

筆者はこのように捉えながら、自らの実践を描くことで、自らの教育実践の因果関係や、教育観を再整理することができた。

(2) 自ら描くことの困難さ

しかし、筆者が次代の学校リーダーにとくに伝えたいと考える次の経験を描写するのは、相当の工夫が必要であった。

第１は、仕事と個人生活との関係についてである。大学院在籍のまま入職した筆者は、どっちつかずの葛藤が長く続いた。これにうまく折り合いがついたことは、本文に記した。しかし、複雑で個人的な事情を限られた紙幅で誤解されずに描写するのは困難であった。また、仕事とプライバシーとの関係は、人によって程度が異なる。両者を分離して考える現代の教員にとっては、必ずしも力量形成の必須要素とならない場合もあるのではないだろうか。

第２は、生徒指導や人権に関する事象への対応についてである。複雑な家庭環境や生徒の問題行動、不登校、いじめなどへの対応経験は、教員の深い洞察力や行動力を醸成し、教育愛を育む重要な契機である。しかし、関係者のプライバシーを守りながら、具体的に記述することも困難が伴う。

第３は、教育行政体験である。政治的な課題に関わる施策の決定過程や施策執行等、教育行政組織での体験は意識の幅を広げる契機であり、今後の教員の資質形成に役立てたい経験である。しかし、公務員の守秘義務に抵触する内容も多い。

第４は、人事管理などの学校経営経験である。政治的対立を含む経営課題や、教職員評価と育成、人事管理などは、校長の力量が試される機会である。しかしこれも、プライバシーに属する事項である。

(3) ライフコース研究の適切なアプローチ

子どもたちとの交流や教科指導など、成功体験は書きやすく、説得力がある。しかし、「書けない・書きにくい」教育実践は、教員の力量形成に大きな影響を与えるものであり、避けるべきでない。複雑で、プライバシーや守秘義務に妨げられる事例を取り上げるための適切なアプローチ方法の開発が必要である。

筆者はこれまで実務家教員の学校実践知を教材化し、現職教員の研修等に提供することを試みてきた[(1)]。今後、ライフコース研究で得た知見と組み合わせた効果的な現職教員の育成方法を検討したいと考えている。

注

(1) 深野康久、2019「学校実践知の教材化―経験知と研究知の融合のために―」『学校実践知（経験知）の教材化―実務家教員の経験知を活用するために　学校実践知（経験知）教材化事業報告書』

(Profile)

深野 康久　FUKANO Yasuhisa

大阪府立高校３校に18年勤務。教育委員会事務局勤務の後、2001年から府立高校３校の校長を歴任。この間、2009年府立高等学校長協会会長。2011年３月定年退職。帝塚山学院大学を経て大阪教育大学教授。2019年３月退職。

論文に「学校組織とリーダーシップ―実践者としての学校経営研究の課題―」スクールリーダー研究12、2019。「学校組織の捉え方とミドルリーダーの役割―先行研究の整理と『ミドルアップ・ダウン、プラス横』のマネジメント―」桃山学院教育大学研究紀要２、2020。「理論と実践の融合と実務家教員の課題―スクールリーダー育成における学校実践知の教材化―」桃山学院教育大学研究紀要４、2022。

第Ⅲ部

教師研究へのアプローチ

第9章

教師の成長とその条件
――新たな〈能力主義〉に対抗して――

油布　佐和子
早稲田大学

はじめに

本論文は、「スクールリーダー研究第８号」(2016) 掲載の「教師の成長とその条件 ―〈役割〉を超えて―」を大幅に加筆修正したものである。

2014 年から 2016 年にかけて、大阪教育大学・大阪府教育委員会・大阪市教育委員会合同プロジェクト「スクールリーダーフォーラム」に参加したことで、教師の成長とは何かについて考える機会を得た。「スクールリーダー研究第８号」では、教師の成長が、学校組織における教師の役割の変化と同等に捉えられ、各段階の役割に応じた技術の習得に矮小化されていることを批判し、省察 (reflection) やアクションリサーチによるその打開を示した。

執筆後 10 年もたたないうちに、教員の置かれた状況は大きく変わり、現状は、2016 年の状況のはるか先を進行している。

そこで、本論文では、前回の論文以降の変化をたどり、何が起こったのかを明らかにし、そうした変化をもたらしたものは何かを考察する。そのうえで、教師の成長とは何を改めて問い、これからの教師の成長にとって必要となるものについて考える。

１．教師の成長は、なぜ問題にされたのか

教師の成長に注目する背景には、急速な変化を遂げる社会のなかで、教育の担い手としての教師自身が、それに対応する必要があるためだと説明されている。社会の変化は、教育課題の複雑化・高度化をもたらし、また、情報

機器の革新と情報化は、学校における知の伝達の役割や方法に影響を及ぼしている。こうした「社会の急速な進展の中で、知識・技能の絶えざる刷新が必要であることから、教員が探究力を持ち、学び続ける存在であることが不可欠である」(中教審答申平成24年)と認識されているのである。

しかしながら、よく考えれば疑問もわく。ごく一部の単純技能労働を除けば、入職時に保有している知識や技術・技能だけで長年にわたって滞りなく職務を遂行することはできない。いずれの職業においても、必要となる知識は拡大・深化し、技術・技能は洗練錬磨され、より高度の資格を取得したり、スキルのブラッシュアップを定期的に行うことは共通している。それなのに、なぜ教師という職業が他とは異なる別格の扱いで、その「成長」を政策課題とされるほどに強調されねばならないのだろうか。

その背景には、教師の「成長」よりもむしろ、それに係わる負の問題が、人々の関心を強くひいていることが関連しているだろう。「指導力の不足する教員」「不適格教師」という呼び方で取り上げられたように、教師の「停滞」あるいは逸脱が、今世紀初頭の教育改革の一大論点となっており、これをいかに排除するかという議論が交わされてきた。東京都を皮切りに全国で「教員評価制度」が導入され、活動へのモチベーションを高めるという目的で「メリハリのある給与」体系への移行も導入されたが、これは年功序列型給与体系の下で、それに見合う働きをせず、向上心を持たない者がいること(＝停滞する教員)が問題となり、その対処を一つの目的としていた。すでに廃止されたが、2008年には10年ごとの「免許更新講習」の受講と免許の更新制も、その設立の当初は「不適格な教師」をどう排除するかの議論として出発していた。

「教師の成長」が語られる背後には、このように「成長しない」教員の排除が目論まれていたのである。

2．教員の成長に係る政策の変化

ところで前回執筆した2016年の論文以降も教師の「成長」に係って「教師の資質能力」や「研修」についての新しい施策が次々と報告され進められ

ている。まずは全体像を把握しておこう。

(1) 養成・採用・研修を貫く「成長」

特筆すべきは、中教審答申（「教職生活の全体を通じた教員の資質能力の総合的な向上方策について」（平成24年）と「これからの学校教育を担う教員の資質能力の向上について～学び合い、高め合う教員育成コミュニティの構築に向けて～（答申）（中教審第184号）」（平成27年）である。

この答申では、教師の教員養成・採用・研修の各事項が一つのまとまりをもった系列として整除されただけでなく、それを実質的に担当する部署の責任等、運営体制が明らかにされた（図1参照）。

特に平成27年答申では、教員は養成・採用の後の教師人生を、①一年目から数年目までの「教育の基礎を固める時期」、②中堅段階の「チーム学校」の一員として専門性を高め、連携協働を深める時期、③ベテラン段階の「より広い視野で役割を果たす時期」と段階的に位置づけ、それぞれの段階での

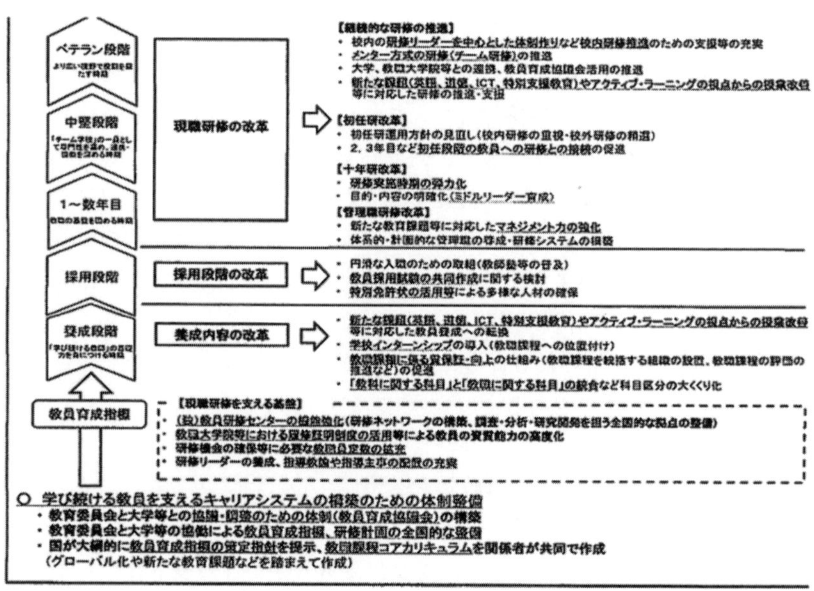

図1　「これからの学校教育を担う教員の資質能力の向上について」（答申）より

初任研、十年研、管理職研修等々の改善が企図された。
ここでは、「教師の成長」を、漸次的かつ一方向のものだととらえ、ハヴィガーストの発達段階論の概念のように、各時期に必要とされる知識や技術の習得課題が示されている。

(2)「成長」のための指標―教職課程コアカリキュラムと教員育成指標―

さらに特徴的なのは、この答申に引き続いて具体化された「教職課程コアカリキュラム」と「教員育成指標」である。
「教職課程コアカリキュラム」は、教職課程で修得すべき資質能力について、教職課程の事項ごとに到達目標を明示することによって、大学における教員養成の質保証を担保するために設定された。大学における教職課程の授業は、受講する学生のタイプ、取得する免許の違い、担当する教員の専門性などによって、それまでは、授業ごとに、かなりのバリエーションがあったのではないかと思われる。しかしながら、「教職課程コアカリキュラム」の登場によって、それは平準化されることになった。
このコアカリキュラムについては、成立当時、教師教育に係る人々からは大きな反対があった。教職課程の内容を平準化することの影響を危惧する意見がその大きな批判点であったが、同時に、コアカリキュラムとして、これが適切なのかどうかも問われた。というのも、何が教職についてコアかというような議論はなく、教育職員免許法で示された授業に盛り込まれるべき内容項目と一般目標および到達目標が列挙されているだけだったからである。さらには一般目標や到達目標が、項目によって必ずしも同水準のものになっておらず、理論から極めて具体的な活動まで雑然と並べられている点など、十分な検討が行われたとは思われない内容だったことが問題視された。
「教員育成指標」については、現職教員の研修やキャリア形成に資するものとなっており、教育委員会と大学関係者などが、国が示したモデルを参照しながら、教員キャリアの各段階で必要とされる項目を、協力のもとに作成することになっている。ただしこれについても、教職課程カリキュラムへの批判がほぼ当てはまる。

(3)「学び続ける教員を支えるキャリア支援システム」の構築―免許更新制の廃止と〈研修〉の充実―

こうした施策については、「教師の成長」から見ると多くの問題をはらんでいる。

第一に、「教師の成長」のとらえ方が、極めて限定的一面的である。

図1を見ればわかるように、教師の成長は「学校組織の中の役割の変化」が前提とされており、官僚制的な学校組織のなかでの役割の変化が「成長」と同義になっている。

第二に、こうした学校組織内の地位の変化・役割の変化が、〈制度化〉〈体系化〉されることの問題がある。

個々の教師の切実な実践的課題ではなく、あらかじめ示されたキャリアラダーを前提に、予期された研修内容が、特定の時期に監督者によって課せられているが、これは教師の成長を、行政が〈管理〉することに他ならない。

そしてこの傾向はますます強まっている。

2008年に始まった「免許更新制」は、成立時から何かと評判が悪かったが、設立時に示された理念や、その実行の振り返りもなく、ほとんどまともな議論がされないままに2022年に廃止された。しかもその直後、「令和の日本型学校教育」を担う教師の在り方特別部会（第7回）・基本問題小委員会（第7回）・初等中等教育分科会教員養成部会（第130回）の合同会議において、「公立の小学校等の校長および教員としての資質の向上に関する指標の策定に関する指針（改正案）」で「研修履歴」を活用した対話に基づく受講奨励に関するガイドライン（仮称）案」等が公表された。

ここでは、任命権者が策定する研修の受講状態を教員ごとに研修履歴としてクラウド化し、管理職等との対話を通じて、これらの研修について自己評価を実施し、さらに必要な研修について認識を深めていくことが求められている。

すなわち、望ましい「研修の内容」は管理者側にあり、教師はその受け手となっているのである。そして教師の成長とは、示されたモデルに近づくことだと認識されている。

(4) 施策に見る「教員の成長」の課題

2016年のスクールリーダー研究8号でも述べたように、施策における「教師の成長」は、基本的に職業への適応と「役割取得」のプロセス（田中1975）でしかない。しかもそれは、副校長・校長といった管理職に就く圧倒的少数の教師のたどるプロセスをモデルとしている。また、管理職に就く教師のほとんどが男性であることを考えると、女性教師の事はほとんど看過されていることがわかる。すなわち、施策における「教師の成長」は、教師のうちのごくわずかな人々を念頭に置いたモデルに過ぎないのである。そして、近年の施策に顕著なように、「教師の成長」は「あらかじめ示された活動項目の取得」と「管理者による学校組織の役割変化に対応した官製の研修」に規定され、一元化されていく状況にますます拍車がかかっている。

繰り返そう。施策における教師の「成長」とは、体系化された施策に基づく限定的一面的な内容への順応であり、また、ごく一部にしか該当しない「成長モデル」を望ましいモデルとして位置づけることで、それに向かう意識を促し、ひいては教師の行動をそれに向けて統制する内容となっているのである。

3．施策の背景

(1) 学校教育の変容

ところで、なぜこのような施策が生まれたのかは、もう少し視野を広げ、学校教育がどのような変容をしているかといった点をも含めて考える必要がある。

今世紀に入ってから、学校教育の制度・組織・内容のあらゆる側面にわたって、大きな改革＝新自由主義的改革が進められてきたが、近年の大きな改革は、それは戦後ほぼ10年ごとに改定されている学習指導要領の改訂である。

2020年に小学校から順次導入された新学習指導要領の特徴は、プログラミング教育、外国語や道徳などの教科が新しく導入されたことはもちろんだが、最も大きな変化は、コンテンツベーストな学習から、コンピテンシーベーストな学習への移行が示されたことである。

そこでは、これまでの知識蓄積型学習から、獲得した知識をどのように活用するかという知識活用型の学習へと大きく舵が切られた。授業者中心から学習者中心へと授業風景は大きく変容し、児童・生徒の主体的・対話的で深い学び」が求められることになった。教師の一方向的な講義形式の授業から、生徒の興味・関心を喚起し、個に応じた理解度を基本に据えながた授業を教師は新たに築いていくことが求められている。

(2) グローバリゼーション下の教育施策

こうした大きな転換は、社会の変化への対応と関連している。

最近の中教審答申や政府文書には、「先の見えない時代」に対応する能力、「society 5.0 の社会」に対応する能力というような表現が用いられているが、それはすでに別稿で指摘したように（油布　2015、2023）、グローバル化への対応に他ならない。

産業界は 1990 年代中ごろから、グローバリゼーションを念頭に置いて、これからの社会に求められる人間像を毎年のように表明してきたが、それを受けて、教育界でもグローバル人材育成を喫緊の課題とするようになった。

経済のグローバリゼーションは、資源、労働力、市場をめぐる国境を越えた企業の熾烈な競争に特徴づけられる。さらに、メディアを通じて人々の需要を喚起し続けるシステムの構築に成功したことから、企業は、人々のニーズを掘り起こし、ニーズを作って、やむことのない生産に乗り出した。恐慌を自らのやり方で乗り越えることを可能にした「資本主義の新しい時代」に突入したのである。資本主義的な様式は、経済活動だけでなく、政治・社会・文化などのあらゆる領域に及び、人々を動員して、人々の内面までとらえ、今や「外部のない時代」をもたらしている。

これに伴って、資本主義の新しい段階に対応するグローバル化時代の人材養成が教育の使命とされているのである。

そこで求められているのは、フォーディズムを支えた「勤勉・努力型」の人間ではない。それは、知的能力に加え意欲、関心、コミュニケーション能力など、全人格を投入してグローバル経済に対応する人間（本田　2005）に他ならない。職務を忠実に遂行するだけではなく、市場での優位な地位を獲得するために、ニッチな領域を見つけたり、人々の意欲を喚起できそうな商品を開発したりして、企業の更なる発展に寄与することに、主体的に、意欲や関心を持って取り組む人材である（桜井　2021）一定の時間内に正確に課題を処理する能力だけでなく、関心・意欲・態度が測られるようになったのも、産業界が求めるこうした人材像を反映している。

新しい学習指導要領で求められているのは、まさしくこうした〈人材〉の育成に他ならない。

(3) 政策が教育の現場にもたらしたもの

ただしこのような人材養成は、人々に大きなストレスを与える。

「いじめ」「不登校」といった教育問題は1980年代から表年化してきたが、2023年10月4日に公開された「令和4年度　児童生徒の問題行動・不登校等生徒指導上の諸課題に関する調査結果」によると、小・中学校の不登校児童生徒はほぼ30万人に及ぶ。同年3月には「誰一人取り残されない学びの保障に向けた不登校対策（COCOLOプラン）」を発表し、すべての児童生徒の学びの場を確保し、心の小さなSOSを見逃さず、「チーム学校」で支援し、学校を「みんなが安心して学べる」場所にすることを表明している。しかしながら、これは見当違いのマッチポンプ政策でしかない。

教員が長時間労働に追われているのも、子どものストレスと同じ背景がある。先述した「新しい時代に即応した人の育成」「新しい学習指導要領」で示された〈能力〉を育むのために、学校の中核部分の「授業」「学習」が非常に重いものになっており、学校の中で息抜きの場がほとんどない状況をもたらしているからである。

昭和の時代に「詰め込み型」と批判された過重な授業時数は、完全週5日制や「ゆとり教育」の中で、一時的に縮減されたが、今や、週6日制の時代とほぼ変わらない程度に復活した。しかも、実際には、学習指導要領の標準授業時数を上回っている学校がほとんどである。これをわかりやすく示せば、ほとんどの小学校（高学年）及び中学校では、月曜日から金曜日まで、毎日6時間授業が行われている状況である。子どもたちはこうした「学校生活」を過ごし、帰宅してからは塾に通うのが一般的である。

学校において「学ぶこと」は削除できない基本事項であるが、その現状は苦役にも近い状況になっているのではないだろうか。

(4)「学び」の保障という名の排除—能力による差異化—

しかもあまり多く語られてはいないが、中教審答申には、この新学習指導要領を推進するにあたっての重要な記述がある(「『令和の日本型教育』の構築を目指して〜全ての子どもたちの可能性を引き出す、個別最適な学びと、協働的な学びの実現」中教審答申第223号令和3年)。

答申は、学習の本質的転換を目指した新学習指導要領と並んで、「一人一人」を大切にする学習が強調されており、「個別最適化した学び」が衆目を集めている。しかしながら同時に、「履修主義と修得主義」という大きな課題が示されていることにはあまり注意が払われていない。

そこでは「個々人の学習の状況や成果を重視する修得主義の考え方を生かし,「指導の個別化」により個々の児童生徒の特性や学習進度等を丁寧に見取り,その状況に応じた指導方法の工夫や教材の提供等を行うことで,全ての児童生徒の資質・能力を確実に育成すること」「修得主義の考え方と一定の期間の中で多様な成長を許容する履修主義の考え方を組み合わせ,「学習の個性化」により児童生徒の興味・関心等を生かした探究的な学習等を充実すること」「一定の期間をかけて集団に対して教育を行う履修主義の考え方を生かし,『協働的な学び』により児童生徒の個性を生かしながら社会性を育む教育を充実すること」が表明されている。さりげなく書かれているが、修得主義について言及し、強調されたのはおそらく初めてであろう。「個に応じた学習」は、このように能力の違いによる差異的な処遇と密接に結びついているのである。

S.ボウルズとH.ギンタスは『アメリカ資本主義と学校教育』の中で、学校において日々能力を測られる経験を通して、「当然である」「ふさわしい」「分相応である」「仕方ない」というような社会的不平等を伴ったある社会的地位に就くことを正当化する意識が培われていると指摘している。この社会的再生産理論は、学校教育こそが、身分や家柄等に代わる新しい社会的不平等算出の機能を果たしていることを指摘したものである。

日本では、明治５年に近代公教育が創設されて以来、努力や忍耐によって学校でよい業績を治めることが社会的上昇移動につながることが広く理解され、それが学校教育を拡大してきた一つの要因になっていた。したがって教育機会をすべての人に開放することは、何よりも重要な課題であった。

しかしながらＳ．ボウルズとＨ．ギンタスが指摘したように、教育機会の拡大は、学校によって「毎日能力を測られる」経験を子どもたちに与え、その結果新たな社会的不平等を産出している。そして、先に述べた中教審答申の「履修主義と修得主義」の記述は、こうした〈能力による〉差異を積極的に推進する施策を明言しているのである。

(5) 学校の変容と教師―競争と能力主義―

「グローバリゼーションに勝ち抜く」人材養成という目的も、学歴競争に駆り立てたこれまでの教育目的と基本的には同じである。

子どもたちの不登校やいじめは、こうした全体的趨勢と無関係ではなく、学校からの逃走を図っている。成功を勝ち取るのはごく一部であるにもかかわらず、アリーナに全員集合させられ競争に参加を強いられる。しかもこれまでのように、認知的能力のみならず、態度や意欲、コミュニケーション能力といった人格全体に係る競争に参加させられ、順位を付けられるのである。屈辱や苦悩から、子どもの多くが引きこもったり、学校に背を向けるようになるのも当然の結果なのではないだろうか。

一方、教師は、能力競争の中で一定の成功を治めてきた人々である。したがって、基本的に、このような趨勢を疑ったり、ましてや否定する感覚はうすい。それは、自分のこれまでの来し方を否定するのと同じだからだ。現在においても、東大や京大などへの進学実績で高校教育の成果は測られ、どれだけ銘柄大学に進学させたかが、それぞれの教師の誇りにもなっていることにそれは顕著であろう。「グローバル人材を養成する」という教育の目的も、この延長線上に存在するため、これに異論を唱えることがない。

若い教師の中には、すでにこうした価値を内面化し、教員評価や様々な形で自分が評価されることを期待する者も多い。そして能力主義的価値が基底にあるため、何か問題が起こった時には、その教師の「指導力」の問題だと指摘されるのは「仕方ない」し、うまく処理ができない場合には「自分の力不足だ」と自分を責めてしまうことも普通にみられる。

優秀な一握りの人材を育成するという目的にシフトしている現在の学校教育は、児童・生徒に負荷をかけるが、それに対応するためには、現場の教師が、積極的に目的に沿った役割を担ってくれるほかない。

教員養成・研修がこれまでになく重視されるのは、ひとえに、こうした教育目的を担えるような教員を創ることにある。〈産業界の要請のために「人材養成」という活動を押し付けられた〉と思うのではなく、フーコーのいわゆるパノプティコン効果のように、こうした教育目的に自ら馴化し、率先してこれに取り組む教師が増えれば、目的への到達も容易になるからだ。

4．教育の「公共性」

(1) 公教育の意義

産業界との結びつきを一層強めている現在の教育であるが、それは、近代公教育の目的の一部でしかない。

近代公教育は西欧社会で長い時間をかけて生まれた制度である。近代公教育の父と呼ばれるコメニウスは、17 世紀にはすでに教育機会の平等を主張しており、そうした思想は、コンドルセ、デューイなどにもつながり、民主主義を実現する制度として学校が期待された。また 18 世紀に勃興した資本主義の中では、優秀な労働者を得ることの重要性が認識され、人々に広く教育機会を与えることが求められた。民主主義と資本主義という異なる領域から、同じように『全ての人に教育機会を』という主張が発せられるようになったが、実際にそれが実現したのは 19 世紀になって近代国家が誕生してからである。近代国家は人為的な国境線によって守られているが、その〈内〉にある人々が、〈国民〉として統合されていなければ瓦解してしまう脆さを持っていた。そこで、〈内〉の人々に、早いうちから共通の言語・文化・歴史を恣意的に教え込み〈国民形成〉を図る制度として、国が責任を持って創設・運営する公教育が誕生したのである。

こうして、近代国家の主導によって公教育は創設され定着していったが、そこには〈民主主義の実現〉〈優秀な労働者の獲得〉〈国民の形成〉という、異なる目的が内包されていた。

遅れて近代化を達成した日本では、明治５年に学制が公布されたとき、「民主主義」はもちろん「資本主義」さえ、その姿を見せてはいなかった。日本ではそのため、長い間公教育は「国民の形成」のための制度でもあった。そしてこの歴史を人々の側から見ると、当初は、国家の官吏になって立身出世を図るために、明治後期・大正年間に遅まきながらの資本主義が姿を見せ始めて以降は、大企業に雇用されて豊かな生活を手に入れるために、学校・学歴を利用してきたのである。その意味では、日本の公教育は、国家と産業界、そして人々の「高い社会的地位・豊かな暮らし」という功利主義的な態度が結びついて発展したものであったと言ってもよいだろう。

(2) 学校の民主主義的意義

功利主義的な学校の利用は、人々を互いに競争相手として切り離していく。また、失敗したり脱落したものは、努力が足りない「自己責任」の結果だとみなされる意識も強まる。

しかしながら、こうした互いを競争相手とみなす社会の在り方、「個化」された存在を問い直す言説が、今、少しずつではあっても姿を現しつつある。さらに、教育と産業界とのつながりではなく、教育を民主主義的価値の実現のために貢献する制度だと強調する言説も増えてきた。

グローバル経済の浸透には、自然環境の悪化、資源等をめぐる各国間の紛争、国内における経済的格差の拡大などの問題が伴っていることが指摘されている。経済的なグローバリゼーションが進む中で、快適な生活・人生を送ることができる一握りの人々とは異なり、圧倒的多数は、不安や、貧困や死の恐怖に囚われている。こうして、経済的に豊かになることを追究する価値の対極には、「持続可能な社会」の形成と共生をめざす価値が対置される。そこでは、地球資源の奪い合いや不公平な分配から生じる紛争や葛藤を回避し、多文化が共生し、社会的な排除が行われない「共生社会」の理念を追究するための教育が求められ、「人材」の養成ではなく、共生社会の担い手育成のために教育が期待される。

問題は、「何のための教育か」という基本が、いま改めて問い直されているということである。

グローバル経済を進めるための、「興味・意欲・関心」の喚起なのか、「平和、公正、人権と民主主義、連絡、共有と協同、相互依存、開発と変化、継続性、紛争、資源、多様性と類似性、文化的アイデンティティ」といった経済的グローバリゼーションを進展する価値とは異なるオルタナティブな価値の創造なのか、という問題が、いま、教育を語る際の基盤になければならない。

そして教師はどちらの価値を選択し、そしてそれにどのように寄与するのかという課題を持っている。

5.「教師の成長」再考

さて「教師の成長」に話を戻そう。

教師の成長を、管理職につながる道を前提として発達の指標の獲得に矮小化してしまえば、「何のための教育か」という議論を看過した技術論に終始してしまう。校長という教職キャリアのトップのポストに到達する競争にまい進することが成長だとみなされるようになる。

そうした「成長論」とは異なるオルタナティブをイメージするために、2016年の論文で紹介した一つの事例を再掲しておこう。

【事例：N先生とF先生】

N先生は、現在主幹教諭であり、管理職への道を期待されている女性教員である。しかしながら、N先生は教師の成長の行きつく先が「管理職」であるというような認識をしておらず、一方で、「10余年という残された教員人生」のなかで、それに代わる何ができるのか明確な目標を持ちたいと考えていた。

主幹となったことから、生徒の指導とともに、若い教師を育てたいという思いが強くなったN先生は、彼らとも積極的に関わるようになったが、N先生の目から見ると、若い教師は工夫した教材や方法を用いて《うまい》授業をする者が増えているものの、同時に、違和感もぬぐえなかった。また、自分の経験等を語っても、伝わっているのかどうか手ごたえがなく、彼らにいったい何を伝えて、どのように育てればいいのか悩んでいた。

そこで大学院に進学し、〈優れた先輩教師〉の生き方から、今後の展望を探ろうと考えた。

Ｎ先生が論文執筆の被験者に選んだ〈優れた教師〉は、先輩のＦ先生である。Ｆ先生は、すでに退職しているが、教員生活の中で出会った「外国籍の生徒」の学習・指導・進路指導をする中で、彼らを学校の中で指導するだけでなく、彼らが学校で十分に学べるための社会的条件を整備する必要があると考え、それを支援する目的で、退職後に立ち上げたNPOで、ライフワークとして引き続き「外国籍の子どもの支援」に取り組んでいる。

Ｎ先生は、このＦ先生の聞き取りを重ねる中で、Ｆ先生が、出会った生徒の指導を通して、外国籍の子どもを排除する社会の仕組みに疑問を感じ、生徒たちに不利益をもたらすどのような障害があるのかを学び、またその障害を撤廃するための具体的な活動に係わるようになり、そしてそれをライフワークとしていることに注目した。そして、周りの「若い教師」に抱いている違和感の正体に気づいた。若い教師は「授業がうまくて」「そつなく仕事をこなせる」が､それは「わかっていることを《うまく教える》」姿であり､「わからない」ことを学んだり、自ら新たな学びへの好奇心を抱いている姿とは異なるという点である。「授業のうまい先生」と一言には片づけられない､「学ぶこと」への自由な姿を、Ｆ先生に見ることができたのである。

ここで上げたＦ先生の姿に、オルタナティブな教師の成長の一つの事例を挙げることができる。それは、大空小学校の木村元校長が常に話しているように「子どもの事実から出発する」ことから出発しているということ、次いで、子どもが思うようにいかないとき、壁にぶつかった時、その原因が必ずしも子どもにあるのととらえるのではないこと。子どもに現れる問題の多くは、人権や公正といった価値への侵害が隠されていることが多い。例えば、いじめや不登校なども、貧困やネグレクトといった、家庭の、さらには社会的・経済的要因が複雑に絡んでいる。当該の子どもとともに、教師はその障害を取り除くよう、学び、行動するのである。つまり、教師の成長は、子どもの問題を通して、社会的状況を変えて、公教育の成立基盤の一つに位置している民主主義の実現に向けての絶え間ない挑戦の中にあるといっても過言ではないだろう。

6.「教師の成長」のために

オルタナティブな成長のモデルになる教師には、その教師特有の魅力も備わっており、たった一つの道を描くわけではない。ただし、自分の仕事を振り返りながら前進していく方法・あり方も研究され、紹介されてきた。それが「省察」と「アクションリサーチ」である。以下でそれについて論じていきたい。

(1) reflection とその参照基準

教師の成長を考えるために、D．ショーンの「省察」の概念は、有効である。ここには文脈自由にあらかじめ設定された資質能力を向上させ、課題をクリアしていくというのとは異なる「成長のプロセス」がある。また、それは、大学における「理論」に依存した「役に立たない」養成と、教育現場における「経験」としての多様な実践「実践」の、それぞれにある問題をとらえ返し、双方を架橋するものとしても注目される。

D．ショーンは、理論と実践の統合を可能にする「省察」を示し、行為の中の省察（reflection in　action）と行為についての省察（reflection on action）を提示した。〈専門家は、実践の中で省察し、また、実践そのものを省察する〉のであり、教師は、実践と省察を繰り返しながら授業をダイナミックに進めていく（坂本・秋田　2012）といわれる。『専門家の知恵』の

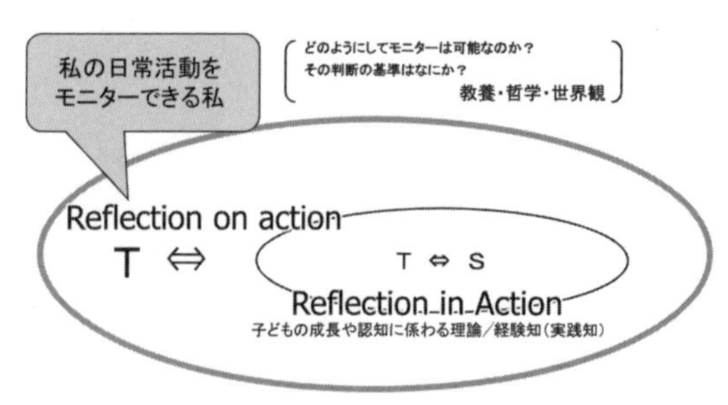

図２　実践における reflection（省察）

中でショーンは、「行為の中の省察　reflection-in-action」の重要性について指摘し、日々の活動をしながら、生徒の反応等を見ながら自分の行為の在り方について振り返りを行うことが専門家に必要とされると述べている

教師は、養成機関で身に着けた教科内容や授業方法の知識、教育の目的等々という多様な側面を考慮し、子どもの状況を踏まえた課題を工夫し授業に臨む。学習指導案を書き、理論を背景にすることで、熱意に任せて闇雲に行う活動を目的的な、改善の道筋が明確な実践へと位置づけることができる。しかしながら、計画された授業は意図通りに進まないのが一般的である。なぜならば、どのように予測したとしても、目の前にいる生徒はその通りには動いてくれないのが一般的だからである。ある理論や方法の「押し付け」に終始する授業が、うまくいくはずはない。したがって教師は、その場の状況に合わせた応対へと適宜修正し、次の課題へ進むという活動を繰り返す。ここで行われているのが〈行為の中の省察〉である。また、このようなreflection-in-action の経験を通して、暗黙知も形成される。

さて「暗黙知」の形成は教師の成長の結果であるが、それは、「教室の規律」「児童・生徒との有効な教授―学習関係」を中心としており、いわば教室の実践に係わる「実践的知識」である。しかしながら、実践そのものの意味、実践の所掌領域を超えた展望を提供することはそこからは困難である。

近年、経済的グローバリゼーションが、人間生活のあらゆる領域の市場化を推進しており、教育の領域も内部にこうした市場化の原理を無自覚に抱え込むようになっている。実践に求められる様々な要求がどのような意味を持つのかについては、実践という行為の中にのみ目を向けていたのでは理解することができず、それを相対化・対象化する必要がある。〈行為についての省察〉は、こうした実践そのものをモニターすることでありその最も重要な役割は、クリティカルな視点を提供することである。またそれができるのは、理論の役割をおいて他にはなく、これに寄与するのが哲学や社会学などのマクロな理論であろう。

教師の成長を教師の資質向上という用語で考えるならば、reflection-in-action に注目が集まり、自分の実践を批判的にとらえ返すことができるか、児童生徒の反応をしっかり見極めているか、提示した教材や資料は適切に用

いられていたか等は、こうした「省察」の中で、繰り返し問われることになる。
しかしながら、前述したように、教育が行われている諸関係をマクロな状況から把握していくことが重要であり、reflection-on-action をどれだけ意識化できるのかはより重要なのである。
ひとつ例を示しておこう。
現在、学年の進行とともにキャリア教育の重要性が語られている。キャリア教育も多様であり、一括りに批判することは避けねばならないが、reflection-on-action を看過している場合には、重篤な問題を引き起こす場合もありうる。
職業の意義や、興味関心など個人的な資質にのみ注目して進路（＝就職先）の目標を持つなどの指導が行われる場合、すでにアルバイトをしている生徒や、労働市場そのものが変化していることを考慮に入れない荒唐無稽なものになりかねない。そこでは、制度によって作り出された若者の労働市場からの排除が、あたかも若者に責任があるように捉えられてしまうからである。
自分の実践を社会的な文脈の中においてみる姿勢がなければ、このように教師の指導は頓珍漢で、有害なものになりかねない。
つまり、何を参照しながら行うのかという問題が問われなければならないのである（reflection-on-action）。とくに、教師がどのような世界観、哲学、教養、社会を認識する力を持っているかがこれに大きく影響してくる。その意味で、教師は常にこうした〈知〉に触れ、人間や社会についての洞察を深めていく必要がある。

(2) 教師の成長とアクションリサーチ

目的をもって実践し、自分の実践を振り返り、目的が達成されたかどうかを図る仕組みは、PDCA サイクルとして紹介され、近年至る所で用いられるようになった。
PDCA サイクルは、企業の計画的業績達成研究の中で、企業の経営論理から生まれたものであるため、目的が「組織目標に対していかに有効な方法・計画を立てることができるか」という点に集約される。それが教育に導入されたときには、「望ましい教育」「達成すべき教育課題」等を念頭に置いて、それをどのように達成していくかを問うことになる。したがって、「学校教育目標」を念頭に置いて、それぞれの実践がそれにどのように寄与したかを問う東京都の教員評価システムは、まさにこうしたPDCAサイクルの典型であると言ってよい。

しかしながら、「望ましい教育」「達成すべき教育課題」は多くの場合、誰からも批判を受けない抽象的な言葉で語られることが多く、そのために、これを基礎に置いた、教師の実践雄方法も一般的・抽象的なものになりかねない。

PDCAサイクルと似て非なるものに、アクションリサーチがある。

アクションリサーチは、〈生徒の状況を見極めながら彼らの学習状況にどのように影響を及ぼしていくことができるのか〉を考える「研究者としての教師　teacher as researcher」という議論の中で有効だと認められてきたツールの一つとして位置づけられている。

アクションリサーチは、図３に示すように、「実際の問題状況の改善状況」を目指す活動である。

そこでの、第一段階は「課題の定義」である。Action Research（AR）は、ある出来事が起こる実際の現場の状況から出発する。ここで重要なのは、教師が正対する教育の現場をつぶさに観察し、様々な資料で判断しながら、〈何が解決されるべき問題なのか〉ということを、定義することから始まる点で

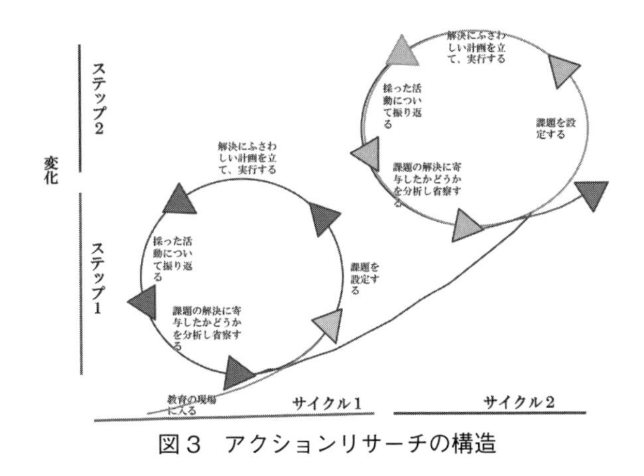

図３　アクションリサーチの構造

ある。

ARの第二段階は、こうして設定された問題状況に、どのような教育実践をするかということになる。ここではおそらく養成課程で学んできた様々な知識や技術が役立つであろう。問題を解決するための具体的な引き出しはたくさん持っておくに越したことはない。

第三段階は、こうして行った教育実践が、はたして適切であったかどうかを判断することである。この判断は、極めて単純である。というのは、問題設定が具体的であること、その問題が「改善されたかどうか」「問題が焼失したかどうか」等の形で実践の成果が可視化できるからである。

最後の段階は、こうして判断した問題解決の過程を次のステップに繋げていく「分析と改善のためのその後の計画」である。

もし問題が改善できなかったとすれば、用いた方法のどこに問題があったのか、そもそも用いた方法が適切であったのかどうかの判断・分析をすることになる。そしてさらに、改良された方法を適応して、最初に設定した課題の、第二局面に取り組むことになる。一方、問題が改善されたとすれば、用いた方法の適切性・妥当性を十分に検討し、その一般化への道を開くことにつなぐことができる。また、次の取り組みは、教育現場にある別の問題ということになろう。

さて、このサイクルでとくに留意しておかねばならない事項がある。

それは、第一段階の「問題の定義」であり、このとき、〈何が問題か〉という問題設定自体を十分に検討する必要がある点である。

そもそも、「問題」は、中立なものとしては存在しない。というのも一連の事象から、ある特定の事象を「問題」として切り取るその認識自体が問われるからである。私たちが「これが問題だ」と考えているものの多くは私たちの経験や、社会的常識、あるいは硬直化した理念に依拠しているものがほとんどだからであり、教師が知らずに持っている偏見であることすらありうる。

例を挙げよう。学校に来ない・来ることができない子どもの姿を目にすれば、多くが「これは問題だ」と考えるであろう。というのも、「子どもは学校に行くべきだ」という規範が自明視されているからである(この規範は昔ほどには強い拘束力を持たない)。教員養成課程における授業の多くは、教育の在り方そのものを根底的に検討するようなものではなく、現システムを前提として「どうすればいいか」という方法論で占められている。したがって、学校に来ない子どもへの対処は、一般には、例えば適応指導教室などで制度的にサポートされたり、養成段階で学んだ様々な手法や「あり方」を適用し個別指導を行い、いつかは「学校生活へ適応」することが最終目的となる。

しかしながら、もしかしたら学校に来ない子どもの方がまともで、所属する学級集団に問題があるというように発想することは重要ではないか。現在の学級集団の人間関係を考えると、指導すべきは子どもたちの集団文化の創り方の方であって、馴染まない子どもの方ではないのかもしれないからである。

重要なのは、実践が行われる現場状況の課題をいかに的確につかむかということである。その際、外から〈問題を押し付けること〉でないのはもちろんであるが、何を「問題」と位置付けるかが最も重要になる。前述したように、ある状況を問題としてとらえることその仕方自体が、教師の偏見や凝り固まった常識に依拠していることも自覚すべきであろう。子どもの心の在り方に問題を還元する「心理主義」や「医療モデル」が、現在の教育界では強力であるが、これに依拠すれば、「問題のある子ども」は「治療」をすることによって改善するという認識につながる。これとは決別し、先に述べたように、問題は「個人」をいじることではなくて、その背後にある人権や公正といった民主主義的な課題の実現に意識を集中すべきである。その意味で、問題への対応は「社会モデル」として認識される必要がある。

教師の成長というのは、このように、実践の中にある「教育課題」をreflection-on-actionを実行しながら、一つずつクリアしていく営みなのではないだろうか。

(3) 同僚としての教師

さらに、前回2016年論文では論じていなかった重要な問題について触れておきたい。それは同僚としての教師の存在である。

先にも述べたが、私たちは学校の環境の中で、常に他者と競わされており、「能力主義的文化」の結果、そこでの成功／失敗を個人に還元してとらえる態度が身についている。教師の「成長」も、個人の教師を対象に成長する／

しないの判断から「、「成長しない教師」の排除につながり、優生主義的な価値を助長しかねない。
先に述べたreflectionやaction researchも、個人主義・能力主義の文化の中で用いられれば、何かの目的に有効だったか否かで判断されることになろう。本文中で紹介したオルタナティブな価値を持つＦ先生の話も、オルタナティブな世界での〈勝者〉としてとらえられる危険性だってある。
こうした功利主義的・個人主義的文化を超えるためには、人は本来〈個人〉としては生きていけない存在であること＝〈類としての存在〉の意味を確認する必要がある。民主主義的な価値の実現というテーマも、これに深くかかわっているが、同僚教員との共同プロジェクト中で相互の対話を重視し、reflectionやaction researchもその手段として用いる必要があろう。
Ｊ．デューイは、共通の教材をともに探求する中で、様々な声を聴き、多様な解決や理解の方法があることを学んでいくプロセスの中に、民主主義につながる学校の意義を主張したが、教師の成長もこうした同僚集団における協働のプロジェクトの中でこそ意味を持つのではないだろうか。

おわりに

本論では、教師の成長に係る政策的な問題を指摘してきた。学校が産業界の人材養成のための役割をますます顕に担わされるようになっていること、能力主義と排除の機関としてますます重要性を持つ時代になっている問題を指摘した。そして、教師は、その担い手として期待され、それに向けてコントロールされるようになっているのであり、それが「成長」という言葉で語られている問題を指摘した。
教師に問われているのは、どのような教育的価値の実現に寄与するかという問題である。公教育に埋め込まれた「民主主義」社会の実現のための教育を追究し、同僚とともに、教育現場の子どもたちの・親の声を聞き取り、民主主義的価値の侵害について、協働してこれに対抗する取り組みを考え実行していくこと、教師もそれについて見識を深めていく、そのようなものとして「成長」もあるのではないだろうか。

引用・参考文献

・桜井智恵子、2021『教育は社会をどう変えたのか』明石書店
・田中一生、1975「新任教員の職業的社会化過程―学校組織論的考察―」九州大学教育学部紀要、20巻
・本田由紀、2005『多元化する「能力」と日本社会』NTT出版
・油布佐和子、2015「教員養成政策の現段階―首相官邸、財務省、財界によるグランドデザイン―」日本教師教育学会年報、日本教師教育学会、第24号
・油布佐和子、2023「働き方改革は何を改革するのか？」『教育学年報14　公教育を問い直す』世織書房
・日本教師教育学会、2017『緊急出版　どうなる日本の教員養成』学文社

Profile

油布 佐和子　YUFU Sawako
早稲田大学教育・総合科学学術院教授

第10章

教師が学び合う「実践研究」の方法
――授業改善を軸にした学校改革へ――

石井 英真
京都大学

1．はじめに

社会の変化を背景にした2017年改訂学習指導要領では、資質・能力、主体的・対話的で深い学び、カリキュラム・マネジメントなどのキーワードが踊り、目標・内容・方法・評価の教育活動全般にわたる一体改革が進行してきた(1)。こうして、制度的な枠組みが体系的に整備され、新しい学びへの精密な見取り図が示されても、最終的にそれが実現されるかどうかは、現場の教師たち一人一人の、そして、教師集団としての力量にかかっている。

学校不信と教育万能主義が同居する状況で、教師たちは多忙の中で仕事の手応えも得られず専門職としての誇りも失ってはいないだろうか。学校不信は、保護者対応や書類仕事の増加により、教師を本業（子どもと関わる教育活動やそれを支える研修）から遠ざけ、教師たちは徒労感を強めてきた。また、人間の能力開発に無限の可能性を見出し、社会問題を教育で解決できると考える教育万能主義を背景に、学校に過度な期待や要求が寄せられ、現場は改革疲れに陥ってきた。2013年のOECDのTALIS（Teaching and Learning International Survey：国際教員指導環境調査）でも、日本の教師の勤務時間が他国に比して特に長く、人材の不足感も大きいことが明らかにされてきた。ブラックな労働環境が広く社会的に認知され問題視されるようになってきたが、「働き方改革」といった現場の自助努力のみでは限界があり、教職の魅力低下や教員不足も深刻化している。

教師の労働環境と待遇の改善や定数改善、学校や教職への信頼・尊敬の回復、教育改革に向けての条件整備は急務と言える。その一方で、現場の外から押し寄せる改革に惑わされることなく、したたかさとたくましさをもって、目の前の子どもたちのよりよい学びにつなげ、地に足のついた実践を積み上げていけるよう、教師一人一人や教師集団をエンパワーしていくことも必要である。「働き方改革」が叫ばれているが、本業にかける時間まで機械的に削り、教職の仕事の手応えまでなくしてしまってはならない。本業や研修に余裕をもって取り組めるようにし、学校を、教師たちが充実感をもって働ける職場に、専門職として、人間として成長できる職場（学習する組織）にしていくことは学校経営上の中心的な課題である。

では、教師はどのようなプロセスを経て学び成長するのか。次々と打ち出される「〇〇な学び」など、新しい考え方や方法への取り組みが、やらされてる感の強い一過性のものとなるのではなく、その学校や教師の実践の核となる部分（学校の文化や教師の観）を鍛え直したり問い直したりする契機となり、持続的な学校改善につながるうえで、どのようなことがポイントとなるのか。本章では、授業改善と教師の成長を軸にした学校改革のストラテジーについて述べたい。

2．教師としての力量形成の基本的な道筋

(1) 教師の仕事における実践的判断の重要性

授業に限らず、基本的に教師の仕事は、複雑性や不確実性を特徴としている。医師や弁護士などの、専門職と呼ばれる他の職種においては、専門性の根拠となる専門的知識が明確である。しかし、その仕事の包括性や複雑性ゆえに、教職については、そうした専門的知識を明確にするのが困難である。たとえば、専門教科の学問的内容を熟知しているだけ、あるいは、子どもの学習や発達の過程を深く理解しているだけでは、教育活動は成立しない。学問の論理と学習者の論理とは必ずしも一致せず、それらをつなぐには、学習者を想定しながら学問の知を教育内容として組み換え、学習活動を教育的意図をもって組織化する、教える方法に関する知（教授学的知見）が必要となる。さらに、めざすべき教育のあり方や授業のゴール自体も、問い続けていくことが求められる。

授業に即して言えば、一般化された個々の技術や○○方式の適用のみで授業が遂行できないということは明らかだろう。確かに、授業においては、子どもを変えられる確かな「技術」が必要である。しかし、ここで注意すべきは、「教育における技術」は、「モノ作り」のように、作り手の都合に合わせて機械的に遂行しえない点である。子どもたちは、それぞれに個性があり、しかも、自ら成長する願いと力を持って絶えず自己教育している。さらに、授業という営みは、そうした子どもたち同士が複雑に相互作用しながら、教師の意図からはみ出して学習が展開したり、雰囲気における緊張と弛緩という一定のリズムを持って展開したりする、創造的な過程である（ドラマとしての授業）。

子どもたち、教師、教材が織りなす相互作用の中で、教師は、子どもたちの個性的な反応を受け止め共感したり、それに合わせて技術を組み合わせたり新たに創造したり、思い切って当初の計画を変更したり、授業の目標自体を設定し直したりと、即興的な判断が求められる。そして、そうしたドラマのような創造的な過程であるからこそ、学校の授業は、知識の習得に止まらず、深い理解や創造的思考、さらには、豊かな内的経験も含めた，包括的で有意味な学習成果を実現しうる。日本の教師たちが「授業研究」で追究してきたのは、まさにそうしたドラマとしての授業であった。多くの教師たちは、「授業でこんな表情を子どもたちは見せるのか」「問いかけやことばかけ次第で、こんなふうに子どもたちが動き出すのか」といった、すぐれた教師の実践の凄みに授業づくりの可能性とロマンを感じ、先達の背中から学んだり技を盗んだりしながら、クラフツマンシップをもって、いわば「授業道」を追究してきたのである。

こうした教師の仕事における判断や熟慮や配慮の重要性は、「教育的タクト」（授業における臨機応変の対応力）、「ジレンマ・マネージング」（授業過程で発生する無数のジレンマについて、その時々に瞬時に判断し、やり繰りしていく教師の仕事）といった具合に、さまざまな形で強調されてきた[(2)]。多様な領域にまたがる専門的知識を実践過程において統合する見識や判断力が、教師の専門性の核であり、その熟達の程度が教師の力量の程度を決める。授業過程において瞬時になされる一つ一つの働きかけやふるまいの背後にある、思考や判断（熟慮）の的確さや深さ、そして、共感やいたわり（配慮）を伴った子ども理解の厚みの違い。経験の浅い教師とベテランの教師との力量の違いはそうした実践の細部に自ずと表れるのである。

(2) 教師の学びと成長のメカニズム

教師の力量は、大学での教員養成において完成するものではなく、生涯にわたる「研修」(研究と修養) を通じて形成されていくものである。ここで研修という場合、自治体などが提供する制度化された研修のみならず、校内研修、公開研究会、研究サークルへの参加といった自主的な研修、さらには日常的な力量開発も含んでいる。では、現場での研修やさまざまな経験を通じて、教師の実践的な技や判断力はどのようにして磨かれていくのだろうか。それは、スポーツや芸道などの技の学習一般がそうであるように、基本的には、「なすことによって学ぶ」という形を取る。すなわち、教室の外側で理論を学んで実践に当てはめるのではなく、実践の中で反省的に思考し、教訓 (実践知) を蓄積しながら、実践をよりよいものへと自己調整していくわけである。よって、教師の力量を磨くには、授業の構想・実施・省察の全過程を、教師自身の学習の機会としてどう充実させられるかがポイントとなる。経験から学び上手であること、経験を無駄にせずそこから学びつくすことが重要なのである。

また、そうした教師の学びは、同年代や先輩教師達との間の、タテ・ヨコ・ナナメの重層的な共同関係の下で遂行されていく。たとえば、経験の浅い教師にとって、先輩教師 (熟達者) たちにあこがれ、それらをモデルとして創造的に模倣するというプロセスは重要な意味を持っている。ここで言う模倣とは、単に表面的な行動を真似るのではなく、目の前の状況に対して、「○○先生ならばどう考えるだろうか」と思考し、目指す授業像、および、思考方法や感覚を共有することである[(3)]。そうして実践者としての問題や対象への向かい合い方を模倣することは、それを徹底すればするほど、自分なりのスタイルを構築すること (モデルからの卒業) につながるだろう。

すぐれた判断を支える実践知の多くは、論理的に明示的に言語化されにくく、具体的なエピソードや、それに関する感覚や意味づけの形で、暗黙知 (感覚的で無意識的な知) として、実践者個人や実践者の間で蓄積されている。

表１　教師のライフコースの平均的なステップ

初任期①（入職後約５年間）
・リアリティ・ショック（入職前に抱いていた教師と児童・生徒関係についてのイメージと現実とのギャップによるショック）を受け、そのショックをかかえながらも無我夢中で試行錯誤の実践に取り組む。 ・自分の被教育体験によって無意識的に形成されたモデルに基づいて実践しがち。 ・「教師にとってはじめての３年間がその後の教職生活を左右する」とも言われるように、教師の仕事のイメージを育む大事な時期であり、試行錯誤や困難が、子どもや教育への深い見方を育てうる。
初任期②（入職後およそ５年～ 10 年）
・新任時代の荒波を乗り切って、小学校では６年間、中・高なら３年間、入学から卒業までの生活をともにすごすことで、子どもたちのようすが見えてくる。教師にもいくぶん気持ちの余裕が生まれる。 ・当初は「子どもが好き」という思いだけで教職に向かった教師たちも、もう少し確かなものを得たいと思うようになってくる。より大きな社会的文脈の中で自分自身の仕事の意味を確認し、教育実践を確かなものにしたいという思いがわきあがってくる。研究会に参加するなどして、教育実践の工夫に力を注ぐようになる。 ・自分が取り組んでいきたい実践課題を自覚し、これから自分はどのような教師として教職生活を過ごしていくべきか考えるようになる。
中堅期（20 歳代後半～ 40 歳代前半）
・15 年から 20 年ほど経つと、教師としての自己を育て一通りの仕事を身につける。職業的社会化（その職業で必要とされる技能やふるまいを習得すること）を終え、一人前の教師になっていく。 ・男性教師は、比較的早い段階から校務分掌などの役割を担い、先輩教師や管理職教師などとも公的な関係を築きながら教師としての発達と力量形成を遂げていく。30 歳代中頃から学年・研修の主任職などを担うようになり、学年・学校全体や教員集団のことに目を向けざるを得なくなるなど、役割変化が教職生活上の危機を生む場合もある。 ・女性教師の多くは、20 歳代後半から結婚・出産・育児・家事といった人生上の出来事に直面し、その経験を通して教師としての発達と力量形成を遂げていく。一方で、家庭生活上の負担が重くのしかかり、離職の危機が生じる場合もある。 ・社会の変動による子どもたちをめぐる環境の変化、加齢による子どもたちとの世代ギャップ、経験を重ねることによる教師としての役割の硬直化などによって、中年期に危機が生じることがある。
指導職・管理職期（40 歳代半ばあたりから、指導主事や教頭・校長などに就くことを契機に）
・教育という営みを捉える視野を拡大させるとともに、学校づくりという新しい教育実践を創造していく可能性をもたらす。 ・学級という自らの実践のフィールドを喪失し、教育実践家からの離脱化（それまで育んできた教職アイデンティティの切断）を余儀なくされるために、戸惑いも大きく、年齢からくる体力や健康の不安、職場内に気軽に相談できる相手がいなくなる孤独感などが生じ、離職の危機を迎えやすい。

（出典：山﨑準二「教師のライフコースと発達・力量形成の姿」山﨑準二・榊原禎宏・辻野けんま『「考える教師」―省察、創造、実践する教師―』学文社、2012 年、高井良健一「生涯を教師として生きる」秋田喜代美・佐藤学編『新しい時代の教職入門』有斐閣、2006 年をもとに筆者が図表化。）

こうした、実践共同体に蓄積されている実践知は、あこがれの教師のように日々思考したり、同僚と授業や子どものことについて対話したり、実践記録を読んだり書いたりするなど、生のエピソードや事例を介した判断過程の追体験を通して学ばれていく。

そうして経験を通して暗黙的な実践知を学ぶ一方で、教科内容、子どもの学習、教育方法などに関する諸理論（形式知）を学ぶことも重要である。理論を学ぶだけで上手に実践できるわけではないが、だからといって理論を学ばないというのは誤りである。教師たちが自らの実践を支えている論理を自覚化し、より広い視野から実践の意味を理解し、それを語る言葉を持つ。それは、教師の感覚的な判断を根拠や確信を伴ったものとし、実践の変革可能性や柔軟性も準備するだろう。教師の学びは、模倣と省察の過程で理論知と実践知を統一する研究的な学びとして遂行されねばならないのである。日本において展開されてきた、実践記録の相互批評や「授業研究」をはじめとする教師の実践研究が、こうした教師の学びの道筋に沿ったものであることは明らかだろう。

より長いスパンで教師としての成長を捉えるなら、教職生活において教師には、授業観、子ども観、さらには教育観全体に関わる変化や転機があるものである。それは、問題を抱えた子どもたちとの出会いと交流の経験、すぐれた先輩や指導者との出会いのみならず、職務上の役割の変化や個人及び家庭生活における変化など、学校内外のさまざまなことがきっかけとなって生じる。そうした転機やそれが生み出すライフコースは、基本的には個々人によって多様だが、その平均的なステップを描くなら、おおよそ表1のようになる。教師は、さまざまな困難に直面するたびに、自らの教職アイデンティティを問い直すことで成長していく。それは、学校や同僚に支えられながら、子どもから学ぶ余裕があってこそ可能になるものである。

教師の学びや成長は、個別の手法や方式（skills）の獲得（acquisition）という短期的に成果の見える表層的な部分のみならず、判断力や技量（competencies）の熟達化（expertise）、さらには観やアイデンティティ（beliefs and values）の編み直し（unlearn）といった長期的で根本的で深層的な部分も含んで、重層的に捉えられる必要がある。

3．教師の成長を促すしかけと場づくり

(1) 教師の学びにおける省察の意味

すでに述べたように、教師の力量を磨くには、授業の構想・実施・省察の全過程（授業研究のサイクル：図１）を、教師自身による実践的研究として遂行していくことが重要である。授業研究のサイクルは、教師の哲学（理想とする子ども、授業、学校の姿、および、それを根拠づける思想）により発展の方向性が規定される。また、教師が理論的学習や実践的経験を通して構築してきた教科内容、学習者、授業展開や学級経営の方法などに関する知恵や経験則である「実践の中の理論（theory in practice)」（暗黙知の部分と形式知の部分から成る）によって、各フェーズでの判断の妥当性が規定される。逆に、教育活動の構想・実施・省察のサイクルの中で、教師の実践上の哲学と理論は再構成されていく。

教育活動の構想・実施・省察のサイクルが、教師の実践的研究のサイクルとなるかどうかは、それを通して教師の哲学、理論、技量の洗練や再構成（教師としての学びと成長）が促されるかどうかにかかっている。その際、特に「省察（reflection)」のフェーズが、シングル・ループ学習として展開さ

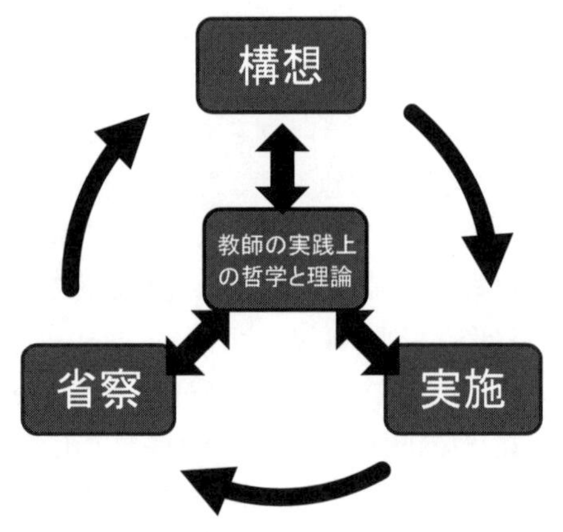

図１　教師の実践研究としての授業研究のサイクル　（筆者作成）

れるか、ダブル・ループ学習として展開されるかが重要となる[4]。たとえば、サーモスタットは、温度が高すぎたり低すぎたりすると、それを感知して設定した温度に調節する。これがシングル・ループ学習である。これに対して、設定温度自体が本当に適切なのか、さらに、快適さと節電のどちらを優先するかという前提価値をも問い、作動プログラムや基本方針自体を見直すのが、ダブル・ループ学習である。省察が、授業での子どもの学習の評価や次の授業での改善の手立てに関する議論（問題解決：シングル・ループ学習）に止まることなく、目標や評価の妥当性自体も検討対象とし、教育活動の構想・実施のあり方や子どもの学習過程に関する理解をも深める議論（知識創造：ダブル・ループ学習）となることが重要なのである。そして、そうした知識創造を促す上で、構想・実施・省察のサイクルを他者とともに共同的な営みとして遂行していくことが有効である。

(2) 日本の教師たちの研究する文化

教師の学びと成長における省察の意味が明らかになる中で、近年、「実践の中の理論」の意識化と再構成を促す事例研究という観点から、日本の教師たちの実践研究の文化が再評価されている。特に、「授業研究（lesson study)」（授業公開とその事前・事後の検討会を通して教師同士が学び合う校内研修の方法）は、諸外国からも注目され、校内研修を充実させるべく、国内外において様々な取り組みがなされてきた。事前準備（指導案づくり）に力をかける一方で、事後の検討会が形式化したり、教師の指導技術の論評会になったりしている（だから授業研究をやりたがらない）といった傾向に対して、子どもたちがどう学んでいたかを話題の中心として、事後の検討会を充実させる取り組みも広まっている[5]。

ただし、日本における教師の実践研究の場は、各学校単位の校内研修に止まらず重層的に存在していることに注目する必要がある[6]。①教育委員会や大学における講習や研修（教師達は理論や教育方法についての講義やワークショップを受ける）、②民間教育研究団体や研究サークルなど、学校外での自主的な研究会（実践報告や実践記録を持ち寄り交流し、共同で批評し合う）、③教師の授業研究を中心とした校内研修（授業を学校内や学校外に公開し事前・事後の検討会を行う)。①は主に知識や手法の獲得を目的とする。②③は主に実践交流、実践の省察、実践的な理論や方法の共同創出を目的とする。こうした学びの場の重層性に対応して、授業研究や事後の検討会のあり方についても、さまざまな目的のものが存在し、さまざまなタイムスパンの省察が織り込まれている。

事後検討会においては、知識創造につながるような省察がめざされねばならないが、授業者の授業観や学習観や子ども観の再構成にも至るような、ダブル・ループの省察は、簡単には生じない。そういう省察が起こる可能性を高める上では、事例研究の日常化が重要である。そのためには、事前準備に力を入れすぎず、子どもの学びや教室での出来事の解釈を目的とした、リラックスした雰囲気での対話の機会を積み重ねていくのが有効である。

それに加えて、研究授業や教育委員会主催の研修のように、よりフォーマルな事例研究の場では、詳細な授業記録をもとに抽出児の思考を軸に授業分析を行ったり、あるいはカード構造化法(7)(授業を実施したり観察したりして、問題と思ったことや気になったことを、一つの事柄で一枚のカードで自由に思いつく限り記述する。→カードの束を二つのグループに分類し、各々についてさらに二つのグループに分類するという作業を繰り返す。→分類されたカードのグループにラベリングし、構造図を作成する。→ラベル同士のつながりを線で示したり、グルーピングの理由や気づきをメモしたりする)のようなリフレクション・ツールを用いたりして、自らが授業や授業観察で何に注目しているかを可視化し、自らの授業の見方について自覚化や気づきを促す特別な機会を持つことも有効だろう。

他方、教材理解を深めたり、指導技術を高めたりするためには、ストップモーション方式(8)(授業のビデオ記録を一時停止して個々の場面について、「なぜあの場面でこういう行動を取ったのか?」「あの時子どもたちの学びについて何を見ていたのか?」といった点を問うことで、行動の背景にある授業者の意図や判断過程を検討する)なども活用しつつ、事前準備にも力を入れ教材研究や子どもへの介入の妥当性を緻密に検討する事例研究が有効である。特に、経験の浅い教師には、授業の組み立て方や子どもの見方を学び、自分なりの授業スタイルを確立していくために、ち密な教材研究や授業の過程を丁寧に振り返る機会が重要だろう。

日本の教師たちの実践研究の文化については、単に事例研究を通じて効果的な授業方法を実践的に検証している、授業や子どもの見方を豊かにしているといったレベルを超えて、哲学することをも伴って研究する志向性を持っていた点を認識しておく必要がある。教師自身が、教室での固有名の子どもたちとの出来事ややりとりを、一人称の視点から物語調で記述する実践記録が多数刊行されてきたことを抜きに、日本の教師たちの実践研究の文化は語れない。実践記録は、一時間の授業や単元というスパンに止まらず、教科の授業にも限定されない、より長いスパンの、教科外活動や学級生活等も含めた、より包括的な教室での経験の省察を促すものである。

さらに、日本の教師たちは実践記録を綴るのみならず、「実践の中の理論」を自分たちの手で抽象化・一般化し、それを比喩やエピソードも交えながら明示的かつ系統立てて語ってきたという事実に注目する必要がある。そこでは、単なる技術や手法だけではなく、教育の目的、授業の本質、教科の本質、子ども観など、実践経験に裏付けられた豊かな哲学や思想も語られていた。斎藤喜博、東井義雄、大村はまといった著名な実践家の一連の著作は、実践記録という域を超え、いわば「求道者としての教師」の道を説く側面を持ち、良質の教育思想や教育理論のテキストでもあった。

4．授業改善を学校改革へとつなぐストラテジー

(1) カリキュラム・マネジメントの観点からの校内研修の生かし方

学校をめぐる問題が複雑化し、教師や学校への信頼がゆらいでいる中、教師個々人の力を伸ばすという視点だけでなく、学校の組織力を高めるという視点から、学習する組織の中心（教師達が力量を高め合い、知を共有・蓄積し、連帯を生み出す場）としての授業研究の意味にも注目が集まっている[(9)]。教師個々人の力量形成や授業改善の営みと、教師集団の組織力の構築や学校改善の営みとを結びつけて考えていく視点が求められるのである。

授業改善をめざすといった時に、しばしばそれは新しい手法の導入と、その効果を検証しながらよりよい手立てを探る効果検証型の研究として遂行さ

れがちである。しかし、そうした取り組みは、手法の洗練に止まりがちで、教師の成長と学習する組織の創出といった視点が見落とされているのではないか。たとえば、現場では近年は「個別最適な学び」等への注目度は高い。しかし、何のための「個別最適な学び」なのかを問うことなく、「どうやったら個別最適な学びを実践したことになるのか」と、特定の型を求める技術主義に陥っていないだろうか。また、教師個人レベルでの授業改善に止まっていないだろうか。

こうした傾向を是正するうえで、カリキュラム・マネジメントを意識することは有効である。2016年12月に出た中教審答申では、カリキュラム・マネジメントの三つの側面として、次の項目が挙げられている。①各教科等の教育内容を相互の関係で捉え、学校教育目標を踏まえた教科等横断的な視点で、その目標の達成に必要な教育の内容を組織的に配列していくこと。②教育内容の質の向上に向けて、子どもたちの姿や地域の現状等に関する調査や各種データ等に基づき、教育課程を編成し、実施し、評価して改善を図る一連のPDCAサイクルを確立すること。③教育内容と、教育活動に必要な人的・物的資源等を、地域等の外部の資源も含めて活用しながら効果的に組み合わせること。カリキュラム・マネジメントは、目標・指導・評価の一貫性を問い、目標実現に向けて、学校や教師集団がチームとして、教科の枠も超えて、協働的・組織的に実践とその改善に取り組むことの重要性を提起するものといえる。当初、2017年版学習指導要領では、アクティブ・ラーニングとカリキュラム・マネジメントが両輪とされていたが、そのことの意味はこのような文脈で捉えられる必要がある[10]。

教師個人レベルの授業改善が進むことが必ずしも、学校改善や子どもの学びの充実につながるとは限らない。教師によって子どもたちが態度を変えているような状況は、学校として崩れにくい安定した状況とは言えない。「この先生の授業（だけ）は信頼できる、この先生の授業を受けられてよかった」ではなく、「この学校の授業は信頼できる、この学校の授業を受けられてよかった」という、その学校の授業に対する面の信頼を構築していくことが肝要である（面の授業改善）。

授業のクオリティは、教師同士が学び合いともに挑戦し続けるような同僚性と組織文化があるかどうかに大きく規定される。すぐれた教師がたくさんいる学校がよい学校なのでは必ずしもなく、その学校にいると普通の先生が生き生きとしてすぐれた教師に見えてくるような、挑戦が認められみんなが高めあっている空気感のある学校がよい学校なのである。そして、そうした学校のさまざまな次元の社会関係資本（つながりの力）や組織力を土台として、子どもたちの学力や学びの質は高まっていく。

このように、一過性の改革ではなく、持続的な授業改善・学校改善につなげていくためには、教師たちが目の前のすべての子どもたちの学びにチームとして責任を引き受け、協働で授業改善に取り組むシステムと文化の構築が重要である。特に、入試改革等、近年の改革の本丸とみなされてきた高校においては、教師個々人が個人技を競うこと以上に、こうしたチームで授業改善に取り組むシステムと文化を確立していくことが追求されるべきである。小学校は学級王国、中・高は教科の壁が高く、それが教師同士の協働や連帯を妨げているといわれるが、高校については、同じ教科内でそれぞれの主張や流儀に干渉しあわない風土があるのではないだろうか。専門職としての各人の自律性を尊重しつつも、それが対話の機会を欠いて授業を私物化するようなことにならないよう、目の前の生徒にとって本当の意味での最善を同僚とともに考えていくことが重要だろう。

(2) ヴィジョンの対話的共有と教師たちが対話し協働する場の組織化

本業である授業を通して学び合う組織を創っていく上では、ヴィジョンの共有と協働する場づくりの両者を関連付けつつ追求していくことが有効である。

コンピテンシー・ベース、資質・能力ベースのカリキュラム改革は、教育政策の立案に関わる者のみならず、それぞれの学校や現場の教師たちが、理念や目的に関わる議論に正面から向き合うこと、すなわち、目の前の子どもたちに何が必要なのか、どのような社会を、どのような学校教育を目ざすべきなのかといった、学校教育目標やヴィジョン（目ざす学校像や子ども像）を自分たちの頭で考えることを求めている。

各学校で学校教育目標を語り合う機会を持つことは、「〇〇な学び」等の新しい手法の導入が、上からの手法の押しつけや形式主義につながるとの危惧に対して、現場の自律性を担保し、実質的な創意工夫を促しうる。教師たちが協働で、子どもや学校の実態や課題について具体的に話し合い、そこから目ざす子ども像や実践上の合い言葉や学校全体で取り組む手だてを共有していく。いわば学校評価を目的・目標づくりと教師集団づくりにつなげていく。たとえば新しい学びの形や手法を導入するにしても、その学校の課題やヴィジョンに即して必要性を明確にし、その学校なりの定義を創出・共有していく。そうした学校の診断的な自己評価に裏づけられたボトムアップの協働的な目標づくりによって、実践の基本的な方向性や目標を共有する一方で、それぞれの教師の実践哲学や授業スタイルを生かした創意工夫を尊重し、新たな実践の提案を期待するわけである。

また、協働する場づくりという点について、先述の「授業研究」をヴィジョンの共有の営みと結びつけて展開していくことが有効だろう。めざす子ども像をただ掲げるだけでなく、その実現をめざして実践を積み重ね、その具体的な学びの姿を、また、それを生み出す手立てや方法論等を教師集団で確認・共有していく。主体的・協働的に学ぶ子どもたちの具体的な姿とはどのようなものか、子どもたちにゆだねるとはどういうことなのか、これらの問いについて実践を通して教師同士がともに学び合っていくことが重要なのである。新しい取り組みのよさを頭で理解するだけでなく、それに向けて実践し、実際に子どもたちの姿が変わってはじめて、教師たちは取り組みの意味を実感し授業は変わっていく。たとえば、思い切って子どもたちに思考をゆだね、その試行錯誤を見守り教師が出ることを待ったところ、一見、授業は冗長に見えたが、事後の検討会で観察者から子どもたちが確かに学んでいた事実が語られた。これをきっかけに、授業者、そして同僚の教師たちは、子どもたちにゆだねて大丈夫なんだという安心感や見通しを得ることができ、その学校の授業が変わり始めた、といった具合である。各人の授業力量を高めていくだけならペアや小集団で授業を見合うことでも一定の効果もあるかもしれないが、全教職員で同じ授業をみて話し合うことの意味は、目指す授業や学びの姿を、具体的な風景で共有していく点にあるのである。

その際、学校教育目標を授業研究で評価するという具合に、PDCAサイクルとして校内研修を捉えると、どうその授業を改善するかという手立ての議論を急ぎがちで、子どもの姿や授業の実際を丁寧に確認、理解する作業がおろそかになる。ヴィジョンはただ掲げただけでは、お題目やスローガンで終わる。それが実現できたときの子どもたちの姿を授業の具体で確認し、共有していく場として、ヴィジョンへの理解を深める場として校内研修を位置づける必要がある。研究授業の機会などを生かして少し背伸びして挑戦をするとともに、そこでの学びの事実と意味を丁寧に読み解くことで、挑戦したからこそ生まれる子どもたちの普段と違う学びの可能性に気づくといった具合に、授業評価的なシングル・ループ学習に止まることなく、子どもの学びのプロセスや授業という営みの本質に関する理解をも研究的に深めるダブル・ループ学習を志向することが重要である。ヴィジョンとは、一度立ててあとは実行や達成に向かうという性格のものではなく、具体的な子どもや教室や学校の風景で常に理解を深め続け、それを目指し続けることで、学校に集う教職員集団、そのほかの大人たち、さらには子どもたちとの間に連帯と文化を形成するものなのである。

カリキュラム・マネジメントというと、多くの教師にとっては他人事で、管理職がやる管理的なペーパーワークのように捉えられてはいないだろうか。これに対し、カリキュラム・マネジメントの側面①に関して、カリキュラムづくりを、表づくりではなく、具体的な子どもをイメージした学びの地図づくりとして、側面②に関して、目標・評価のサイクルを、機械的な作業（ノルマの達成）としてではなく、創造的な実践（飽くなき価値追求）として捉えていくことが重要だろう。そして、側面③に関しては、行政による条件整備や必要なサポートの不十分さを現場の自助努力で補わせることで、結果として現場からカリキュラムづくりの力を奪うことにならないよう、カリキュラムづくりの主体として現場を尊重し権限を委ね、エンパワメントしていくことが求められる。

授業改革をめざすなら、めざす学びのプロセス（協働することや思考が深まること）のイメージを、教師たち自身が自らの学びにおいて追求し自分の身体をくぐらせて理解しておくことが重要である。主体的・協働的な学びをめざしながら、教員研修でペアやグループで話し合う機会があっても活発な議論にならない、正解のない問題に対応する力を育てたいといいながら、「新学習指導要領の弱点や課題は何か」という点を考えたこともないという状況はないだろうか。子どもの学びと教師の学びは相似形であって、学びの変革に取り組むとともに、自分たちが子どもたちの学びのモデルとなっているかどうかを問い、子どもたちに経験させたい学びを教師たち自身が経験するような、教師の学びの変革も同時に追求される必要があるのである[11]。

特定の手法を現場の外側で学び適用していくことは、手法自体の洗練に向かうなら、一過性の取り組みになりかねない。学んだ手法の意味を自らの実践において子どもの変容で確かめつつ、自分のものとしていく。その過程で、手法の背景にある教育観や思想をもつかむことで、自らの技量や観を磨いていく。こうしたプロセスは、自律的に研究的に学び合う教師集団があってこそ効果的に促される。教師個人のレベルで、また、学校組織のレベルで、新しい手法が触媒となって挑戦的な学びが起こり、新しい手法がそれぞれの現場の実践や文化に埋め戻され、個性化される。新しい手法や考え方の個人や集団による個性化の過程（手法からの卒業と現場の知恵と文化の豊饒化）を促すことが重要なのである。

(3) 事後検討会を充実させる視点

最後に、事後検討会を充実させる上で、一般的にどのような点がポイントとなるかをまとめておこう。事後検討会においては、授業を見られる立場の弱さを自覚しつつ、授業者が公開してためになったと思える検討会にしていくことが重要である。そして、参加者が対等な立場で対象に向かい合う研究的な関係を構築し、事実に即した検討会にしていくことが肝要である。授業者を検討するのではなく授業（教師と子どもたちとの相互作用）を検討するのである。そのためには、子どもの学習を話題の中心とすることは有効だろう。教え方から議論し始めると、事後検討会は授業の論評会となり、授業者が責められる構図となるし、授業観や授業スタイルの違いをぶつけ合うだけになる危険性もある。また、教材解釈の妥当性から議論し始めると、教科の壁で全員参加が難しくなるし、そもそもそれは授業するまでもなく事前でもできた議論になる傾向がある。子どもの学習や授業の実際から話を始めることで、直接問題だと指摘しなくても、事実が問題点に気づかせてくれるし、事実をくぐることで、事後検討会だからこそできる教材研究（子どもの学習過程に即した教材解釈の妥当性の検討）が可能になるのである。

ただし、子ども研究から出発しながらも、教師の教材解釈や授業中の指導との関連でそれを検討する視点を持たなければ、教授・学習過程である授業を研究したことにはならない。子どもの学習から教師側の働きかけにさかのぼる、あるいは、子どもの学習の事実と教材の本質を確認した上で、教授方法の議論に進む（事前の構想と同じ順序）など、子ども、教科内容、指導技術の三つの話題の配列と時間配分を工夫することも考えられてよい。

事例研究を通じて一つの授業の出来事の意味を深く解読する一方で、その事実から一般化・言語化を図り共有可能な知を創出する契機を埋め込むことが重要である。事後検討会の中に、ベテラン教師や研究者が軸となって、あるいは、参加者全員で、事例から何が一般化できるかを考える時間を組み込んだり、「研究だより」のような形で、知の一般化・言語化・共有化を図ったりする工夫も考えられる。これにより、教師の授業研究において、教育実践を語り意味づける自分たちの言葉と論理（「現場の教育学」）が構築される。

なお、そうした「現場の教育学」は、研究者などが生み出す系統化・構造化された理論を学んでいる程度によってその質が規定される。たとえば、大学での学びの中で、教育学や人文・社会科学の良書を読むことは、自らの実践を意味づける概念や構造を鍛えることにつながるとともに、実践で迷ったときに立ち返り、自分がぶれていないかを確かめる思想上の羅針盤を形成することにつながるだろう。また、事例研究に加えて、校内研修の一部として教師の読書活動を組織することも、教師の教養や人間性を養い、専門職としての伸び代を形成する上で重要だろう。こうして、良質かつ硬質の理論を核として形成された「現場の教育学」こそが、表面的な改革に左右されない、専門職としての教師の自律的で手堅い実践の基盤となるのである。

注

(1) 石井英真『今求められる学力と学びとは』日本標準、2015年などを参照。

(2) 佐藤学『教育の方法』左右社、2010年、柴田義松『現代の教授学』明治図書、1967年、

吉本均『授業の構想力』明治図書、1983年などを参照。
(3) 生田久美子・北村勝朗編『わざ言語』慶應義塾大学出版会、2011年を参照。
(4) C. Argyris and D. A. Schön, *Theory in Practice*, Jossey-Bass, 1974.
(5) 鹿毛雅治・藤本和久編『「授業研究」を創る』教育出版、2017年。
(6) 石井英真編『アクティブ・ラーニングを超えていく「研究する」教師へ』日本標準、2017年。
(7) 藤岡完治『関わることへの意志』国土社、2000年。
(8) 藤岡信勝『ストップモーション方式による授業研究の方法』学事出版、1991年。
(9) 北神正行・木原俊行・佐野享子編『学校改善と校内研修の設計』学文社、2010年などを参照。
(10) 石井英真『中教審「答申」を読み解く』日本標準、2017年を参照。
(11) 石井英真編『授業改善８つのアクション』東洋館出版社、2018年。

(Profile)
石井 英真 ISHII Terumasa
京都大学大学院教育学研究科准教授

第11章

教師のライフストーリー研究の射程
——研究史と展望——

高井良 健一
東京経済大学

はじめに

教育研究において教師の人生とその語りから学ぶことの価値が認められるようになったのは、決して遠い昔の話ではない。ここに至るまでには、長い道のりがあった。本稿では、教育研究において教師のライフストーリー研究が登場するに至った歴史的、社会的文脈を叙述するとともに、その教師教育における適用の可能性と課題について言及する。その上で、教師のライフストーリー研究が教師の専門的成長（professional growth）を支え、専門家の学習共同体（professional learning community）を構築する道程について叙述し、今後の教師のライフストーリー研究の展望について論じる。

1．教師の人生・生活（life）への注目

欧米諸国の教育研究において、教師の人生・生活（life）についての関心が高まったのは、1980年代のことである。その前の1960年代、70年代には、教育研究者たちの主要な関心は、最適化されたカリキュラムの開発に向けられていた。1959年9月に全米科学アカデミーによって招集されたウッヅ・ホール会議では、当時の学術研究において最前線で活躍していた科学者、心理学者、教育学者たちが一堂に会し、新しい時代の初等、中等学校の教育課程を構想し、議論を重ねた。その際に議長として中心的な役割を担ったのが心理学者のジェローム・ブルーナーであった。ブルーナーは、ウッヅ・ホール会議の成果をもとに、1960年に『教育の過程』を著し、教科の系統性に

基づく教育課程の構造を明らかにしたその理論を全世界に向けて発信し、同書は、教育課程編成のための国際的なバイブルとなった。

この時期、日本においても、民間教育研究団体を中心として教育課程の研究と開発に関する活動が盛んになった。とりわけ、科学教育の分野では、数学教育者協議会における遠山啓や仮説実験授業における板倉聖宣といった著名な科学者たちが旗手となり、教育課程の再編ならびに新しい教材の開発に取り組み、科学的で民主的な教育の実現が目指されていた。このような潮流のなかで、意欲ある教師たちの関心もまた真正な教育課程の創造と開発に向けられていた。

教育の現代化運動と呼ばれるこれらの動きが、最先端の科学研究の学校への導入を促し、従来の教育課程の刷新に寄与したことは確かである、だが、斬新な教育課程の創造と開発がそのまま子どもたちの学びの深まりに直結するとは限らない。新しい教育課程の下で従来以上に高度な知識の習得を要求されることで、子どもたちの学習意欲がむしろ減退し、学校教育への反撥や学びからの逃走が進行することもありうる。

教師の自律性を伴う質の高い研修機会の保障や子どもたちの学習環境の整備といったバックアップ体制が欠如した状態において、高度な知識を教育課程に組み込む教育改革を断行するならば、子どもたちの学力の格差が助長されることは火を見るよりも明らかなことである。事実、この時期、アメリカでは、リベラルな科学者、心理学者、教育学者たちが先導し、開発した教育課程によって、果たして子どもたちの学びの格差は縮小し、厳しい環境にある子どもたちの学びが支援されたのかという根源的な疑義がよりラディカルな教育学者たちから突きつけられていた。

その代表的な論客といえるのが、アメリカの教育社会学者のマイケル・アップルである。アップルは、リベラルな教育学者たちが、学校を社会の民主主義と人々の平等を実現する機関として自明視していると批判し、学校教育のカリキュラムの政治性を分析することにより、カリキュラム批判の教育学を打ち立てた。また、ヨーロッパにおいても、イギリスの教育社会学者のバーンステインの「言語コード論」やフランスの社会学者のブルデューの「再生産理論」をはじめとして、社会階層の格差が再生産される過程と構造についての研究が進んだ。その結果、学校ならびに教師は、社会と文化の再生産装置の最たるものとして、批判を受けることとなった。これらは、教育学におけるポストモダニズムの洗礼の一部をなしていた。

一方、日本では、1960年代の教育の現代化運動で旧来の教育課程が批判されて、1970年代には戦後で最も高度かつ過密な教育課程が導入された。これは初等中等教育レベルでは国際的にも最高水準のものであると自負されたものであった。ところが、学制百二十年史にあるように、「昭和四十年代に行われた教育課程の改訂は、科学・産業・文化等の進展に対応し、また、海外における教育の現代化の動向等を考慮して、教育内容の充実を図ったものであった」が、「その後、学習内容の量の増大と程度の高度化が指摘され、児童生徒の側に立って教育内容の見直しをすることが課題と」[(1)]なる事態を招いたのである。

事実、1970年代になると、不登校の生徒が増え、校内暴力の嵐が全国の中学校で吹き荒れるなど、深刻な教育病理が社会問題として浮上した。もちろん、これらの教育病理の責任をすべて過密な教育課程に帰することはできないが、それでも、専門家がよかれと思って「理想的」な教育課程を創出したとしても、それだけで子どもたちの幸せで深い学びが保障されるわけではないということは、この時代の教訓として忘れてはならないことだろう。

教育課程の編成においては、学問に裏打ちされた教育内容の真正性が確保され、子どもの学習と発達についての信頼に値する研究成果が考慮されるべきであることは、言うまでもない。しかしながら、子どもたちの学びを規定するのは、策定された教育課程だけではない。ともに学ぶ仲間との関係性、そこで生まれる学びへのモチベーション、学びを支えるさまざまな教具、教材、足場がけなど、多様なファクターがあり、これらのファクターにおいて教師の実践的な関与が極めて大きな役割を担っている。

ところが、1970年代までは、このような教育実践における教師と子どものコミュニケーション過程に注目することや、教師と子どもたちが教室で経験している生きられた人生の物語としてカリキュラムを捉え直すことが、教育学の課題として意識されることは、ほとんどなかった。

教育課程やカリキュラムの研究が注目されていた1960年代から70年代に

かけて、教師という存在は、いわば黒子のようなものであった。その当時、教師はあらかじめ決められた知識の伝達者であり、質の高いカリキュラムが開発されるならば、どんな教師でも効果的な授業を行うことが可能となるという前提が当たり前のように存在していた。もちろん、教育関係者のすべてがこのように考えていたわけではない。例えば、『教育の過程』にも「よく作られた教育課程は、一まとまりの知識を（教師によって）汚染されていない生徒に伝えるために“教師の影響から遮断する”（teacher-proofing）方法であるという考え方は馬鹿げている」（xix）と記されているように、ブルーナーは子どもの学びにおける教師の役割の重要性を認識していた。だが、ブルーナーがわざわざこのような文言を同書の冒頭に記さなくてはならなかったところに、当時の時代における支配的な風潮を読み取ることができる。そして、この時期、『教育の過程』も教科の系統性の重視という文脈において注目され、子どもの学びにおける教師の役割についての関心は後景に退いていた。

このようないわゆる科学主義の時代を経て、1980年代に入ると、教師という存在が突如として注目されることになった。アカデミズムの文脈でいうと、象徴的相互作用論、現象学的社会学、エスノメソロドジーといった「新しい社会学」「新しい教育社会学」の登場が、これまでブラックボックスとなっていた教師と子どもの相互作用の過程に光を当てたためである。

相互作用への注目は、批判的な教育学においては、「再生産」のエージェントとしての教師への注目につながった。バーンステインの教室の言語についての分析は、社会階層に対応した学力格差が生まれる過程と構造を明らかにした。学校教育において主に用いられる言葉は、中産階級の子どもたちにとっては親和的なものであるが、労働者階級の子どもたちにとっては馴染みのないものである。このため、中産階級の子どもたちは学校の正統な文化に適応しやすいが、労働者階級の子どもたちはこれが難しく、自分たちの誇りを守るために対抗文化を形成せざるを得ない。イギリスの教育社会学者ウィリスは、その著『ハマータウンの野郎ども』（1977）において、真面目な優等生を蔑み、「自らの意思で」学校をドロップアウトし、社会の底辺の労働者になる子どもたちの姿を叙述した。学校教育における相互作用を通して、労働者階級の子どもたちが「主体的に」下位の社会階層に位置づく過程が明らかにされたのである。これらの研究の文脈では、教師は、社会における支配的な文化の担い手として捉えられた。

このような視角で教師を捉える研究が産出される一方で、社会的、文化的な実践として教師の仕事を再定義する研究も生み出されるようになった。つまり、教育課程がそのまま子どもたちの学びに直結しないのであれば、教育課程と子どもたちとの間に位置する教師の教育実践が子どもたちの学びの質において大きな鍵を担っていることになる。これを支配的な文化の再生産という側面から批判的に検討したのがアップルやウィリスであったとすると、ここに支配的な文化の編み直しの可能性を観たのがイギリスの教育社会学者であるアイヴァー・グッドソンをはじめとする教師のライフヒストリーの研究者たちであった。教師こそが、教室の文脈のなかで生成される知識に子どもたちの学びを組み込むことで、支配的な知識を脱構築する存在として、期待されたのである。

1930年代のソ連で生み出されたヴィゴツキーの学習理論が、ブルーナーらによって再評価されたのもこの時期のことであった。人間の学びが本来的に社会的、関係的なものであるとするヴィゴツキーの学習理論は、一人ひとりの個人がそれぞれ独立して学ぶという従来の学びのモデルとは全く違う新しい光を投げかけた。ヴィゴツキーの最大の功績は、子どもたちが個人としての学びを成立させる以前に、まず社会的な関係性において学びを経験することを明らかにしたところにある。このような学習理論の見直しの下で、学校において、教師が組織し子どもたちとともに創り出す授業という営みに新たな光が当てられ、学びが文化的、社会的実践として捉え直されるようになった。つまり、教師への注目と子どもの学習への注目は、相互に深い関係をもっていたのである。それは、従来のカリキュラムへの注目と教師の教授への注目からの大きなパラダイム転換を伴っていた。

日本における稲垣忠彦、佐藤学らの教育方法史、教育方法学に立脚した教師研究もまた、この系譜に位置づくものであった。稲垣忠彦『現代日本の教育—状況と創造』(評論社、1972) 所収の論文「教師の自由と教育実践の創造」は、教師を「実践家であり、同時に研究者である」(p.53) と捉え、教師の教育実践の創造的で革新的な性格に光を当てた先駆的な論稿であった。ただし、こうした問題意識が多くの教育研究者に共有されるまでには，このあと十数年の歳月を必要とした。

1980年代になると、日本の教育研究においても教師に対する注目度が高まり、1988年に稲垣忠彦らによって『教師のライフコース』(東京大学出版会)が刊行された。これは1980年代に行われた日本教育学会の課題研究を起点としたものであった。そして、ちょうどその時期、欧米でも教師研究が注目されていた。1980年代以後開花する教師のライフコース、教師のライフサイクル、教師のライフヒストリー、教師のライフストーリーといった教師の人生についての諸研究にいたる前史を辿ると、以上のように要約することができる。

2．教師のライフコース、教師のライフサイクル

教師の人生・生活（life）を対象とした研究は、まず教師のライフコース、教師のライフサイクルの探究という形式をとって展開された。まず明確にしておく必要があるのは、このライフコース、ライフサイクルという概念は、人生行路をあらわす一般的な概念ではなく、方法論を内包した学問的な概念であるということである。

日本においては、教育方法史の稲垣忠彦らによる『教師のライフコース』を嚆矢として、ある世代の教師たちを歴史的、社会的な存在として捉える研究、すなわち、教師の特定のコーホート（同年齢集団、同年度卒業者集団など、時代経験を同じくする集団のこと）を対象とした研究が始まった。この枠組みを継承した山﨑準二は、『教師のライフコース研究』において、静岡大学教育学部の卒業生を対象として、複数の卒業コーホートを長期間にわたって追跡した実証研究を行っている。こうした実証研究は、教師の人生・生活(life)の長期的な変容を明らかにすることによって、教育研究において信頼できる貴重な知見を生み出している。これらのライフコース研究とは、固定したコーホートを対象とした縦断的調査という方法によって成立している。

他方で、欧米においては、スイスのヒューバーマンの「教師の専門的ライ

フサイクル」、イギリスのサイクスの「教師のライフサイクル」など、教師の人生・生活（life）の多様性と共通性を明らかにした研究が行われたことにより、これまで可視化されていなかった教師のキャリア・ステージの存在が明確な輪郭を伴って提示された。これらのライフサイクル研究は、エリクソンの研究に倣った人生や職業生活におけるステージ（発達段階）の同定と移行期の転換構造の解明を志向している。そして、とりわけ、ヒューバーマンの研究において顕著であったように、経験年数によって分節化された教師のキャリア・ステージは、誰にもわかりやすく、実際に教師教育に応用可能な知見として、人口に膾炙するものであった。これらの研究から導き出された知見は、教師が教職生活における自らの位置を確認し、自らの課題を明確にするための手がかりとして用いる場合、自己省察のサポートになりうるものである。

しかしながら、このようなキャリア・ステージのモデル化が、教師のキャリアの規範型として用いられる場合、一人ひとりの教師の学びや研修の課題と方法を定型化して、断片化する危険性が伴う。現在、都道府県の教育委員会において作成されている、教師の成長の指標やスタンダードの多くは、これまで積み重ねられてきた教師研究、教師のライフコース研究、教師のライフサイクル研究の知見を、いくらかの現場の経験知と結合させて、一般化したものである。もし、これらの指標が教師のキャリアの「あるべき姿」あるいは「達成すべき課題」として用いられるとしたら、本来の研究の意図とは全く異なる結果を生み出すことになる。つまり、教師の成長を専門職における熟達という観点から支えるのではなく、官僚主義的なキャリア・ラダー（職階級制度）の観点から枠づける装置になるのである。

そもそも教師の成長を支えるものは、一人ひとりの文脈、一つひとつの教室、学校の文脈に応じて、すべての教師が孤立することなく、同僚との学び合いを通して専門家として育っていける共同体の存在である。個々の教師をターゲットとして、あらかじめ決められた細分化されたパーツを「能力」「職能」と規定し、教師が生きる文脈から切り離して習得させようとするプログラムとして研修制度を設計することは、近年の教師研究、学習論の進展に逆行するものと言わざるをえない。

ライフコース研究やライフサイクル研究が明らかにした地平は、教職生活とは、決して単調で平板なものではなく、一人ひとりの教職生活の軌跡には、一般化できない個別性があり、内的な葛藤と変容を伴うダイナミックなものであるということである。キャリア・ステージのモデルは、教師という仕事の複雑さとそこでの学びが人生と深く関わっていることを可視化するために、提示されたものであり、決して教師の人生を定型化し、機械的に枠づけるためのものではない。

3．教師のライフヒストリー、教師のライフストーリーへ

教師のライフコース、教師のライフサイクル研究が、教師の集合的な時代経験、教師の発達のモデルを探究する志向性をもっていたのに対して、教師のライフヒストリー、教師のライフストーリー研究は、一人ひとりの教師の内面に分け入り、その経験の個別性、多様性を探究する志向性をもっている。もちろん、個人の教師の経験を深く叙述することを通して、教職の社会的性格を明らかにするという方向性は、教師のライフヒストリー、ライフストーリーの研究者たちにも共有されている。

教師のライフヒストリー、ライフストーリー研究とは何かという問いに対しては、いくつかの応答の方法がありうる。一つの回答としては、一つひとつの事例を深く厚く叙述することによって、「教師とはどのような存在なのか」という教師の存在論的なありように迫り、これを発達論的に探究するものであるというものがある。別の表現を用いるならば、教師のライフヒストリー、ライフストーリーとは、教師のアイデンティティの構築と変容を探究する、事例研究の一つの様式であると定義することができる。

ある教師が何を求めて教職をめざし、何を大切にしながら教師としてキャリアを重ね、教職経験を通して教師の仕事のなかで何がもっとも本質的なものであると考えているのか、このような教師の根っこにあるものを、教師と研究者が対話のなかでともに紡ぎ出すときに、その語りは、教師のライフヒストリー、ライフストーリー研究に発展しうるのである。

ここで用いたアイデンティティとは、多義性をもつ概念であり、人間の発

達の文脈においてはじめてこの用語を用いたエリクソンは、この多義性と曖昧さこそがアイデンティティ概念のもつ豊穣さであると捉えていた。一般的に、研究論文においては、用いる概念を定義して、しかるのちに論理を展開するのが基本的な作法であるが、アイデンティティ研究においては、また別の作法が求められる。すなわち、厳密な概念の定義から出発するのではなく、事例の叙述を通して、アイデンティティの概念に厚みをもたせるという作法である。

アイデンティティ研究は、多様な方向性をもっているが、例えば、教職アイデンティティを「教師としての存在証明」として捉えて、ここから研究に出発するのも一つの方法である。この「教師としての存在証明」は、教育行政や管理職、市民、保護者、子どもといった他者に対する存在証明のみならず、自らに対する存在証明も含んでいる。「教師としての存在証明」の問い、すなわち「何をもってあなたは教師であるといえるのか」という問いに向き合うことは、厳しいことであるが、教師がその仕事を全うするためには避けて通ることのできない問いでもあろう。

この場合、ライフヒストリー、ライフストーリー研究において、聴き手である研究者は、ライフストーリー・インタビューを通して、語り手である教師とともに「教師としての存在証明」を探究するという構えをもって、インタビューに臨むことが求められる。つまり、インタビューの場は、研究者が教師と協働で教職アイデンティティを探究する場となるのである。

そして、ここで探究される「教師としての存在証明」とは、語り手である教師という個人にとっての存在証明であるのと同時に、教師という存在全般にとっての存在証明に通底するものである。つまり、ライフストーリー研究では、一人の教師の教職アイデンティティを探究することを通して、教師という職業についての再定義を行っている。そのことに、研究者が教師のライフストーリーを聴き、叙述するということの意味、すなわち「研究者としての存在証明」があるともいえる。

4．教師のライフストーリーを実践する

教職アイデンティティとは、「教師としての存在証明」であり、自らが教師であり続けていることの根っこに存在するものであるが、これは多くの場合、物語という形式で、語られる。たとえば、「子どもの頃から人に教えることが好きで、困っている友だちを見ると放っておくことができない性格だったので……」というように、自らの生来の性格を根拠としたり、「どうしても続けて登校できなかったA君が、新しいクラスになり、子ども同士聴きあう関係を育てて、学びあいを授業の中心に据えるようになってからは、学校に続けて通うことができるようになった……」というように、自らの教育実践を根拠としたり、教師たちは、自らの語りを通して、自分自身の教職アイデンティティを確認するのである。

カナダの教育研究者であり、教師に同行する教師教育者でもあるとともに、教育学におけるナラティブ的探究の第一人者であるジーン・クランディニンは、「支えとする物語（stories to live by)」という概念を用いて、教師にとっての大切な物語を引き出し、ケアし、教師たちのアイデンティティを育む協働的な研究を行っている。

私たちが教師のアイデンティティ、すなわち教職アイデンティティを考えるとき、これを信念（belief）とリンクさせると、それは本質主義的で、容易には変わらないものとして立ち現れる。そして、教職アイデンティティを育てあうはずの同僚との対話や学びあいもしばしば信念と信念の対立や葛藤の場となってしまう。

これに対して、教職アイデンティティを物語、とりわけ「支えとする物語」とリンクさせる研究と育成のデザインをもつならば、教師たちの語りと語り直し、さらには語りあいを通して、教職アイデンティティの柔らかな組み替えが可能になる。そして、同僚との関係性もまた、お互いの語りから学びあい、教職アイデンティティを高めあい、深めあうものとして、再定義されるのである。

筆者は、2000年代後半から2010年代にかけて、埼玉県のある県立高校に

おけるボトムアップによる学校改革、授業改革の軌跡に立ち会うという得難い機会に恵まれた。この際立った改革を中心的に担った同校の金子奨教諭が中心となって刊行された『「協働の学び」が変えた学校　新座高校　学校改革の10年』（大月書店、2018）には、新任教師たちが、学校における授業研究ならびに自らの教職生活の振り返りのカンファレンスへの参加を通して、教職アイデンティティを大きく組み替えた様子が、生き生きと描かれている。同書は、学校が変わり、教師が変わるとき、一人ひとりの教師のなかでいかなる「変様」が生じているのかを、教師たちの多様なオートバイオグラフィを用いながら、綴ったものである。

もしこの学校で行われた授業研究会やグループ・カンファレンスにおいて、先輩教師たちが新任教師たちの信念に働きかけたとしたら、同書で示されたような新任教師の深い学びと「変様」は、実現しなかったにちがいない。語りと語り直しを中心として研究会とカンファレンスが構成され、新任教師たちに自分語りの機会が保障されるとともに、先輩教師たちの語りから学べる機会が保障されたからこそ、新任教師たちは、教職アイデンティティを組み替えることができたと思えるのである。

先にも述べたように、「教師としての存在証明」とは個人的なものであるとともに、教師の集合的な職業文化につながるものである。そうであるから、教職アイデンティティとは、個人的なものであるとともに、社会的なものであるといえる。つまり、教職アイデンティティとは、ユニークな自分という存在が教師であるということと、ある時代の、ある社会の、ある学校において教師という存在であることの二つのベクトルの緊張関係の上に、成り立っているのである。このダイナミズムについて図式化したのが、拙著『教師のライフストーリー』（勁草書房、2015）で示した図1である。

教職アイデンティティを生み出す教師の語りもまた、個人的なものであるとともに、社会的なものである。そして、個人的な経験から紡ぎ出された「支えとする物語」は、同僚によって支えられて、共有されて、社会的なものになることで、社会的な存在である教師を支えるものとして機能する。つまり、授業研究やカンファレンスは、個々の教師の「支えとする物語」を、学校という専門家の学習共同体において、高め、支え、共有し、社会的なものとす

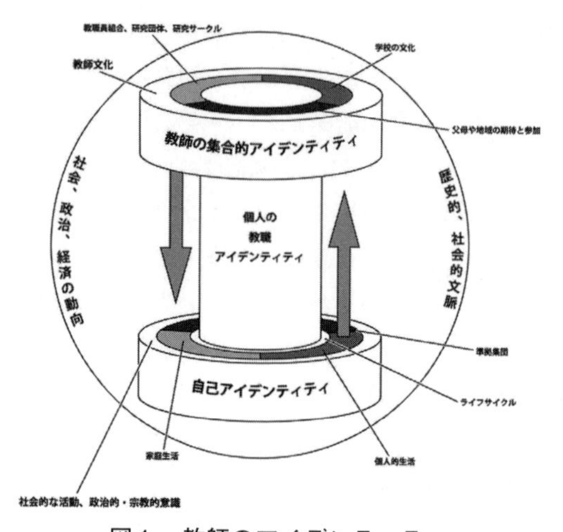

図１　教師のアイデンティティ

（高井良健一『教師のライフストーリー』勁草書房、2015年より）

る場となっているのである。ここで紡ぎ出された一つひとつの「支えとする物語」は、教師たちが教職アイデンティティを編むための強力な糸となっている。

教育研究者が教師のライフストーリーを聴く場合も、同様のことがいえる。インタビューの場は、教職アイデンティティを探究する場所である。そのために、聴き手が語り手とともに語り手である教師の「支えとする物語」を紡ぎ出していくのである。ライフストーリーの実践は、教師のエンパワーメントとつながっているのである。

それでは、「支えとする物語」として語られたものが教師の深いエートスを支えるものではなく、表面的なものにとどまっている場合には、研究者はどのように対応すべきなのだろうか。クランディニンは、「覆われた物語（coverd storie）」という概念でこれを表現している。教師が自らの教職アイデンティティを守るために故意に「覆われた物語（coverd stories）」を語ることは、しばしばあることで、ある場合には必要なことですらある。ただ、教師自身が「覆われた物語（coverd stories）」を「支えとする物語」と見誤ってしまうことで、専門家としての成長の可能性を閉ざしてしまうこともありうる。この場合、ライフストーリー・インタビューにおける研究者の役割は、さりげなく語り直しを促しながら、教師が自分自身であるとともに教師でもあるための物語を紡ぎ出すことを力づけることになる。

教師に対して過度な要求がなされる私たちの社会において、教師がその弱さや失敗をさらけ出すことは、容易なことではない。実は、現代において、自らの弱さや失敗をさらけ出せる教師は、相当に能力が高く、深いところで揺るぎない自信をもっている教師であるといえる。一般的には、インタビューの場が十分に暖まるまでは、すなわち、語り手と聴き手がともに深い世界に降りていけるときまでは、弱さや失敗は語られにくいものである。

弱さや失敗が語られるには、信頼関係とともに時間が必要になることもしばしばあるので、ある程度の間隔を空けて、再度、インタビューを行うという方法を用いることも有効である。時間が経つことで、問題を対象化できるようになり、以前のインタビューでは語られなかった物語が、語られることがある。また、グループ・インタビューや複数でのカンファレンスという形式をとることによって、語りの内容の次元が変わることもある。一人の教師が弱さや失敗をさらけ出してくれると、他の教師たちも同様のストーリーを語りやすくなるものである。

いずれにせよ、教師のライフストーリーの実践においては、聴き手は語り手とともに語り手の教職アイデンティティを探究し、今後の方向性を模索する存在であるという構えが求められる。そのためには、教師の仕事の難しさ、脆弱さについての理解をもち、教師の語りから学ぶという構えで、インタビューに臨みたい。

5．教師のライフストーリーの展望

1990年代から人文、社会科学において盛んになったナラティブ研究の影響を受けて生み出された教師のライフストーリー研究は、ナラティブ研究の一つの潮流として、現在、国際的に広がっている。ナラティブ研究に光が当てられたのは、人間の経験における物語や語りの重要性の再評価によるものである。かつて教科の系統性を重視する教育課程研究を主導したブルーナーが、『意味の復権』において、教育研究におけるナラティブ的アプローチの重要性を提唱したように、アカデミックな領域において、これまでアカデミズムにはそぐわないと考えられてきた物語や語りが価値ある研究の素材として位置づけられるようになった。また、フランスの哲学者ポール・リクールの『時間と物語』では、歴史が物語という形式において理解されること、そして、自己もまた物語という形式において理解されることが示されている。

リクールが論じたように、人間の自己アイデンティティは、ストーリーの形式、すなわち物語的アイデンティティというかたちで表現されるものである。物語を伴わない歴史が無味乾燥なものに感じられるのと同じように、物語を伴わない人間研究からも人間そのものに触れたという実感を得ることは難しい。物語は対象と読者をつなげ、読者の心を揺さぶる力をもっている。もちろん、語りが騙りという言葉と同じ読みをするように、語りには何らかの目的が隠されていることもある。そして、語りは一回性のものであるため、科学的な信頼性に乏しいという批判も存在する。

もちろん、ある個人の語りを無批判に真実として受け入れるのでは、学問とはいえない。また、ある個人の語りのみに依拠して、歴史の事実を定めることもできない。だからといって、ある個人の語りに意味がないということにはならない。ナラティブ研究がめざしているものは、大きな歴史、大きな物語の構築ではなく、大きな歴史、大きな物語の脱構築である。私たちの社会には、支配的な物語というものが存在し、これが私たちの社会認識、歴史認識を枠づけている。ナラティブ研究は、支配的な物語を編み直す糸として、これらを撚り合わせてもう一つの物語を紡ぎ出すことを通して、人間の歴史経験をより広く理解することを試みているのである。

それでは、ナラティブ研究において、研究の問い（リサーチ・クエスチョン）は、どのように設定されるのであろうか。教師のライフストーリー研究においても、もちろん研究の問いは存在する。ただ、研究の問いは、一般的な命題を明らかにする問いではなく、個別の事例に即した問いとなることが多い。たとえば、早期離職をする教師はどのような理由から早期離職を選ぶのかという一般的な命題を明らかにするためには、幅広い研究対象が必要となる。そのためには、アンケート調査が用いられるかもしれない。これに対して、教師のライフストーリー研究では、例えば、なぜある新任教師が早期離職を選んだのかといった個別の事例に即した問いを探究することになる。そして、そこで生み出される知見もまた、特定の文脈のなかで教職生活を送った、特定の教師の経験として示される。一人の教師の事例から安易に一般化することはできないし、すべきではない。しかしながら、一つの事例を深く掘り下げることにより、教師が早期離職を選ぶにいたる構造を叙述することが可能になる。そして、その個別の事例から得られた知見から、教職アイデンティティや同僚性、専門家共同体といった教職の鍵となる諸概念の意味内容がより具体的に記述されるのである。教師のライフストーリー研究とノンフィクションあるいはドキュメンタリーとの違いは、人生の物語の叙述が学問的な諸概念の再定義につながっているかどうかにある。

ちなみに、拙著『教師のライフストーリー』では、四名の教師のライフストーリーから「時間意識の変容」「ジェネラティヴィティの受容」「同僚性の再構築」という三つの概念を析出し、ライフストーリーの叙述と考察を通して、これらの概念の再定義を行っている。これらの三つの概念は、研究をはじめた当初から存在していたわけではない。四名の教師のライフストーリーの事例を読み込むことによって、共通する特徴として、浮かび上がってきたのである。だが、もちろん、書き手がライフサイクル論や教師研究に関心をもっていなければ、これらの概念が立ち上がってくることはありえなかっただろう。

したがって、これらの概念は、著者と事例と理論のトライアングルのあいだから立ち上がってきたといえる。もし著者がより若い時期にこの研究をまとめる必要に迫られたとしたら、「時間意識の変容」の重要性を見過ごしてしまったのではないだろうか。人生の時間が無限にあるように思っている間は、「時間意識の変容」の意味は摑めない。もちろん、ライフサイクル論の知見から、中年期に生じる変化の一つとして「時間意識の変容」を理解することはできただろうが、事例を構造化する鍵として気づくことは難しかったのではないかと思われる。

最後に、教師のライフストーリーの語りと教師のパースペクティブ（ものの見方）の関係について、少しばかり記しておこう。個人の語りは、その個人にとっての主観的現実の表現である。また、語りは、経験そのものではなく、編集された経験である。そして、ライフストーリーは、時系列的に編集された個人の経験であるといえる。ライフヒストリー研究は、過去の事実や経験を明らかにするために、語りの内容に注目してきた。これは、ライフサイクル研究も、ライフコース研究も同じであり、教師のキャリアと時代経験を明らかにするために、語りの内容に注目し、これらを研究の成果として示してきた。

これに対して、ライフストーリーは、経験の編集の枠組みを明らかにするために、語りの形式に注目している。経験の編集の枠組みとは、人が対象世界を捉える枠組みであり、アイデンティティと深くかかわっているものである。さらに、この経験の編集の枠組みは、自らの経験を編集するときのみならず、他者の経験を編集し、理解するときにも用いられるものである。したがって、語りの形式のなかに、その人の自己理解と他者理解のエッセンスが宿っているということができる。

語りの次元が深くなるということは、語り手の自己理解と他者理解の深まりをあらわしている。また、語りの限界は、語り手の認識の限界をかたちづくる。そのため、語りを深めること、語りの変容を経験することは、語り手の認識の深まりと変容、すなわち成長を導くことでもある。そうであるから、ライフストーリーの研究と実践は、一人ひとりの教師の文脈に即した気づきと変容を促し、成長を導きうるものである。つまり、教師のライフストーリー研究は、教師自身の学びと気づきを中心とした新しい時代の教師教育のヴィジョンの実現という展望と射程をもっているのである。

注

(1)『学制百二十年史』第三編　教育・学術・文化・スポーツの進展と新たな展開　第三章 初等中等教育　第二節 教育内容・方法の改善一教育課程の改訂　http://www.mext.go.jp/b_menu/hakusho/html/others/detail/1318313.htm

参考文献

・Bruner, J., 1990, *Acts of Meaning*, Harvard University Press.（岡本夏木ほか訳, 1999,『意味の復権―フォークサイコロジーに向けて』ミネルヴァ書房）

・Clandinin, D. J. & Connelly, F. M., 1998, "Stories to live by : Narrative understandings of school reform," *Curriculum Inquiry*, 28, pp.149-164.
・Clausen, J. A., 1986, *The Life Course : A Sociological Perspective*, Prentice Hall Inc.（佐藤慶幸・小島茂訳, 1987, 『ライフコースの社会学』早稲田大学出版部）
・Elder, G.H. Jr, 1974, *Children of the Great Depression : Social Change in Life Experience*, University of Chicago Press.（本田時雄ほか訳, 1986, 1997（新装版）, 『大恐慌の子どもたち—社会変動と人間発達』明石書店）
・Erikson, E. H., 1950, *Childhood and Society*, Norton, New York.（仁科弥生訳, 1977, 1980, 『幼児期と社会１・２』みすず書房）
・Faraday, A. & Plummer, K., 1979, "Doing Life Histories," *Sociological Review*, 27-4, pp.773-798.
・Fessler, R. & Christensen, J. C., 1992, *The Teacher Career Cycle : Understanding and Guiding the Professional Development of Teachers*, Allyn and Bacon, Boston.
・Goodson, I. F., 1981, "Life Histories and the Study of Schooling," *Interchange*, 11-4, pp.62-76.
・Huberman, M. (ed.), 1989a, *Research on Teachers' Professional Lives*, Pergamon Press.
・Huberman, M., 1989b, "The Professional Life Cycle of Teachers"", *Teacher College Record*, 91, pp.31-57.
・Huberman, M., 1989c, *La Vie des Enseignants*, Delachaux & Niestlé SA, Neuchâtel. (translated by Neufeld, J., 1993, *The Lives of Teachers*, Teacher College Press)
・稲垣忠彦・寺崎昌男・松平信久編, 1988, 『教師のライフコース—昭和史を教師として生きて』東京大学出版会.
・中野卓・桜井厚編, 1995, 『ライフヒストリーの社会学』弘文堂.
・佐藤学, 1991, 「教師の文化が開かれること」, 稲垣忠彦ほか編, 『シリーズ授業(1)　国語Ⅰ　漢字の起源を探る』岩波書店, pp.165-174.
・佐藤学, 1997, 『教師というアポリア』世織書房.
・Sikes, P., 1985, "The Life Cycle of the Teacher," S. J. Ball & I. F. Goodson (eds), *Teachers' Lives and Careers*, Falmer Press, pp.27-60.
・Willis, P, 1977, "*Learning to Labor*" Saxon House.（熊沢誠・山田潤訳, 1996, 『ハマータウンの野郎ども』筑摩書房）
・高井良健一, 2015, 『教師のライフストーリー——高校教師の中年期の危機と再生』勁草書房.
・山﨑準二, 2002, 『教師のライフコース研究』創風社.
・山﨑準二, 2012, 『教師の発達と力量形成—続・教師のライフコース研究』創風社.

(Profile)

高井良 健一　TAKAIRA Kenichi

東京経済大学全学共通教育センター教授

1967年福岡県生まれ。東京大学教育学部学校教育学科卒、東京大学大学院教育学研究科博士課程修了、教育学博士。

主な研究分野＝教師のライフヒストリー研究・教育方法学・戦後教育史。

主著＝『教師のライフストーリー――高校教師の中年期の危機と再生』勁草書房、2015年。『「協働の学び」が変えた学校 新座高校 学校改革の10年』（共編著）大月書店、2018年。『子どもと教師のためのカリキュラム論』（共著）成文堂、2019年。ほか

第12章

スクールリーダーの実践研究を育む
――スクールリーダー研究会の役割と活動――

大脇　康弘
大阪教育大学名誉教授

1．スクールリーダープロジェクト（SLP）

プロジェクト「実践研究 教師のライフコース」は、スクールリーダー研究会として組織的集団的に取り組んできました。本章では、この研究会の位置と役割を整理し、スクールリーダーの実践研究がいかなる認識枠組の下でいかに育まれてきたかを述べたいと思います。

大阪教育大学を拠点とするスクールリーダー教育の実践は、「教師の学び場を創る」理念を具体化するために、主として次の三種の取り組みを持続的に行ってきました。

a．スクールリーダー・フォーラム事業：2002～2017年度
b．夜間大学院・教職大学院のスクールリーダー教育の実践：2002～2018年度
c．スクールリーダー研究会の活動：2008～2020年度

これらをまとめてスクールリーダープロジェクト（School Leaders Project：SLP）と呼びます。はじめにこの三種の活動を簡潔に整理しておきます。

大阪教育大学のスクールリーダー教育は、2001年度を起点にスタートしました。1年間の構想を経て、翌2002年にはスクールリーダー・フォーラム（School Leaders Forum：SLF）事業を立ち上げました。このフォーラムの目的は大学・学校・教育委員会が連携協力して、学校づくりを支援し、スクールリーダーを育成することを理念に掲げて、学校づくりの実践を研究協議する場（フォーラム）を創り出すことです。大阪教育大学と大阪府教育委

員会（大阪市教育員会は2009年度から参画）が連携協定書を締結し、連携協力事業として運営してきました。さらに福井大学教職大学院、鳴門教育大学教職大学院が連携協力して参画してくれました。

毎年度、学校づくり実践（最大で32本）が報告され、学校実践者、教育行政職員、学校研究者100名弱がグループに分かれて、「語り―聴き、省察する」ことを軸に構成されています。

2017年度までに17回のフォーラムを開催し、『スクールリーダー・フォーラム報告書（特集名）』17冊と『スクールリーダー・フォーラム冊子』8冊を刊行配布してきました。

夜間大学院のスクールリーダー教育は、筆者が2002年度に柏原キャンパスから天王寺キャンパスの実践学校教育講座に移籍し、夜間大学院を担当することが起点となります。2004年度以降、大学院授業「学校マネジメント学」「スクールリーダー実践論」「大阪の学校づくり」を新設し、実験的な取り組みを重ねていきます。

特に、特別集中講義「大阪の学校づくり」は、隔週土曜午後5時間のロングラン授業とし、講義とワーク・発表を連動させた授業開発に挑戦しました。大学教員複数名が大阪府・大阪市教育委員会幹部と連携協力して、学校評価、授業評価、教職員評価、学校づくり（大阪府、大阪市）を題材に、事例分析、ケースメソッド、ロールプレイ、グループワークなど多様な学習方法・形態を組み合わせて実施しました。この授業は、院生主体の参加型で、回を重ねるごとに学習集団が深まるので、学習者も講師陣も確かな手応えを摑むことができました。この授業開発は、2007年度のスクールリーダー・コースなど三コース制創設の基盤となります。

こうした流れと響き合う形で、夜間大学院に現職校長が受験して入学し、続いて現職の教頭、指導主事が入学してきます。2005年度に校長2名、教務主任1名が入学し、引き続いて少数ながら現職の校長・教頭が入学し、2011年度には教頭3名、指導主事1名が入学しました。

コース責任者として筆者は、スクールリーダー教育のパフォーマンス・成果物を提示し、その理論的基盤・認識論を探究してきました。そして、研究課題として学校づくりの「実践研究」を提示し、その認識論として「理論知・

実践知対話論」を構築して、現職教員院生に登るべき山脈と道筋の「羅針盤」を示してきました。これは、これまでの研究者による学術研究、実践者による実践記録・報告に対して、第三の道として研究的実践者による「実践研究」を構想し具体化するものでした。

スクールリーダー教育の実践を重ねてその理論化を図り、現職教員院生が実践研究に挑戦し論文に集約してきました。その代表的成果は『学校教育論集』(2005 ～ 2018 年度）として編集されています。ここには現職教員院生が提出した修士論文、実践研究論文を再編集して掲載しています。形式は、A４判で 50 頁（１頁 40 字 ×40 行）を基本としています。筆者も巻頭論文 10 頁を執筆することを課してきました。

大阪のスクールリーダー教育は、スクールリーダー・フォーラム事業と夜間大学院のスクールリーダー教育が車の両輪となって構築されてきましたが、スクールリーダーの「学びの場」という理念は通底している一方で、その目的・内容・方法・形態は異なる独自な取り組みでした。両者は、前半の 10 年間は２本立ての取り組みでしたが、後半になると企画・運営で関連づけを意識するようになり、運営スタッフに大学院生や修了者が参画し貢献するようになりました。『スクールリーダー・フォーラム報告書』の編集、ラウンドテーブルの報告者・参加者、連携教職大学院院生交流会などで重要な役割を担ってくれました。こうして、夜間大学院とフォーラムが関係づけられ、内容・方法・形態でも相互に影響し、相乗効果を上げるようになりました。これを「フォーラム―夜間大学院ブリッジ方式」と呼びます（第 12 回スクールリーダー・フォーラム冊子)。

２．スクールリーダー研究会の活動

こうした取り組みの中でスクールリーダー研究会を立ち上げました。それは、スクールリーダーが夜間大学院修了後、実践世界に埋没することなく、「実践研究」を継続し、研究発表する場を創り出すためでした。現職教員は大きな決断をして夜間大学院に入学し、「昼働き、夜学ぶ」学習スタイルを２年間重ねて、修士論文を仕上げます。大学院修了後、それを再スタートとして「実践研究」の山脈をめざして相互研鑽する場で、次なる高みをめざしたのです。

研究会の会員は、大阪教育大学の夜間大学院スクールリーダー・コースと連合教職大学院学校マネジメントコースの修了生およびその関係者30名強です。会員の内訳は、校長・教頭、指導主事、ミドルリーダーなどスクールリーダーとその経験者、大学教員です。大阪教育大学大学院でスクールリーダー教育を学び、修士論文または実践課題研究報告書を完成させたこと、関西地区を拠点に実践研究を継続して取り組んでいることが共通点です。

スクールリーダー研究会は「プロフェッショナルなスクールリーダーを志す人々が集い、交流し、高め合う『学びの場』を創り出そうとする学習組織」です。それは「教育実践者と教育研究者が協同して、教育現象と教育課題を共に考え立ち向かう時空間」を創り出す文化的営為といえます（『スクールリーダー研究』第1号、巻頭言）。スクールリーダーが学校づくりを省察・探究・研究し、報告発表する場となり、「学びの場」となることをめざしたのです。

研究会は、毎年度、春と夏（3月、9月）の研究大会の開催（全24回、内2回は中止）と研究紀要『スクールリーダー研究』（2010～2020年、全13冊）の刊行が車の両輪となってきました。研究大会では、会員の研究発表、実践発表とゲストスピーカーの基調講演が行われました。特に、基調講演は組織として次なる目標づくり、活動の振り返りの意味を込めて、第一線の研究者をお迎えしてきました。

研究紀要『スクールリーダー研究』は、研究大会での基調講演や研究発表、実践研究を踏まえて内容構成しました。「査読論文」の体制を基本にしたことも大胆な挑戦でした。毎年度の研究紀要は研究会の顔として全国発信してきました。

さらに、プロジェクト「実践研究 教師のライフコース」に取り組み、実践研究を重ねて『教師のライフコースの実践研究―教育実践の山脈を描く―』（スクールリーダー研究会、2019年）を編集刊行しました。本書『実践研究 教師のライフコース』（2024年）はこの実践研究の拡大深化版です。

また、研究会メンバーが中心となって教育雑誌『教育PRO』で「連載：行動するスクールリーダー」（2014～2020年、全126回）「連載：省察するスクールリーダー」(2020 ～ 2023年現在、全43回) を企画編集してきました。
その他、個人として日本教育経営学会、日本教師教育学会、日本高校教育学会などで研究発表し、研究紀要に査読論文が掲載されました。その意味で、研究会はスクールリーダーの実践研究を育む「培養器」となったといえます。
つまり、スクールリーダー研究会は、前掲のスクールリーダー・フォーラムと夜間大学院・教職大学院のスクールリーダー教育の実践を基礎に、それを深化発展させようとするものです。

3.『スクールリーダー研究』の企画編集

スクールリーダ−研究会の紀要『スクールリーダー研究―教師の学習コミュニティ―』はスクールリーダーの実践研究を組織し集約し発信する「培養器」となってきました。
『スクールリーダー研究』は創刊号を2010年8月に発行し、その後毎年度1回刊行し、第13号を2020年8月に発行し最終号としました。この紀要は毎号約70頁で400部刊行してきました。内容構成は、特集論文、研究論文、実践論文を三つの柱とし、巻頭言、書評・文献紹介、近況報告、研究会活動資料から構成されています。論文の内容は、①スクールリーダーの学校づくり実践、②教師のライフコース、③スクールリーダーの学びの三領域に分けられます。
紀要編集では、研究者と実践者の協働による査読体制を基本としました。このため、第一線の学校経営研究者の先生方に「特別会員」をお願いし、編集委員として論文査読に加わっていただきました。北神正行、水本徳明、木岡一明、榊原禎宏の各氏には、ご指導・ご支援いただき、研究紀要の充実を図ってきました。
論文査読は第一査読、第二査読の二段階審査とし、各投稿論文を3名で査読し、その結果に基づいて紀要編集委員会で討議し掲載の可否を決定しました。なお、特集論文についても会員執筆者に対しては、編集委員が読み込み結果を集約し、加筆修正を求めてきました。つまり、紀要編集委員会として、論文の内容と水準を質保証することに尽力してきました。その編集努力に支えられて論文の質を維持向上し、論文数も持続してきました。

査読状況は、第８号～第９号、第11号～第13号の計５冊をみると（第10号は特集論文のため除く）、投稿論文数17本に対して、掲載論文数11本で、掲載率は66%です。内訳は研究論文３本、実践論文８本です。特集論文数は計28本です。巻頭論文は、スクールリーダー研究会の大会およびスクールリーダー・フォーラムでの講演内容に関わって研究論文として寄稿いただいたものです。

４．実践研究の認識論：「理論知・実践知対話論」

実践研究の定義と要件、その認識論である「理論知・実践知対話論」は、大阪教育大学大学院におけるスクールリーダー教育の実践15年間を通して理論構成してきました。これについては、紀要第10号の拙稿「大学院におけるスクールリーダー教育の実践研究」、「巻頭言」（第８号～第13号）に記述しています。拙稿「教育経営研究における理論知と実践知」（日本教育経営学会編『教育経営における研究と実践』第３章、学文社、2018年）で集約的に論じています。ここでは第１章と重なりますが、その概要を記しておきます。

実践研究は、「実践をテーマ化し、その内容・組織・過程を記述し、実践の課題解決と意味を明らかにすること」とし、学校づくりの実践研究は、「学校づくりのコンセプトとストーリーを軸に、その構造と過程、スクールリーダーの役割と活動を記述し、実践の課題解決と意味を明らかにすること」と定義しました。

実践研究の成果である「実践研究論文」には次の４要件が求められます。

①学校づくり実践をテーマ化する（明確な問いを立てる）
②実践の方法と過程を記述する（葛藤や課題も取り出す）
③自己の役割と活動を位置づける（個人と組織を関係づける）
④学校づくりの課題解決とその意味を考察する（個別性と一般性に論及する）

この基本要件を満たすためには、次の取り組みが必要であり効果的です。

⑤主要な先行研究（学術論文）を検討し、テーマを焦点化する（テーマを絞り込む）
⑥比較対象事例を選定して、自己の実践と比較検討する（分析枠を作成して事例比較する）

スクールリーダーが学校づくり実践を対象化し記述するには、二つの道筋があります。一つは実践の内容と過程を現場の感覚と言葉で整理し物語るベクトルです。実践知・経験則を整理し構成することを通して「持論」「物語知」を形成していきます。

二つは、学校づくり実践を省察し理論的照射を行うことを通して課題解決と意味づけを行うベクトルです。実践事例を対象化し相対化して、実践の内容・組織・過程を社会的文脈において認識し「実践研究論文」としてまとめていきます。スクールリーダー研究会はこの後者の道筋を選んでいます。

スクールリーダーは実践者としての実践的・状況対応的思考と研究者としての理論的・実証的思考を対話させて実践研究に取り組みます。「実践研究者」はハイブリッドな思考の中で葛藤・ジレンマを抱えつつ、見通しが立たないという「実践研究者」特有のジレンマを抱えることになります。学校の同僚にも理解しにくい葛藤・ジレンマです。

スクールリーダーは実践研究に取り組んで実践研究論文を執筆する中で、実践を新たな視点から再構成することに至り、自らの教職アイデンティティを再定義することにもつながります。

この実践研究を支える認識論として「理論知・実践知対話論」を構築し次のように理論構成しました。

実践知（practical wisdom）、理論知（theoretical knowledge）、実践知と理論知の連関、実践研究（practice research）の四次元を設定し、各々4段階を設定します。

第一に、実践知の規準として、a．実践の整理、b．実践の主題化、c．実践の再構成、d．実践の理論化という4段階を仮設します。各段階でキーワードとなるのが、a．実例・エピソード、b．物語知：コンセプトとストーリー、c．意義づけ・見直し、d．持論 or 実践科学です。

第二に、理論知の規準として、a．理論の学習、b．理論の内面化、c．

理論の再構成、d．理論の構築という４段階を仮設します。各段階のツールとして、a．概念・認識枠組、b．研究方法論、c．批判的思考が上げられます。

第三に、理論知と実践知の連関として、a．つなぐ、b．往復、c．対話、d．統一（以上を「対話」と総称）という４段階を仮設します。両者は実践知が理論知に支えられ、広がりと深まりをもって次の段階に移行する関係で、実践研究が発展深化します。この４段階は単線的に進行するのではなく、スパイラル的に展開し、停滞・後退・跛行のジグザグがみられます。

第四に、実践研究は、理論知と実践知が連関する中で、a．テーマの掘り下げ、b．認識枠組の形成、c．実践の相対化、d．内容・形式・方法論の確立という４段階を仮設できます。実践研究では「理論の意識化と実践の対象化」をスパイラル的に展開深化させることがカギとなります。以上のことを図式化したのが､図１「理論知・実践知対話論」(簡略版)､図２「理論知・実践知対話論」(総合版）です。(省略)

５．『スクールリーダー研究』の独自性

スクールリーダーの実践研究を育み集約してきた紀要『スクールリーダー研究』は、次のような特徴があります。

①スクールリーダーの実践研究の方法論を構成し、その実践研究のあり方を具体的に提起してきました。

②スクールリーダーの実践研究を組織し集団的に取り組むことによって、その意義と課題を明らかにしてきました。

③紀要編集では査読体制を基本にすることによって、スクールリーダーの実践研究を質保証してきました。

④夜間大学院、教職大学院修了後にスクールリーダー教育の組織的実践を展開することを通して、継続教育の可能性と課題を提起してきました。

こうした実践を通して、『スクールリーダー研究』は確かな内容と水準を確保してきたといえます。

スクールリーダー研究会は、2020年９月に第４期12年を終えました。プ

ロジェクト「実践研究 教師のライフコース」は、その後も継続的に取り組まれてきました。今回、本書『実践研究 教師のライフコース』をスクールリーダー研究会有志（SLA Cohort）７名と『スクールリーダー研究』の巻頭論文執筆者３名がチームとなって編集発行することができました。そのため、「スクールリーダー研究会＋」として名称を記すこととしました。スクールリーダー研究会の活動が基盤となって本書が編集できました。執筆者のご協力に感謝し刊行を共に喜びたいと思います。

参考文献

スクールリーダープロジェクトの代表的文献は次の通りです。

・『つくる 教師の学習コミュニティ—大学・学校・教育委員会のコラボレーション』SLF、2016（スクールリーダーフォーラムの総合版）
・『ひらく 教師の学習コミュニティ—学習するスクールリーダー』SLP、2017（スクールリーダー養成の夜間大学院の総合版）
・『スクールリーダー研究—教師の学習コミュニティ』第13号、2020（スクールリーダー研究会の最終号）

(Profile)

大脇 康弘　OWAKI Yasuhiro

大阪教育大学名誉教授、スクールリーダー研究会会長を歴任。

『スクールリーダー研究―教師の学習コニュニティ－』総目次
創刊号～第13号、2010～2020年、スクールリーダー研究会

◉ 第3号（2012年6月）

◉ 第4号（2013年8月）

◉ 第７号（2015年８月）

◉ 第8号（2016年8月）

◉ 第9号（2017年8月）

◉ 第10号　大脇康弘先生定年退官記念号（2017年8月）

全61頁

◉ 第11号（2018年8月）

◉ 第13号（2020年8月）

〈納本先〉

『スクールリーダー研究』『スクールリーダーフォーラム報告書』『学校教育論集』『大阪の学校づくり』

東京：国立国会図書館、国立教育政策研究所、東京大学教育学部図書室

大阪：国立国会図書館 関西館、大阪府立中央図書館、大阪教育大学図書館 柏原C・天王寺C

その他

おわりに――――――――――教育実践のバトンをつなぐ

プロジェクト「実践研究 教師のライフコース」要綱では、次のように取組指針を提示しています。

1．教師が自らの「教育実践の軌跡と生き方」（ライフコース）をロングスパンで振り返り、教職経験を大局的に把握しそれを意味づけ再構成します。

2．各キャリアステージにおいて教育実践の「塊り」を取り出し、「テーマとストーリー」を浮かび上がらせる形で教育実践を「リアルに具体的に記述」します。

3．各キャリアステージにおける教育実践の「塊り」（テーマとストーリー）を「つなぐ」形で、教師のライフコースの軌跡と特徴に切り込みます。教育実践の山脈（やまなみ）を描くのです。

4．スクールリーダーの場合、キャリアステージは若年期、中堅期、教頭期（指導主事期）、校長期の四期を原則とします。

5．教師自らが教育実践、学校づくり実践を「省察・探究・再構成」する「当事者研究」です。

6．教育研究者が教育実践者の「当事者研究」を枠づけると共に、助言・支援します。教育実践者と教育研究者の「協働実践研究」といえます。

教師のライフコースを「省察・探究・再構成」することは難しい作業です。当事者が研究の「焦点化」と「抑制」を心がけて、教育実践の「塊り」をしっかり描くことを要請します。

スクールリーダー経験者は、この実践研究で教育実践（学校づくり実践を含む）を「具体的にリアルに描く」ことに難渋しながら、原稿の完成まで辿り着きました。教育実践の物語を紡ぎ出す執筆作業は、自己の教職経験を振り返るためだけではなく、次世代教師に伝たいとの願いを持って行われました。揺れ動く不安定な足場に立つ教師に、教育実践のバトンをつなぎたいと考えています。

読者は教師一人ひとりのライフコースについて、教育実践の物語を読むことを通して、その背後に浮かび上がる教育スタンス、教職アイデンティティにも触れることができます。それは個々の教師を刺激し、自身のライフコースを振り返る契機となると考えます。このような願いを込めて、本書を読者にお届けします。

プロジェクト「実践研究 教師のライフコース」は９年間(2015 ～ 2023 年度)の取り組みとなりました。今回の企画編集を通して、「天地人」の縁を感じました。「天の時は地の利に如かず、地の利は人の和に如かず」（孟子）とありますが、「天地人」の三要素が嚙み合う形で本書を企画編集できました。

執筆者各自が、実践研究の趣旨を受け止め執筆作業に取り組み、「実践研究 教師のライフコース」という新たな研究領域を開拓することができました。

本書が書籍化され、全国の教職員・スクールリーダーにお届けできるのは、一莖書房の斎藤さんのお陰です。斎藤さんの出版編集への熱量に励まされました。同社 編集長の川田さんにはサポートいただきました。

本書『教育実践の物語を紡ぐ：実践研究 教師のライフコース』はＡ５判横書全 280 頁に編集しています。この前身は私家版『実践研究 教師のライフコース：教育実践の山脈を描く』（スクールリーダー研究会 +）でＡ４判横書全 154 頁です。後者は㈱ KSI（ケーエスアイ）による印刷製本で、宇崎文貴氏、オペレーターの曽我久美子氏に編集いただきました。このデータを活用して、今回の刊行に漕ぎ着けることができました。内容は校訂を行った以外ほぼ同じですが、書籍の形態・装丁は異なるものです。この２冊の編集刊行を通して、改めて書籍づくりの難しさと楽しさを味わうことができました。ここに記して、お世話になった関係者のみなさまに感謝します。

2024 年（令和６年）２月８日

編著者　大脇　康弘

〈執筆者〉

教師教育研究者４名、スクールリーダー経験者６名

大脇　康弘　大阪教育大学名誉教授（企画編集者）

中山大嘉俊　武庫川女子大学特任教授、大阪市小学校教諭を歴任

西川　潔　関西福祉科学大学准教授、奈良県小学校教諭を歴任

太田　洋子　伊丹市教育委員会教育委員、伊丹市中学校数学科教諭を歴任

田中滿公子　大阪教育大学特任教授、大阪府高校英語科教諭を歴任

長井　勘治　武庫川女子大学特任教授、大阪府高校保健体育科教諭を歴任

深野　康久　元大阪教育大学教授、大阪府高校社会科（地理）教諭を歴任

油布佐和子　早稲田大学教授

石井　英真　京都大学准教授

高井良健一　東京経済大学教授

（キャリアの詳細は各章末尾を参照）

〈編著者紹介〉

大脇　康弘　OWAKI Yasuhiro　大阪教育大学名誉教授

東京教育大学卒、筑波大学大学院博士課程中退。教育経営学・教師教育学専攻。大阪教育大学教授、ペンシルベニア大学客員研究員、関西福祉科学大学教授を歴任。日本教育経営学会理事、日本教育制度学会理事、日本高校教育学会理事を歴任。スクールリーダープロジェクト事業で日本教育経営学会実践研究賞２回受賞。編著書に『学校を変える授業を創る』『学校評価を共に創る』（学事出版）『若手教師を育てるマネジメント』『学校をエンパワーメントする評価』（ぎょうせい）『「東アジア的教師」の今』（東京学芸大学出版会）。

https://schoolleadersproject.p-kit.com

教育実践の物語を紡ぐ——実践研究 教師のライフコース——

2024年3月20日　初版第一刷発行

編著者　大　脇　康　弘
スクールリーダー研究会+

発行者　斎　藤　草　子
発行所　一　茎　書　房
〒173-0001　東京都板橋区本町 37-1
電話 03-3962-1354
FAX 03-3962-4310

印刷・製本／日本ハイコム　ISBN978-4-87074-263-5　C3037